ELLA THEISS

Das Darmstädter Mörderliebchen

MORD, LIEBE, REVOLUTION Darmstadt 1847. Die gemütskranke Gräfin Emilie von Görlitz kommt bei einem Brand in ihrem Salon ums Leben. Ein Unfall? Selbstmord? Oder gar Gattenmord? Mit ihrer Ehe stand es nicht zum Besten. Doch dann wird überraschend der Kammerdiener Johann festgenommen. Ihm droht die Todesstrafe.

Für seine Verlobte Christina, die an seine Unschuld glaubt, beginnt ein Spießrutenlauf. Bürgersleute werfen ihr scheele Blicke zu und Gassenbuben sogar Steine hinterher. Sie verliert ihre Arbeit, ihre Wohnung, ihre Freunde. Gäbe es nicht Luise Büchner und ihren als Häkelkränzchen getarnten Frauenzirkel, Christina würde verzweifeln.

Da bricht die Revolution aus. Dem Adel geht es nun hoffentlich an den Kragen, und Johann bekommt die Chance auf ein faires Gerichtsverfahren. Christina schließt sich dem Radikaldemokraten Paul an, um mitzukämpfen. Doch kann sie dem tollkühnen Kerl vertrauen?

© privat

Ella Theiss ist das Pseudonym von Elke Achtner-Theiss, die in der Nähe von Darmstadt lebt. Sie hat Germanistik und Sozialwissenschaften studiert und anschließend rund 35 Jahre lang als Redakteurin, PR-Texterin und Sachbuchautorin gearbeitet, insbesondere in den Themenbereichen Ökologie und Bio-Lebensmittel. Heute schreibt sie vor allem Romane und Erzählungen, von denen bereits mehrere ausgezeichnet wurden. Unter anderem belegte sie mit einem Histo-Krimi den zweiten Platz beim Gerhard-Beier-Preis, und eine ihrer Kurzgeschichten gewann den Quo-Vadis-Preis für historische Kurzgeschichten.
Mehr Informationen zur Autorin unter: www.ellatheiss.de

ELLA THEISS

Das Darmstädter Mörderliebchen

Ein wahrer Kriminalfall

GMEINER

Die automatisierte Analyse des Werkes, um daraus Informationen
insbesondere über Muster, Trends und Korrelationen gemäß § 44b UrhG
(»Text und Data Mining«) zu gewinnen, ist untersagt.

Bei Fragen zur Produktsicherheit gemäß der Verordnung über die allgemeine Produktsicherheit (GPSR) wenden Sie sich bitte an den Verlag.

© 2024 – Gmeiner-Verlag GmbH
Im Ehnried 5, 88605 Meßkirch
Telefon 075 75 / 20 95 - 0
info@gmeiner-verlag.de
Alle Rechte vorbehalten
2. Auflage 2025

Satz: Mirjam Hecht
Umschlaggestaltung: U.O.R.G. Lutz Eberle, Stuttgart
unter Verwendung eines Bildes von: © https://commons.wikimedia.org/
wiki/File:Market_place,_Darmstadt,_Germany,_ca._1895.jpg
Druck: CPI books GmbH, Leck
Printed in Germany
ISBN 978-3-8392-0567-9

»Die Fähigkeit zur Freundschaft gehört zu den edelsten, welche unsere Seele überhaupt besitzt, die Freundschaft selbst ist zugleich eine der reinsten und genussreichsten Gemütsstimmungen und vielleicht die einzige Leidenschaft, deren Übermaß nichts Tadelnswertes hat.«

Georg Büchner
(zitiert nach einer Erinnerung
seines Jugendfreunds Karl Minnigerode)

Kapitel 1
13. Juni 1847

Feuer

Der Luisenplatz lag rotgold leuchtend in der Dämmerung. Tauben tippelten umher, befreiten das Pflaster von den Krümeln des langen Tags. Rund um den Sandsteinsockel des Ludwigsmonuments hatten sich einige Nachtschwärmer eingefunden. Es war ein lauer Abend, was sollten sie da in der Kammer hocken? Sie guckten dem Mond beim Aufgehen zu, sinnierten, witzelten oder klagten über ihren Großherzog Ludwig II., über den Filz in seinen Amtsstuben, über sein Heer an bewaffneter Polizei, das mehr Angst als Sicherheit verbreitete. Niemand achtete auf die Rauchschwaden, die über die Dächer der Neustadt krochen, denn in den vornehmen Vierteln der Stadt brannten auch im Sommer die Kamine.

Christina und Babette hatten sich eben erst eine Bank am Brunnen erobert, um Neuigkeiten aus dem Dunstkreis ihrer jeweiligen Dienstherrschaft auszutauschen, da stob eine Horde Gassenbuben wie eine Windbö aus der Rheinstraße heran. »Feiiier! S'brennt ... S'brennt!« Einer rannte das Wägelchen eines Scherenschleifers über den Haufen und landete bäuchlings zu ihren Füßen.

Christina brachte den Korb mit den Biskuitküchlein hinter ihrem Rücken in Sicherheit. Die waren vom Geburtstagsessen ihrer Herrschaft übrig und für Johanns Nachtmahl gedacht. Babette bückte sich, hob den Pinscher, mit dem sie wie an jedem späten Abend Gassi ging, auf ihren Schoß. Amtsrat Schwab und seine Gattin wären untröstlich gewesen, wenn dem Tier etwas zustieße.

»Ja, wo brennt's denn?«, fragte Babette den Buben, der sich keuchend vor ihnen erhob und so aussah, als gehöre er längst ins Bett.

»Ei, in de Neckarstraß' beim Graf Gällitz.« Wohliges Schaudern zeigte sich auf seinem verdreckten Gesichtchen.

»Beim ... Grafen ... von Görlitz ...« Auch Christina überkam ein Schaudern. Kein wohliges, nein, ein fröstelndes, ein eiskaltes Schaudern vom Scheitel den Rücken hinunter. Sie übergab Babette den Korb mit den Küchlein, raffte ihr Kleid und rannte, erst die Rhein-, dann die Neckarstraße hinunter zur Hausnummer 81. *Johann!*

Von ferne wehte ihr Brandgeruch entgegen. Sie erstarrte. Und lief sofort weiter in ihren zu großen Pantinen, so entschlossen und zielstrebig, dass ihre Schritte von den Häuserzeilen widerhallten. *Jo-hann! Jo-hann!*

Eine Traube Neugieriger versperrte die Sicht auf den Wohnsitz des Grafen, doch aus den Fensterritzen der Beletage quollen unübersehbar pechschwarze Rauchschlieren, stiegen über die Ansammlung von Zylindern, Batschkappen und Schutenhüten hinweg in den Abendhimmel.

Vom Pumpbrunnen in der Nähe wurde Wasser in Eimern herangeschleppt und in einer Menschenkette bis in den Hof des Anwesens gereicht. Fast ein Dutzend Männer waren im Einsatz. Christina wollte mitmachen, etwas tun gegen die Angst. Der Gedanke, Johann könnte mit dem Leben ringen, elend ersticken, qualvoll verbrennen, brachte sie um den Verstand. Sie warf sich in die Menge, setzte Ellbogen gegen Wänste und Brüste ein. Und kam dennoch nicht voran. Obwohl sie eine erwachsene Frau war – zudem groß gewachsen – und längst kein Kind mehr. Sondern eines hatte, das bei ihrer Mutter in Fränkisch-Crumbach aufwuchs und an das sie jetzt denken musste. *Dorchen, mein Liebchen, dein Papa ...*

Die sich vergrößernde Schar der Neugierigen schob sich an Christina vorbei, drängte sie zurück an den Rand des Trottoirs. Mit Eifer tauschten sie aus, was sie wussten und was sie nicht wussten.

»Is denn noch aaner im Haus?«

»Ei, die Greefin is drin.«

»Was? Die Greefin?«

»Die bewohnt nämlisch die Beletasch. Un geht kaum enaus.«

»Die soll sisch andauernd eischließe in ihrm Salong.«

»Warum denn des?«

»Weil se e bissje spinnt.«

»Weil se nix mehr wisse will. Von ihrm Graf net und von de Welt net.«

»Sterwe will se. Hot se doch schon amohl vesucht.«

Christina faltete die Hände, schloss die Augen. *Lieber Gott, mach, dass die verrückte Gräfin meinen Johann nicht mit eingeschlossen hat. Mach, dass er in Sicherheit ist.* Angespannt sah sie zu, wie Männer von der Hofseite her eine Leiter zum ersten Stock aufstellten. Einer stieg hinauf mit einem Hammer in der Hand, schlug damit auf ein Fenster ein ... Glas klirrte und splitterte, Flammen züngelten aus der zertrümmerten Scheibe. Die Menge schrie. Der Mann wich zurück, trat eine Leitersprosse tiefer, ließ sich einen Eimer reichen, schleuderte den Inhalt ins Innere des Hauses. Die Menge johlte. Christina greinte dem teilnahmslosen Mond ins Gesicht, bis ihr schwindelig wurde, bis ihre Knie nachgaben, ihr ganzer Körper nachgab, ihr Wunsch, dieses erbärmliche Leben durchzustehen, nachgab und sie in sich zusammensank.

Sie erwachte in einem Meer aus blassblauem Kattun, das sich bei näherer Betrachtung als Schoß einer Frau erwies. Etwa so jung wie sie selbst war die Frau. Ihr zum Kranz gebundenes, schwarzbraunes Haar glänzte im Mondlicht. Helle Augen leuchteten über einer feinen geraden Nase, die Haut schimmerte wie Porzellan. Wunderschön war die Frau. Der Todesengel vielleicht. Christina starrte die Erscheinung an.

»Na, na«, sagte die Frau und tätschelte ihr die Wange. »In Ohnmacht fallen vorzugsweise Damen der besseren Gesellschaft. Sind Sie eine Verwandte der Görlitzens? Oder eine Freundin? Sie schauen, offen gestanden, nicht danach aus.«

So sprach kein Todesengel. Christina war verwirrt. Wie sollte sie nach besserer Herkunft aussehen mit ihrem geflickten Kleid, ihren abgetretenen Pantinen, ihrer vergilbten Haube? »Christina Born«, sagte sie, als würde ihr Name ihre Stellung erklären. »Es ist nämlich so … Mein Verlobter ist da drin.«

»Luise Büchner. Angenehm.« Die Schöne reichte ihr die Hand. »Mein Bruder ist auch da drin.«

»Und Sie sind so ruhig?«

»Der Kindskopf ist immer dabei, wenn was los ist. Und wenn es gefährlich ist, erst recht. Aber er kann auf sich aufpassen.«

Christina kämpfte gegen die Tränen an, die ihr in die Augen traten, stotterte, dass ihr Verlobter der Kammerdiener der Gräfin und vielleicht im Haus eingesperrt war. Da beugte sich eine zweite Frau zu ihr herab. Warmherziges Lächeln umrahmt von dunkelblonden Korkenzieherlocken. »Mathilde Büchner, die Schwester, ebenfalls angenehm.« Sie reichte Christina ein linsenförmiges braunes Steinchen. »Ein Brustbonbon«, erklärte sie. »Nehmen Sie nur. Und beruhigen Sie sich. Warum an das Schlimmste denken? Ihrem Verlobten wird schon nichts passiert sein. Er ist vermutlich jung und kräftig genug, um eine nicht mehr junge Gräfin zu überwältigen, ein Fenster zu öffnen und aus der Beletage in den Vorgarten zu springen. Oder?«

»Das stimmt wohl«, sagte Christina, fasste das Bonbon gehorsam zwischen Daumen und Zeigefinger, erschnupperte Malzgeruch und steckte es in den Mund.

»Das Zuckerzeug ist für'n Husten«, sagte die Schwarzbraune.

»Brustbonbons sind *gegen* Husten«, sagte die Dunkelblonde »Und Vater meint, sie stärken allgemein Leib und Seele.«

Die beiden diskutierten noch eine Weile, Christina hörte nicht hin. Sie rappelte sich aus dem blauen Kattun, erhob sich tapfer. »Herzlichen Dank für Ihre freundliche Hilfe, liebe Frauen, es geht mir schon besser«, sagte sie und suchte die Beletage mit den Augen ab. Kein Qualm mehr, das Feuer schien erloschen, Ruß hatte sich auf Stuckund Mauerwerk rings um die Fenster gelegt. *Wo bist du, Johann?*

Sie wandte sich zu dem weit geöffneten, mittlerweile von strammstehenden Gendarmen flankierten Hoftor um. Sie würde Einlass verlangen. Sofort. Sie würde jeden, der sich ihr in den Weg stellt, mit Fäusten …

Johann! Da war er. Unversehrt, Gott sei Dank. In einem hinteren Winkel des Hofs hielt er Graf Görlitz und einer Schar weiterer Personen die Lampe. Aufrecht und mit vornehm erhobenem Kinn stand er zwischen allen anderen in seiner Livree. Einen Hauch von Nervosität verriet die Geste, mit der er sich das Haar glattstrich. Dagegen nahm sich der fortwährend die Arme in die Luft werfende Graf

Görlitz in seinem bunten Morgenmantel aus wie ein Irrwisch aus dem Morgenland.

Christina wollte hinrennen, wollte durchs Portal in den Hof zu ihrem Verlobten gelangen, wollte ihn in die Arme schließen, was ihr an diesem schrecklichen Abend wohl niemand verwehren würde. Hastig setzte sie den ersten Schritt, da kippte ihr der Fuß aus der Pantine, ein scharfer Schmerz zog bis über die Wade, stach bis zum Hinterteil hinauf, und erneut wurde es neblig vor Christinas Augen. Die blaue Kattunwolke, die sich just erhoben hatte und den Straßenstaub von sich schüttelte, fuhr geistesgegenwärtig zwei Arme aus, um Christina aufzufangen. »Sag ich doch, dass die Bonbons nix taugen.«

Christina hatte Glück im Unglück, wie sie nachträglich befand. Die hilfreichen Schwestern entpuppten sich als Töchter des Großherzoglichen Obermedizinalrats Dr. Ernst Büchner, der Arzt im Spital war und stadtbekannt. Die beiden hatten zusammen mit ihrem jüngsten Bruder den Abend im Lesekabinett in der Rheinstraße verbracht, einem Lesekabinett, von dem es hieß, dass dort heimlich die Republikaner tagten, aber das mochte ein Gerücht sein. Und als die Geschwister auf dem Heimweg die Nachricht vom brennenden Grafenhaus erreichte, hatten sie den Umweg durch die Neckarstraße genommen.

Mehr als das Schicksal der Gräfin von Görlitz schien die Schwestern allerdings Christinas Ohnmachtsneigung und ihr verletzter Fuß zu interessieren. Während die Menschenmenge mit ausdauerndem Ach und Weh auf Verlautbarungen aus der Görlitz'schen Villa wartete, begleiteten sie Christina zu einer steinernen Bank beim Pumpbrunnen, der unterdessen verwaist war. Mathilde schöpfte Wasser,

Luise umwickelte Christinas Fuß mit genässten Taschentüchern.

»Sie haben eine gute Nachricht verschlafen, meine Liebe«, sagte Mathilde. »Außer der Gräfin wird niemand vermisst, alle Bediensteten sind unverletzt.«

Christina lächelte, verschwieg, dass sie Johann putzmunter im Hof des gräflichen Anwesens entdeckt hatte.

»Ihrem Schatz geht es also gut«, sagte Luise. »Im Gegensatz zu Ihnen. Fallen Sie öfter um? Dann sollten Sie Herz und Kreislauf untersuchen lassen. – Tut der Fuß weh?«

»Ein bisschen. Bestimmt nur verstaucht.«

»Hoffentlich kein Sehnenriss.« Luise Büchner erhob sich aus ihrer Kauerhaltung, trat zurück und sah um sich, als suche sie jemanden.

Sie hatte, wie Christina jetzt erst bemerkte, einen verkrümmten Rücken, stand ein wenig schief. Konnte es sein, dass der liebe Gott einen gerechneten Ausgleich für das schöne Gesicht schaffen wollte? Christina wandte den Blick rasch ab, tat, als bemerke sie nichts, starrte auf ihren liebevoll mit Taschentüchern umwickelten Knöchel. Über einen Buckel soll man weder spotten noch mitleidig tun, weil unter der unschönen Wölbung Engelsflügel verborgen sein könnten. So hieß es in einem Märchen, das die Mutter gern erzählte. War diese Luise Büchner also doch eine Art Engel?

Eher nicht, so resolut wie sie sich gab. Mit einem Kopfnicken winkte sie einen Gassenbuben herbei, sagte: »Komm mal her, du Dreckspatz«, und hielt ihm eine Münze vor die Nase. »Du läufst jetzt, so schnell du kannst, in die Grafenstraße 39, da wirfst du ein paar Kieselsteinchen gegen das Fenster im ersten Stock links. Hörst du? Erster Stock links. Unser Bruder Ludwig ist bestimmt noch wach. Sei leise, die

Eltern schlafen wohl schon. Ludwig soll herkommen und Verbandszeug mitbringen. Und die Beinwellsalbe. Und die Hoffmannstropfen. Ach was, sein komplettes Arztköfferchen soll er mitbringen. Und er soll sich beeilen.«

Der Bube schnappte sich das Geldstück und rannte los.

Christina erschrak. »Kein Arzt. Ich kann keinen bezahlen.«

Mathilde bückte sich und streichelte Christina über die Wange wie einem Kind. »Ludwig kostet Sie keinen Kreuzer.« Keine Frage, diese Büchner-Tochter war die engelsgleichere von beiden.

»Er ist kein richtiger Arzt«, erklärte Luise. »Noch nicht. Er studiert erst. Aber was ein Wald- und Wiesendoktor kann, kann er auch.«

»Ach so«, sagte Christina, ohne wirklich erleichtert zu sein.

Wasser

Alles rennet, rettet, flüchtet,
   Taghell ist die Nacht gelichtet …
   Hoch im Bogen spritzen Quellen, Wasserwogen …
   Mussten ihm in jeder Lebenslage, in wirklich jeder, diese Gedichte durch den Kopf schießen, die er während seiner

Gymnasialzeit zu pauken und fließend auswendig vorzutragen hatte? Von wem war das nun? Goethe oder Schiller? Andere Dichter ließ der Deutschlehrer am Pädagog ja nicht gelten.

Sei's drum! Alexander postierte sich am Fuß einer Leiter, die zur Beletage führte, schaute hinauf, betrachtete die schwarzen Rauchfäden, die durch die Ritzen heraustraten, und schob die Frage beiseite. Er war ein gut benoteter Student der Juristerei. Nun galt es, den Schulkram endlich von sich zu schütteln und seinen Scharfsinn walten zu lassen.

So dramatisch wie in dem Gedicht ging es rund um das Haus des Grafen von Görlitz ohnehin nicht zu. Es schien ein Schwelbrand zu sein, kein lodernder, sondern ein vor sich hin glimmender Brand, wie er von einer einzelnen nachlässig gelöschten Lampe herrührte. Oder durch den Funkenflug von einem Rest Glut im Kamin. Unter Luftabschluss entwickelten sich Schwelbrände langsam, und man konnte sie bändigen – es sei denn, man erstickte zuvor am Rauch.

Schon zweimal war Emilie von Görlitz bei brennender Kerze eingeschlafen, so erzählte man sich. Doch immer war es glimpflich ausgegangen und bei einem Zimmerbrand geblieben, den die Bediensteten hatten löschen können. Diesmal jedoch mochte die Gräfin in Gefahr sein, ihre Tür war abgeschlossen, und sie antwortete nicht, wenn man rief oder klopfte. So hatte der Diener berichtet, der als Erster den Rauch bemerkt hatte.

Wollte die Gräfin sterben? Oder hatte sie das Haus verlassen und die brennende Kerze vergessen? Das war nicht wahrscheinlich. Eine angesehene Frau ging am Abend nicht ohne ihren Gemahl aus. Sonst wäre sie anderntags keine angesehene Frau mehr. Nun gut, die Gräfin konnte am

Nachmittag zu einer Verwandten oder Freundin gereist und dort geblieben sein, ohne ihrem Mann Bescheid zu geben. Um sich auszuweinen, weil sie mit dem Grafen Streit hatte, zum Beispiel. Es wurde gemunkelt, dass es mit der Ehe des Paares nicht zum Besten stehe. Was wiederum, besonders in Adelskreisen, keine Seltenheit war.

Nur Klatsch und Tratsch? Vielleicht. Doch Überlegungen dieser Art gehörten zu Alexanders Kerngeschäft. Er wollte Advokat werden. Und das bedeutete, jedem Verdacht nachzugehen, allen Spuren zu folgen, auch dem Geschwätz der Leute zuzuhören.

Durch der Hände lange Kette
Um die Wette fliegt der Eimer ...

Einen Unsinn hatte Goethe da gedichtet! Oder Schiller. Wassereimer flogen nicht. Mit Umsicht mussten sie weitergereicht werden, damit auf dem Weg vom Brunnen bis zur Brandstätte wenig verschüttet wurde.

Mit Rücksicht auf seine Schuhe nahm Alexander einen vergleichsweise trockenen Platz in der Rettungskette ein, dafür einen hochwichtigen: Er hielt die Leiter fest, die zum Wohnzimmer der Gräfin hinaufführte, wo die Feuerquelle vermutet wurde. Und es galt, diese Leiter gewissenhaft zu stabilisieren, denn am oberen Ende balancierte ein tollkühner Kerl, der einen hinaufgereichten Eimer nach dem anderen ergriff und das Wasser durch die zerborstene Scheibe schleuderte. Die Leiter zitterte, bebte, wackelte. Alexander umfasste die Holme mit beiden Händen, er spannte die Bizepse an, atmete in die Flanken, um Brust und Arme ruhig zu halten. Alles ungeachtet des Rinnsals, das unter seiner Mütze hervortrat und ihm beißend in die Augen sickerte.

Von der Stirne heiß
rinnen muss der Schweiß ...

Dennoch war Alexander dankbar für die ihm zugekommene Aufgabe, denn viele andere Helfer waren durchnässt, besonders der am oberen Ende der Leiter. Dem tropfte es aus den Schuhsohlen, seine Hemdsärmel schienen sich im Wasser aufzulösen. Und doch glühten seine Wangen vor Eifer. Von den Gesichtszügen her mochte er Mitte dreißig sein, seine Arbeiterkluft ließ ihn älter erscheinen, sein Elan jünger. Alexander kam nicht umhin, ihn im Stillen zu bewundern.

Andererseits erschien ihm der Mann ... nun ja, rätselhaft. Dieser üppige Bart, das Zottelhaar, die rote Halsbinde zur abgetragenen sandfarbenen Weste, dazu eine schlecht sitzende, von der Sonne geblichene, vormals vermutlich schwarze Hose – eine unauffällige Kombination der Revolutionsfarben Schwarz, Rot und Gold also. So kleideten sich gern die radikalen Demokraten, die Sozialisten und Kommunisten, die Wühler, wie sie im Volksmund genannt wurden. Und riskierten damit das Interesse der Geheimpolizei. Wer seine umstürzlerische Gesinnung nach außen kehrte, der lebte gefährlich.

Wenn dieser Mann aber ein Wühler war, was um Himmels willen tat er hier? Dies war das Haus eines Hochadligen, bitte sehr. Friedrich Graf von Görlitz war ein ordensreicher Geheimrat und hochbesoldeter Zeremonienmeister Seiner Majestät des Großherzogs von Hessen-Darmstadt. Und überdies mit allerlei Weihen gesegnet. Ein echter Wühler würde inmitten der gaffenden Menge vor dem Haus stehen und sich ins Fäustchen lachen, dass das Mobiliar des hochherrschaftlichen Hauses, für das schlecht bezahlte Manufakturarbeiter mit Schwielen an den Händen und Holzstaub in den Lungen geschuftet hatten, zu Asche zerfiel. Eher noch würde ein wahrer Wühler sich mit desinteressierter, wenn nicht verächtlicher Miene abwenden und seiner Wege gehen. Warum sollte er nur einen Gedanken verschwenden an eine der Melancholie anheimgefallene Gräfin, die sich mit Absicht oder aus Unachtsamkeit oder aufgrund einer Mischung aus beidem einen Fluchtweg aus ihrem goldenen Käfig ins Jenseits verschaffen wollte? Statt das Spektakel zu ignorieren, riskierte der Kerl seine gesunden Gliedmaßen. Denn wenn er aus dieser Höhe fiele, wäre ein Arm- oder Beinbruch das Mindeste. Ein Schnupfen drohte ihm sowieso.

Andererseits ... warum sollte ein Wühler kein guter Christ sein? Einer, der in seinem politischen Gegner in erster Linie den Menschen sieht, dem geholfen werden muss, wenn er in höchster Not ist. Vielleicht ist dieser Mann ein Feind der Vornehmen, aber nicht der Feind von Menschen, die doch nur der historische Zufall zu Vornehmen gemacht hat. So zumindest hatte Georg gedacht, der große Bruder, der ein stadtbekannter Radikaler gewesen war und vor der Geheimpolizei ins Ausland hatte fliehen müssen, wo er letztlich starb. Alexander war keine neun Jahre alt gewesen, als er ihn das letzte Mal sah.

»Vom Fenster aus ist nix mehr möglich«, rief der Wühler und riss ihn aus seinen Überlegungen, kletterte wieselhaft die Sprossen herunter, schüttelte seine Mähne, dass die Tropfen flogen und alle Umstehenden zurückwichen. »Wir müssen ins Haus.« Sein Blick heftete sich ans Seitenportal mit der Sandsteintreppe. »Wir müssen durch die Tür da, wenn das geht.« Er riss einem Halbwüchsigen den Wassereimer aus der Hand, sprang die Stufen hinauf, drückte die Klinke herunter ... Die massive Tür öffnete sich, eine Rauchwolke trat aus, verzog sich. Keine Flammen. Löschwasser sickerte als Rinnsal eine gewundene Steintreppe herab.

Er drehte sich um und winkte. »Ich glaub, wir können rein.«

Aus einem Pulk, der sich in einer efeuberankten Ecke des Innenhofs versammelt hatte, trat Graf von Görlitz in orientalisch gemustertem Schlafrock. Mit schlaffen Schultern und der Andeutung eines Kopfnickens tappte er an dem Wühler vorbei ins Haus. Ein Diener folgte ihm mit der Lampe. Der übrige Pulk – bestehend aus zwei weiteren Schlafrockträgern und einigen Männern und Frauen, die nach Dienstpersonal aussahen – ging zögerlich hinterdrein.

Der Wühler nickte Alexander auffordernd zu. Ohne ein Wort zu wechseln, schlossen sie sich der Prozession an, jeder mit einem Eimer Wasser bewehrt, und stiegen die Steintreppe hinauf in den ersten Stock. Hinter einer doppelflügeligen Tür, ab Brusthöhe mit Glasintarsien versetzt, herrschten Dunkelheit und Stille. Kein Schreien, kein Wimmern, kein Klopfen. Auch kein Feuerlodern, kein Lichtflackern. Nichts.

»Mein Gott, wenn die Frau Gräfin nur nicht verbrannt ist«, sagte eine Frau mit Schürze, Haube und Damenbart.

Der Wühler drückte die Klinke herunter. »Verschlossen.«

»Das wissen wir schon«, sagte der Diener mit der Lampe.

Der Graf rieb sich die Tränensäcke mit Daumen und Zeigefinger. Er werde unverzüglich nach einem Schlosser schicken, erklärte er und straffte sich ein wenig. Der solle einen Dietrich mitbringen und die Tür öffnen.

Ein Schlosser? Warum auf einen Schlosser warten? Alexander und der Wühler sahen einander verdutzt an. Einer der Schlafrockträger – den Gesichtszügen nach konnte es jemand von der benachbart wohnenden und äußerst betuchten Sippe derer von Riedesel sein – legte dem Grafen die

Hand auf die Schulter. »Wir müssen die Tür aufbrechen, lieber Friedrich.«

»Wir müssen die Tür aufbrechen«, wiederholte der Graf mit belegter Stimme.

Doch wie bei hochwohlgeborenen Herrschaften häufig, war mit »wir« nicht unbedingt »wir« gemeint. Manchmal bedeutete »wir« so viel wie »ich«, war also ein Pluralis Majestatis. Manchmal aber hieß »wir« im Gegenteil »nicht ich«, sondern die anderen. In diesem Fall griff die zweite Auslegung. Tätig werden sollten nach Ansicht des Grafen seine Bediensteten. Die damenbärtige Frau, als Marie angesprochen, sollte den Vorschlaghammer aus dem Keller holen, damit die Lakaien Fritz und Johann damit hantieren konnten. Der Kutscher Franz wurde angewiesen, den Hausarzt aufzusuchen und ihn herzubefördern.

»Es geht auch ohne Vorschlaghammer«, sagte der Schlafrockträger, der nach Riedesel aussah, und warf sich gegen die Tür. Als hätte er auf ein Zeichen gewartet, sprang der Wühler ihm bei. Und ehe Alexander seinen Körpereinsatz mit anbieten konnte, brach das Schloss aus der Füllung. Das weiß lackierte Holz splitterte, beide Türflügel flogen auf, die Glasintarsien blieben erstaunlicherweise heil. Eine dichte schwarze Wolke quoll ins Treppenhaus, nahm ihnen den Atem.

Man ächzte, hustete, wich zurück. Alexander versuchte, einen Blick durchs Vestibül ins Innere der Wohnung zu werfen. Zu erkennen war rein gar nichts, teils wegen des Qualms, teils wegen der geschlossenen Vorhänge, die nicht einmal Mondlicht hereinschimmern ließen.

»Da liegt ja die Unglückliche«, rief der Graf.

Alexander spähte angestrengt, erkannte nur schwarzen Nebel in schwarzer Nacht. Erst allmählich verzog sich der Qualm durchs Treppenhaus hinauf in den unbewohnten oberen Stock, und es wurde möglich, in die Gefilde der Gräfin vorzudringen. Der Lakai mit der Lampe musste vorangehen, ihm folgte der Graf, dann die anderen.

Und da, inmitten eines kleinen Wohnraums mit halb verbranntem Sekretär, Ruß bedecktem Kanapee, pitschnassem Parkett und einem sich darauf ringelnden abgerissenen Klingelzug, lag eine Gestalt – an Kopf, Brust und Oberarmen vollkommen verkohlt. Als Frau war sie durch ihr aschebeflecktes weißes Negligé und die Reste eines dunklen Wollkleides erkennbar, die nach oben verrutscht waren und zwei magere Beinchen freigelegt hatten. Der linke Fuß war nackt, der andere steckte in einem schiefgetretenen rosa Pantoffel. Angekokelter Schmuck lag verstreut um die Leiche. Perlenketten? Edelsteinbroschen? Schwer zu identifizieren. Eine bleiche Hand mit Goldring ruhte abgetrennt neben dem teils zu Asche zerfallenen Arm.

Alexander wurde übel, doch er zwang sich, den bizarren Anblick auszuhalten und genauer hinzusehen, denn kein Schwelbrand konnte einen menschlichen Körper derart zurichten. Das, was einmal der Mund der Gräfin gewesen sein musste, klaffte auf, als habe sie im Moment ihres Todes geschrien. Oder verzweifelt um Luft gerungen.

Graf von Görlitz stürzte an ihre Seite, kniete vor ihr auf dem nassen Fußboden und greinte. »Ach, dass du mir diesen Schimpf angetan! Wärst du doch lieber in deinem Bett gestorben.«

Die Gräfin Emilie von Görlitz, eine geborene von Plitt, gebürtig von Frankfurt am Main, stand in ihrem 46. Lebensjahr, war schlanker Statur, eher mager und mittlerer Größe. Ihre Ehe war stets kinderlos geblieben. Sie war eine Frau von hoher Geistesbildung, ihr Charakter war ausgezeichnet durch Gutmütigkeit, Wohltätigkeitssinn und Teilnahme für Notleidende, welche eine große Stütze an ihr fanden. Dabei aber zeigte sie in ihrer Haushaltung eine ins Kleinliche gehende übertriebene Ersparungssucht. Sie unterzog sich aller, selbst sehr harter Arbeiten der Haushaltung. Sie war sehr streng in den Anforderungen, welche sie an die Tätigkeit ihres Gesindes stellte, und dabei misstrauisch, sodass es einem Dienstboten schwerfiel, ihr Vertrauen zu erwerben. Sie hielt alle Behältnisse ihres Hauses soweit tunlich unter eigenem Verschluss. In dem verbrannten Schreibsekretär verbarg sie wertvollen Schmuck und ihr bares Geld, das sie sich nach Bedarf von ihrem Gemahl geben ließ. Ihr kostbarster Schmuck, Goldschmuck mit Emaille, Diamanten und orientalische Perlen im ungefähren Wert von 23.000 Gulden, war in einer der unteren Schubladen des Sekretärs in einer besonderen Kassette verwahrt. Der Sekretär war mit sehr guten, durch keine Nachschlüssel zu öffnenden Schlössern versehen. Niemandem von der Dienerschaft war der Anblick des kostbaren Inhalts zugänglich, und nur die unterste mit Quittungen und Papieren aller Art angefüllte Schublade stand nach der Angabe einer früheren Kammerjungfer gewöhnlich offen.

Aus dem Original-Prozessbericht, sanft an moderne Rechtschreibung angepasst (siehe erster Eintrag im Quellenverzeichnis).

Wärst du doch lieber in deinem Bett gestorben ... diesen Schimpf angetan ... Hatte Graf von Görlitz das wirklich so gesagt? Der ganze Salon schien den Atem anzuhalten, vier Sekunden, fünf Sekunden ... Alle, mit Ausnahme des vor der Leiche kauernden und vor sich hin schluchzenden Grafen, standen stumm und starr da wie die angekokelten Möbel.

Alexanders Befremden wich den kühlen Fragestellungen eines künftigen Advokaten: Warum tat der Graf so, als stünde ein Selbstmord außer Frage? Wie konnte es sein, dass er mehr Mitleid mit sich selbst hatte als mit seiner Gattin, die auf qualvolle Weise gestorben war?

Auch hinter der Stirn des Wühlers schien es zu arbeiten. Er kniff die Lippen zusammen, als müsse er ein sarkastisches Gelächter unterdrücken. Und mit einem Mal kam er Alexander bekannt vor. War er ein Freund von Georg gewesen? Ein Kommilitone, ein politischer Mitstreiter? Vom Alter her würde es passen.

»Nun denn«, sagte der Graf und erhob sich abrupt, »es ist an der Zeit, dass das Volk da draußen sich zerstreut.« Er gab die Order, weitere Lampen zu entzünden und die Vorhänge aufzuziehen. Dann schritt er mit gefasster Miene zu einem der bodentiefen Fenster, das nach französischem Vorbild mit einem Austritt zur Straße hin versehen war, öffnete die Flügeltüren weit und verkündete der versammelten Menge: »Was wir befürchtet haben, ist eingetreten. Meine geliebte Gattin ist in den Flammen gestorben.« Den vielstimmigen Aufschrei quittierte er mit der Bitte, sich nunmehr nach Hause zu begeben und im Stillen für die Seele der Verstorbenen zu beten.

Bevor die Menge gehorchte, musste er noch einige zugerufene Fragen beantworten. Nein, weitere Personen seien nicht verletzt. Ja, Sachschaden sei entstanden, großer Sachschaden, doch der sei zu verschmerzen, im Gegensatz zum Tod seiner »geliebten Emilie«. Er danke für das Mitgefühl, so sagte er, und breitete die Arme aus, und besonders danke er allen Helfern für ihren tapferen Einsatz. Er werde sich anlässlich der Trauerfeier erkenntlich zeigen. Damit schloss er das Fenster und wandte sich seiner Dienerschaft zu. »Lasst uns die Gräfin hinüber ins Schlafzimmer bringen und pietätvoll aufbetten, bevor der Arzt eintrifft. Fritz, suchen Sie den zweiten Pantoffel, der muss ja irgendwo liegen, und werfen sie beide zum Abfall.«

»Was geschieht mit der ... abgetrennten Hand?«, fragte die damenbärtige Zofe namens Marie.

»Die platzieren wir selbstverständlich beim Körper. Ebenso die Asche, die ...«

»Es wäre besser, die Gräfin vorerst genau so liegen zu lassen, wie wir sie gefunden haben«, unterbrach ihn Alexander. »Sonst werden wertvolle Spuren beseitigt, im Fall, dass ein Gewaltverbrechen vorliegt. Ein Einbruch etwa, bei dem der Täter von der Gräfin überrascht wurde.«

»Unsinn«, sagte der Graf und machte eine Geste, als wolle er eine Fliege verscheuchen. »Wie sollte jemand hier hereinkommen? Wo wir doch selbst die Tür aufbrechen mussten.«

»Wo ist der Schlüssel?«, fragte der Wühler. »Wenn die Gräfin sich eingeschlossen hat, würde der von innen im Schloss stecken. – Also, ich denke auch, dass Sie auf die Polizei warten sollten. Die hat Übung darin, Spuren zu sichern und ...«

Der Graf schnappte sichtlich nach Luft. Er danke den beiden »Fremden«, die so uneigennützig geholfen hätten, »ganz, ganz herzlich«, doch er wolle diese Stunde der

Trauer ausschließlich in vertrautem Kreis verbringen und bitte dafür um Verständnis.

Das war so deutlich gesprochen, dass keine weitere Aufforderung ans Personal ergehen musste. Der Diener mit der Lampe komplimentierte Alexander und den Wühler hinaus, deutete eine Verbeugung an und drückte die Portaltür zum Hof geräuschvoll ins Schloss.

»Wen die Dankbarkeit geniert,

Der ist übel dran;

Denke, wer dich erst geführt,

Wer für dich getan!«, sagte Alexander. »Von wem ist das? Goethe oder Schiller?«

Der Wühler zuckte die Achseln. »Keine Ahnung.«

»Ich tippe auf Goethe.« Alexander streckte die Hand aus. »Alexander Büchner, mein Name.«

»Angenehm, Paul. Paul Mink.«

»Kennen wir uns nicht irgendwoher?«

»Kaum«, sagte der Wühler, ohne Alexander anzusehen, »ich bin selten in Darmstadt.« Er rubbelte seine nasse Mähne mit einem nicht weniger nassen Taschentuch.

Wenn Alexanders Menschenkenntnis so gut arbeitete wie sonst, dann log der Mann. Und Lügen weckten Alexanders Jagdinstinkt. Er beschloss, sich nicht abschütteln zu lassen. »Ist es nicht seltsam«, fragte er, als der Wühler Anstalten machte, sich zu verabschieden, »dass Graf von Görlitz die Leiche seiner Frau vom Vestibül aus erkannt haben will – trotz der Dunkelheit und des ganzen Qualms?«

Unter der Zottelmähne zuckten die Augenlider. »Na ja, er kennt die Räumlichkeiten, da ist ihm wohl der Umriss am Boden gleich aufgefallen.«

»Ist es nicht eigenartig, dass er die Tote ins Schlafzimmer hat räumen lassen, noch ehe der Arzt eintraf?«

»Ihm waren vielleicht der abgetretene Hausschuh und die mageren Beine seiner Frau peinlich.«

»Haben Sie den abgerissenen Klingelzug bemerkt? Zeugt der nicht davon, dass die Gräfin um Hilfe rufen wollte?«

»Es passiert, dass Selbstmörder sich im Moment des Todes umbesinnen und gerettet werden wollen.«

»Und dieser Satz: Wärst du lieber in deinem Bett gestorben.«

Der Wühler lächelte dünn. »Sie war ihm gleichgültig. Soll vorkommen in manchen Ehen.«

»Tja, ähmm …« Alexander musste sich nicht lange nach seinen Schwestern umzusehen, die er vor einer halben Stunde hier zurückgelassen hatte. Die Neckarstraße hatte sich geleert, wenige Schaulustige harrten in kleinen Gruppen weiter vor der Görlitz'schen Villa aus, um das Eintreffen des Arztes abzuwarten. Luise und Mathilde standen entfernt im Mondlicht, neigten sich wie ein einziger Schatten zweier Samariterinnen über eine offenbar hilfsbedürftige Gestalt. Und da, Ludwig war wundersamerweise ebenfalls anwesend, kniete vor der Verletzten und hantierte mit Verbandszeug. Was immer geschehen war, es kam Alexander gelegen. Alle drei waren älter als er, konnten sich besser an Georg und vielleicht auch deutlicher an dieses Wühler-Gesicht erinnern. »Herr … ähm … Mink, darf ich Ihnen meine Geschwister vorstellen?«

Zwei Einladungen

Herrje, die Büchners! Ganze vier von ihnen. Peter kam nicht umhin, ihnen reihum die Hand zu reichen, nachdem das jüngste Familienmitglied, Alexander, ihn formvollendet vorgestellt und einen wahren Sermon auf Peters Einsatz bei den Löscharbeiten gesungen hatte. Die Geschwister lauschten ehrfürchtig, lächelten ihm zu, erkannten ihn Gott sei Dank nicht. Sie waren Kinder gewesen damals und er höchst selten zu Besuch bei der Familie – als einer von Wilhelms zahllosen Freunden. Und mit seinem probaten neuen Namen, Paul Mink, war er ihnen erst recht unbekannt.

Luise, die jüngste Büchnertochter, sprach eine Einladung aus: »Zum Tee, an einem der kommenden Sonntage«, und nannte ihm überflüssigerweise die Adresse.

Er dankte höflich. Den Teufel würde er tun, dorthin zu gehen. Wilhelm, der jetzt Fabrikant für irgendein Seifenzeug in Pfungstadt war, könnte samt Anhang an einem Sommersonntag im Haus der Eltern anwesend sein. Und er würde ihn womöglich erkennen.

Luise redete weiter. Plapperte in einem fort über Mut und Zivilcourage, Nächstenliebe, Herzensbildung. Und befand, dass dies Qualitäten seien, an denen es heutzutage mangele ...

Peter senkte den Blick in der Hoffnung, es möge ihm als Bescheidenheit ausgelegt werden, und wollte sich verabschieden. Doch da war diese verletzte junge Frau, die nicht auftreten konnte, aber irgendwie nach Hause in die Altstadt gelangen musste.

»Ich zahle eine Droschke«, sagte Peter rasch. »Bestimmt stehen welche am Friedensplatz herum. Dort muss ich ohnehin vorbei. Ich schicke eine her und begleiche vorab die Fahrt in die Altstadt. Kein Problem.«

Die Büchners starrten ihn mit offenen Mündern an. Er trug seine Arbeiterkluft an diesem Abend und wirkte gewiss nicht wie einer, der es gewohnt ist, per Droschke unterwegs zu sein. Geschweige denn, einer Fremden eine Fahrt zu spendieren.

»Das kann ich nicht annehmen«, sagte das verletzte Fräulein und sah zu ihm auf, als sei er ein überirdisches Wesen. Sie hatte entzückend zerzaustes Blondhaar und blassblaue Augen, groß und hungrig, wie Menschen, die seit Tagen nichts gegessen haben.

»Es ist mir eine Ehre«, sagte Peter förmlich, dienerte knapp und ging mit hastigen Schritten die Neckarstraße hinunter, bevor die Büchners auf die Idee kommen konnten, sich an den Kosten für die Droschke zu beteiligen.

Der Kutscher freute sich über die späte Kundschaft, zählte die Münzen und fuhr los. Peter atmete auf und blickte sich um. Der Friedensplatz war wie leergefegt, wie immer um diese Zeit, der Mond stand hoch am Himmel, tauchte das Alte Schloss, Wohnsitz des unbeliebtesten Darmstädter Regenten aller Zeiten, in ein versöhnliches Licht. Die Stadtkirchenglocke schlug Mitternacht.

Peter schlenderte über den Ballonplatz zu seinem Haus in der Mauerstraße, das er der kinderreichen Familie seiner Cousine vermietet hatte. Für sich selbst beanspruchte er bloß die Dachkammer. Gelegentliche Übernachtungen in Darmstadt ließen sich nicht vermeiden, doch die Maskerade, das lange Haar, der volle Bart halfen ihm, unerkannt zu bleiben. In Frankfurt war er ein Niemand, ein Mensch ohne Vergangenheit.

Was aus Kindern so wird! Peter schmunzelte in sich hinein. Die freche kleine Luise war zur reinsten Schönheit gediehen. Wäre nicht der Buckel, man könnte sich vom Fleck weg in sie verlieben. Der blondgelockte Ludwig, damals Liebling sämtlicher alten Damen, wollte Arzt werden. Wie der Vater. Und wie Georg es hatte werden sollen, allerdings nicht recht wollte. Ein gewiss artiger Sohn, der Ludwig. Artiger als Georg und Wilhelm. Mit Aussicht auf eine glänzende Zukunft. Jetzt dürften nicht allein die *alten* Damen hinter ihm her sein.

Der Jüngste, das war der Wildfang, der seinerzeit mit ohrenbetäubendem Gejohle durchs Haus gefegt war und – warum auch immer – den Vornamen Alexander bekommen hatte. Dabei deutschtümelten die Büchners bei der Wahl der Vornamen, wie die meisten Hessen es taten: Georg, Wilhelm, Ludwig, Mathilde, Luise … Nur der Kleine fiel aus der Reihe: Alexander – wie der antike Eroberer und Kriegsheld.

Er hatte auch was von einem Eroberer, der Bursche. Dreist war er, ließ sich schwer abschütteln. War so unvorsichtig gewesen, spitze Bemerkungen über Graf Görlitz fallen zu lassen. Ja, es stimmte, bei diesem Todesfall gab es zahlreiche Ungereimtheiten. Peter würde dem »Deutschen Zuschauer« in Mannheim bald anonym zukommen lassen, was er gesehen und gehört hatte. Wenn ihn keiner aufhielt.

Warum sollten sie ihn gerade heute aufhalten? Sie ließen ihn seit Wochen in Ruhe. Landauf, landab waren Metternichs Geheimdienste angeschlagen, Metternich selbst war angeschlagen. Alle Welt spuckte Gift und Galle, sobald sein Name fiel. In den Kneipen wurden zu ausgelassener Stunde verbotene Lieder gesungen und politische Witze gerissen, Flugblätter wurden offen verteilt, aber die Spitzel kamen nicht hinterher. Gewiss stand viel bewaffnete Polizei auf den Straßen herum, besonders in Hessen-Darmstadt, doch das war Staffage. Sie sollte Angst verbreiten, was lediglich teilweise gelang. Die Zahl der Verhaftungen war rückläufig, viele Richter trauten sich nicht, die vorgeblichen »Landesverräter« einzusperren. Die kleinen Fische, die Peter anlieferte, wurden schon nach Tagen wieder aus dem Gefängnis freigelassen. Die karge Auftragslage drohte, ein Loch in Peters Geldbeutel zu reißen. Aber er kam zurecht, es gab andere Einnahmequellen.

War da doch jemand hinter ihm her? Peter drehte wie beiläufig den Kopf zur Seite, versuchte aus dem Augenwinkel die Quelle des Klackerns von groben Schuhen auf dem unebenen Pflaster auszumachen. Eine graue Batschkappe, ein Bibermantel ... Ein Mantel an einem so lauen Abend? Und an der nächsten Straßenecke wartete eine monströse schwarze Kutsche – ohne Wappen. Wollte man ihm eine Falle stellen, eine, die von zwei Seiten zuklappte?

Bei der erstbesten Hauslaterne hielt Peter an, kramte die Schatulle mit den Zigaretten aus dem Wams, steckt sich eine zwischen die Lippen und zündet sie umständlich an, indem er die Streichholzflamme mit hohlen Händen schützte. Dabei lugte er durch seine Finger, um den Bibermantelträger zu beobachten. Ebenso die Kutsche.

»'n Avend«, sagte der Mann und tappte an Peter vorbei. Klein und hager war er, torkelte, als habe er Alkohol getrunken. Sagte ein zweites Mal »'n Avend« und lallte in ausgeprägtem Darmstädter Dialekt über »'s Geld, des wo isch net hab«.

Peter warf ihm zwei Kreuzer zu, blickte ihm ins Gesicht und entspannte sich. Es war der alte Datterich, der legendäre Saufbold und Kleinganove. Dass der noch lebte!

Peter wechselte die Straßenseite, ging gelassen weiter. Er freute sich auf seine Dachkammer, die er sich gemütlich eingerichtet hatte mit einem Plüschsessel samt Fußbank. Die Familie schlief gewiss schon, aber seine Cousine hatte ihm bestimmt wie immer ein Butterbrot und ein großes Glas Bier hingestellt. Schade, dass er die Kinder diesmal nicht sehen würde. Er liebte es, mit ihnen über Katzen, Hasen und Waldfeen zu fachsimpeln.

Er schickte sich an, einen Bogen um die verdächtige Kutsche zu machen, da entstiegen ihr zwei Männer. Vornehm gekleidet. Zylinder. Stiefel. Sie schritten direkt auf ihn zu, nahmen ihn in ihre Mitte und zwangen ihn einzusteigen. Einer ließ ein Messer aufblitzen. Die Kutsche ächzte, der Kutscher fluchte, als sie Peter auf den Sitz drückten.

Er lächelte kalt. »Na, um wen geht's diesmal?«

Sie steckten ihm einen Zettel mit einem Namen und einer Adresse zwischen die Finger: irgendein Heinrich Hoffmann, Arzt in Frankfurt.

»Wird erledigt«, sagte Peter, »aber ich brauch ein paar Tage, hab was mit einer Frau zu klären.«

Sie lachten dreckig, schubsten ihn aus dem Wagen, dass er hinschlug, und fuhren davon. Wut kroch in ihm hoch. War dem Geheimdienst das derbe Benehmen seines Fußvolks bekannt? Er würde diese Art von Behandlung bei Gelegenheit anmahnen. Langsam rappelte er sich auf, rieb seinen schmerzenden Ellenbogen, klopfte sich den Straßenschmutz von Hemd und Hose. Wenigstens hatte er etwas Zeit gewonnen. Bei den Kerlen gab es keine bessere Ausrede als Weibergeschichten. Wenn die wüssten, dass Peter seit Monaten abstinent war wie ein Kapuzinermönch. Frauen waren kompliziert. Sie wollten heiraten, sie wollten Kinder ... Ein Zuträger der Geheimdienste durfte nicht heiraten. Niemals.

Ärmlich, aber reinlich

Eine Droschkenfahrt! Luise musste sich Mühe geben, ihre Vorfreude zu verbergen. So was gab es für die sparsamen Büchners nicht alle Tage. Dabei waren in Darmstadt mit »Droschken« keineswegs vornehme offene Kutschen wie in den großen Städten gemeint, mit denen man zweispännig und meist zum Vergnügen durch die Gassen gefahren wurde. »Droschken« hießen vielmehr die schlichten, oft überalterten Lohnkutschen, die von einem einzigen Kaltblutpferd gezogen wurden und für maximal vier Personen Platz boten. Dafür konnten diese zum Preis von einer reisen, wenn sie dasselbe Ziel hatten. Allenfalls Trinkgeld wurde von jedem Fahrgast erwartet.

Die Geschwister Büchner mussten somit nicht die Barschaft in ihren Geldbörsen zählen, doch sie diskutierten ausgiebig, wer das verletzte Fräulein nach Hause geleiten durfte. Zwei mussten mindestens mit, um es zu stützen. Und mindestens einer musste schleunigst nach Hause, schon allein, um die Mutter zu beruhigen, die manchmal nachts aufwachte und mit einer Kerze in der Hand hinter den Fenstern zur Straße auf und ab ging, falls nicht sämtliche Kinder, und seien sie noch so erwachsen, in ihren Betten schliefen. Ludwig gab schließlich klein bei. Er verabschiedete sich mit einem Rezept, das er auf einem Zettelchen notierte, drückte es Luise in die Hand. »Kannst es ihr vorlesen, während der Fahrt.«

Der Vorschlag beruhte auf einer Fehlannahme. Das Fräulein konnte ausgezeichnet lesen, sogar Ludwigs Gekrakel erfasste sie sofort, und trug vor: »Umschläge mit Essigsaurer Tonerde für den Knöchel. Ordentlich essen und trinken gegen die Ohnmachtsneigung. Und falls es nicht besser wird, wieder melden: Ludwig Büchner, Grafenstraße 39.« Sie lächelte schüchtern: »Ich danke Ihnen so sehr, jedem von Ihnen!«

»Wollen wir uns nicht duzen?«, fragte Luise.

Alle nickten. Das Geholper der Kutsche durch die Schlaglöcher der Altstadtstraßen hätte ohnehin keine andere Kopfbewegung zugelassen.

Es gab manches in Darmstadt, das sich nie änderte, zumindest nicht zum Guten. Zum Beispiel die Altstadt, Wohnquartier der Armen und Bedürftigen, der Lohnarbeiter und ihrer Familien, gleichzeitig ein Schlupfloch für Hehler, Gauner und Spieler. Die Gegend zwischen Holz- und Obergasse war und blieb ein Schandfleck der Stadt, seit Luise denken konnte.

Die Droschke hielt vor einem verwitterten einstöckigen Fachwerkhaus mit Giebel zur Straßenseite. Luise ließ den Blick über die gräulich verblichenen Balken und Streben fliegen, den bröckelnden Lehmverputz, die aus rohen Brettern gezimmerte Eingangstür. Sie überspielte ihren Schrecken, als sie zwei lange, dürre Ratten die Gasse entlangflitzen und im zerbrochenen Kellerfenster nebenan verschwinden sah. »Wir sind schon da?«

Alexander kletterte als Erster aus dem Wagen, reichte Christina die Hand, um ihr herauszuhelfen, schickte sich an, sie Huckepack zu nehmen und über die Schwelle zu tragen. »Wo geht's hin? Erster Stock? Dachgeschoss?«

»Oder Kellergeschoss?«, fragte Mathilde. Die Besorgnis in ihrer Stimme war unüberhörbar. Bestimmt hatte sie die Ratten ebenfalls gesehen.

»Hüa«, kommandierte der Kutscher, und das Gefährt rumpelte davon.

Ein Fenster des gegenüberliegenden Hauses klappte auf. »Jetz is awer Ruh!«

Christina fasste in ihre Schürzentasche, förderte leise klimpernd einen Schlüsselbund zutage und flüsterte: »Nochmals lieben Dank für eure Hilfe, ich komme allein weiter.«

Alexander ließ sich nicht abwimmeln. »Wenn wir schon hier sind …« Er bückte sich umständlich, streckte die Arme nach hinten. »Steig auf.«

Dieser Hering wollte Christina ins Haus tragen? Bis in ihre Wohnung? Luise staunte. War es Hilfsbereitschaft, die den Bruder antrieb? Oder war es Neugierde? Sie tippte auf Letzteres und musste sich eingestehen, einen Funken Wissbegier auch bei sich selbst wahrzunehmen. Sie kannte die Straßen der Altstadt, doch war es ihr noch nie gelungen, einen Blick ins Innere der Häuser zu werfen. Herrschte dort wirklich die »vollkommene Verwahrlosung«, von denen die Nachbarn in der Weststadt sich gern erzählten? Vater müsste es wissen, er ging in jede Kammer, in die er gerufen wurde. Immer. Schwieg indes über seine Beobachtungen.

Luise ergriff den Schlüsselbund, als hätte sie ihn bei einer Lotterie gewonnen. »Muss ja jemand die Türen öffnen.«

Christina fügte sich. »Na dann … Dachgeschoss.«

»Ich komm mit rauf«, sagte Mathilde.

Luise fuhr das Haus verstohlen mit den Augen ab. Ein winziges einflügeliges Fenster glotzte trüb wie das Auge eines Greises vom Giebel auf sie herunter. Beherzt steckte sie den größten Schlüssel ins Schloss der Brettertür, dreht ihn um, ein leises Schaben, sie sprang auf. Eine Öllampe flackerte im Luftzug, kam kaum gegen die Dunkelheit an.

Tatsächlich schaffte es der kleine Bruder, Christina die enge knarzende Holztreppe mit den abgetretenen Stufen hochzutragen. Er hielt nicht an, er schnaufte kaum, tat so, als bewerkstellige er dergleichen jeden Tag.

Die Tür zu Christinas Wohnung war hell gestrichen und hing, soweit es bei der schwachen Beleuchtung zu erkennen war, ordentlich in ihrem Rahmen. Sie quietschte nicht einmal beim Öffnen.

Christina rutschte von Alexanders Rücken, humpelte voran und entzündete einen Kerzenstummel in einer Zinnhalterung, die auf einem Hocker neben dem Eingang bereitstand. Zögerlich erleuchtete sie damit einen einzigen Raum mit Dachschrägen, ansonsten hatte er die Fläche einer durchschnittlichen Wohnstube.

Nebeneinander aufgereiht war ein weiß gebeizter Holztisch mit zwei Stühlen, eine altertümlich bemalte Truhe und ein schlichtes Bett, mit Filzdecken drapiert. In der Mitte hing an einem von Wand zu Wand gespannten Draht zu trocknende Wäsche: eine Bluse, ein Hemd, mehrere Handtücher. Ein Emailofen neben dem Fenster an der Stirnseite diente offenbar als Herd, denn an einem Wandregal darüber hingen zwei Töpfe, eine Pfanne und eine Schöpfkelle. Das Zimmer duftete nach Schmierseife und Lavendel, ganz wie die »gute Stube« der Büchners nach dem Großreinemachen im Frühjahr.

Ärmlich, aber reinlich, schoss es Luise durch den Kopf. Und keine Sekunde später schämte sie sich dafür. Die hochmütige Redensart war typisch für Weststadt-Bewohner, wenn sie etwas Anerkennendes über Menschen der unteren Stände sagen wollten. Besonders über Frauen der unteren Stände, die nach allgemeinem Dafürhalten für die »Reinlichkeit« zuständig waren – die des Leumunds, die der

Wohnung, die der Kleidung sämtlicher Angehörigen vom Kleinstkind bis zum pflegebedürftigen Großvater.

Ja, reinlich schien Christina wohl. Was jedoch wichtiger war: Sie war eine offenbar kluge, freundliche und bescheidene Frau. Allzu freundlich, allzu bescheiden. Das galt es zu ändern. Frauen brauchten heutzutage Chuzpe, befand Luise. Und zwar *alle* Frauen. Sie schnappte sich Ludwigs Rezept und schrieb eine Adresse auf die Rückseite: Hügelstraße 14, erster Stock.

»Da treffen sich Mathilde und ich mit bislang fünf anderen Frauen jeden ersten Sonntag im Monat«, erklärte sie. »Zum gemeinsamen Sticken, Stricken und Häkeln. Und zum Plaudern natürlich. Immer von neun bis elf, statt Kirchgang. Vielleicht hast du Lust, dabei zu sein. Dann sind wir zu acht. Ich würde mich freuen.«

»Ich mich auch«, sagte Mathilde.

Christinas bleiche Wangen überzog ein rosaroter Glanz. »Wenn ich freibekomme, sehr gern.«

Alexander und Mathilde geleiteten sie zum Bett, setzten sie behutsam darauf ab, prüften noch einmal den Fußverband und verabschiedeten sich. »Alles Gute. Und bis bald«, rief Luise.

Auf der Stiege kam ihnen ein Mann von Mitte zwanzig entgegen, volles dunkles Haar, hohe Stirn, gerade Nase, kerzengerade Haltung. War *er* das, der Johann? Wenn ja, verstand Luise nur zu gut, warum Christina so besorgt um ihn gewesen war.

Er wollte sich wortlos an ihnen vorbeischieben, doch Alexander blieb stehen. »So sieht man sich wieder.«

Der Mann legte den Kopf schief und zuckte die Achseln.

»Görlitz'sche Villa, vor etwa einer Stunde. Sie haben meinen Begleiter und mich rausgeworfen«, sagte Alexander.

»Dann verzeihen Sie mir, junger Herr. Ich war dazu angewiesen.« Die Stimme klang unterkühlt freundlich.

Alexander streckte ihm die Hand hin. »Schwamm drüber.«

Der Mann ignorierte sie, deutete eine Verbeugung an. »Ich bedaure sehr, dass wir einander nicht unter günstigeren Bedingungen begegnet sind, mein Herr. Doch ich muss mich nun ausruhen. Ich bin, wie Sie sich vorstellen können, erschöpft.« Damit wandte er sich um, stieg die Treppe weiter hinauf.

Alexander schien ihm etwas nachrufen zu wollen, doch Mathilde legte ihm die Hand auf die Schulter. »Gib Ruhe, Alex. Wir sind doch auch müde. Und müssen jetzt zu Fuß nach Hause.«

Luise war beeindruckt. Feine Manieren hat er, der Johann.

Rübermachen

Johann zog seine Stiefel aus, gab ihnen einen Schubs, sodass sie unters Bett rutschten.

»Was waren das denn für Gestalten?«

Christina half ihm aus der Weste, hängte sie über einen Bügel neben der Tür. »Töchter und Sohn von diesem

Dr. Büchner, dem Arzt im Spital. Die waren ganz lieb zu mir, haben mich heimgebracht.«

»Von dem Irrenarzt?«

»Er ist kein Irrenarzt, er kümmert sich um alle Kranken, auch die Nervenkranken. Die müssen halt oft länger bei ihm im Spital bleiben.«

»Also doch ein Irrenarzt.« Johann knöpfte sich das Hemd halb auf und ließ sich aufs Bett fallen.

»Ein schlimmer Tag«, sagte Christina, setzte sich zu ihm, streichelte seine Wangen und erzählte ihm, wie es zu ihrer Verletzung gekommen war. Ihre Ohnmachtsanfälle behielt sie für sich. »Die arme Gräfin«, sagte sie schließlich. »Was muss sie gelitten haben.«

»Na ja, *wir* haben auch gelitten. Musste die sich so einen Abgang verschaffen? Du hättest die Leiche sehen sollen. Eine Zumutung. – Gibt's was zu essen?«

Christina humpelte zum Vorratsschrank. »Roggenbrot von gestern. Und ein Rest Griebenschmalz.«

Er verzog das Gesicht. »Sonst nichts? Nicht mal ein Ei?«

»Bier gibt's noch.« Christina nahm den Brotlaib aus dem Kasten, drückte ihn an ihre Brust, säbelte eine dicke Scheibe für Johann ab, eine dünne für sich selbst. »Ich hatte Kuchen von den Kandels mit, aber der ist jetzt bei Babette. Hol ich morgen.«

»Ein Stück Rauchfleisch wär mir am liebsten.«

»Dafür haben wir kein Geld.« Christina legte die Brotscheiben auf einen großen Teller, bestrich sie mit Schmalz, streute ein wenig Salz darauf. Dann füllte sie einen Becher mit Bier aus der großen Kanne, platzierte alles auf dem Nachttisch und setzte sich wieder zu Johann.

»Wo ist das Geld, das ich dir vorige Woche gegeben hab?«

Christina besann sich. »Damit habe ich Brennholz und Kartoffeln gekauft.«

»Wir haben erst den 13. Von deinem Verdienst muss ein Rest übrig sein.«

Christina schwieg, streichelte über den Verband um ihren Knöchel.

»Gib's zu, du hast wieder was zur Sparkasse getragen.«

»Sei mir dankbar dafür. Du verlierst vielleicht deine Stellung. Da haben wir eine Reserve bitter nötig.«

»Ach was, wenn der Görlitz mich nicht länger braucht, such ich mir eine neue Stelle. So viel wie bei dem krieg ich auch anderswo.« Er griff sich sein Schmalzbrot, biss hinein.

»Dann rückt die Heiratserlaubnis in weite Ferne. So schnell wird kein neuer Dienstherr einverstanden sein. Die Gräfin war ja nicht mal nach zwei Jahren so gnädig.«

Johann kaute mit vollen Backen, deutete auf Christinas Fuß. »Tut ef feh?«

»In Amerika können wir sofort heiraten. Man geht zum Pfarrer und fertig. Muss keine Herrschaft und keinen Großherzog drum bitten.«

»Amerika. Alle wollen sie rübermachen. Mein Vater, mein Bruder ... Gibt kaum ein anderes Thema.« Johann schüttelte den Kopf und nahm den nächsten Bissen. »Bescheuert. Als wär das Leben da drüben ein Heidenspaß.«

»Denk an unser Dorchen. Bislang ist sie zu klein, um die Verachtung der Leute zu spüren. Den Spießrutenlauf durchs Dorf muss bislang nur meine Mutter aushalten, besonders wenn sie mit dem Kind unterwegs ist, am Brunnen, im Waschhaus, im Backhaus, im Krämerladen. Aber in zwei, drei Jahren ist Dorothee alt genug, um die abfälligen Blicke und die gehässigen Bemerkungen zu verstehen.

Und die Hänseleien der anderen Kinder. Sie werden sie einen Bankert schimpfen und nicht mit ihr spielen wollen.«

Johann kaute nachdenklich, trank einen Schluck Bier.

Christina legte ihm die Hand auf den Arm. »Lass uns auswandern. Ich hab genug Geld für eine Passage nach Boston.«

Er lachte höhnisch. »Das glaubst nur du, dass dein bisschen Erspartes reicht.« Er stand auf, begann sich auszukleiden. Die Kirchturmuhr schlug halb eins.

»Du irrst dich. Ich habe bald genug für eine Anzahlung. Den Rest können wir am Hafen abarbeiten. Viele machen das so. Zum Beispiel meine Brüder. In New York warten zig Reedereien auf junge und kräftige Leute. Sogar Frauen werden angestellt. Und für kleine Kinder haben sie dort Tagesheime mit Mittagessen ...«

»Den lieben langen Tag Kisten schleppen und Fässer rollen. Meinst du, das wär mein Traum? Deine Brüder waren Hungerleider. Ich hab einen Beruf, der mich ernährt.«

»Nach einem Jahr ist die Schuld beglichen. Und ein paar Monate später kann sich, wer sparsam gelebt hat, ein Pferd und einen Planwagen kaufen, um weiterzuziehen. Nach Pennsylvanien. Das ist gar nicht weit weg von New York, und dort liegt jede Menge Land brach. Ist deine Schwester nicht in Pennsylvanien? Sie würde uns helfen, Fuß zu fassen.«

»Ich soll Bauer werden? Mit Jauche um mich schmeißen? Jeden Herbst drum zittern, im Winter nicht genug zu essen zu haben? Nein danke, hier lebe ich besser. Die Arbeit ist leicht, man kommt nicht ins Schwitzen. Ich trage feine Kleidung, darf und soll mich pflegen, mich bilden ... Neuerdings darf ich während der Dienstzeit im Knigge lesen, stell dir das vor!«

»Das Wetter ist günstig in Pennsylvanien. Keine zu heißen Sommer, keine zu kalten Winter. Wir würden endlich zusammenleben. Dorothee, du und ich. – Und unser kleiner Sohn. Wir könnten ihn John nennen.«

Johann verschluckte sich, hustete und wandte sich unwillig ab, als Christina ihm den Rücken klopfen wollte. »Bist du etwa wieder schwanger?«, japste er, als er zu Atem kam.

»Nein, keine Bange. Aber irgendwann wollen wir doch einen Sohn haben, nicht wahr?« Christina lächelte ihm ins Gesicht, küsste ihn trotz des Bierschaums auf seinen Lippen. Der Gedanke an einen Sohn gefiel ihm, das wusste sie. Obwohl er jetzt eine wegwerfende Handbewegung machte.

»Wir können auch in Darmstadt bleiben und heiraten. Du musst ein bisschen Geduld haben. Der Graf hätte uns die Erlaubnis längst gegeben. Nur die bösartige Schachtel war dagegen. Weil er sie fortwährend betrog, weil er sie andauernd allein ließ, war sie eifersüchtig auf unser Liebesglück. Gut, dass sie tot ist, die verdammte Ziege.«

»Pst, bist du still! Fluchen bringt kein Glück und keinen Segen. Sagst du doch selber immer.«

Er lachte, fasste sie am Nacken und küsste sie. »Komm ins Bett jetzt.«

Erwägt man
1) dass die Verstorbene sich noch in völliger kör-
perlicher Kraft befand;
2) dass sie noch abends in voller Gesundheit von
ihrer Dienerschaft gesehen worden war;
3) dass sie nicht zu Bette lag, sondern in der Nähe
ihres Schreibpults beschäftigt gewesen sein muss;
4) dass unerachtet also die Möglichkeit bestand,
bei einem Brand von außen sich entweder selbst

Hilfe zu leisten oder wenigstens um Hilfe zu rufen, ein Hilferuf durchaus nicht wahrgenommen wurde, auch, obgleich nahe dem Fenster, ein Zeichen, welches auf Hilfesuchen hindeutete, durchaus nicht wahrgenommen wurde;

5) die Verbrennung und Verkohlung aber nach Ausweis der vorliegenden Tatsachen am Kopfe in höchstem Grad stattfand und das weite Offenstehen des Mundes mit vorgestreckter Zunge einen Mangel an Luft und drohende Erstickungsgefahr zu erkennen gibt;

so liegt jedenfalls eine große Wahrscheinlichkeit vor, dass hier der so seltene Fall einer s.g. Selbstverbrennung stattgefunden haben möge. Denn nur unter dieser Voraussetzung lässt sich erklären, warum das Hilferufen oder -suchen sogleich unmöglich gemacht worden, welches, das, falls das Licht auf dem Schreibpult die Haare oder den Kopfputz ergriffen haben sollte, zuverlässig stattgefunden haben würde.

Nach Verlesung und Genehmigung dieses Protokolls wurde dasselbe von den Anwesenden unterzeichnet. Dr. Graff, G. Heyl, Riedlinger

Erstes Gutachten des Medizinaldirektors Dr. Graff vom 14. Juni 1847 (Beilage I zum Prozessbericht).

An das Großherzogliche Stadtgericht
Betreff: das tragische Ableben der Frau Gräfin von Görlitz
Indem ich das anliegende Gebührenverzeichnis übersende, glaube ich zur Vervollständigung

meines gestern *in continenti** zu Protokoll dik-
tierten Gutachtens noch bemerken zu müssen,
dass eine Selbstverbrennung (Selbstentzündung)
nur unter der Voraussetzung eine hohe Wahrscheinlichkeit für sich hat, als keine Gewalttätigkeit eines Dritten indiziert ist.

Die Möglichkeit der letzteren lässt sich allerdings
nicht in Abrede stellen, und die vorzugsweise auf
Kopf und Hals fixierte Verbrennung erschiene
*in hypothesi*** alsdann nur als ein Mittel, die
Gewalttätigkeit zu maskieren.

Unterstellt man namentlich und *in specie****
stattgehabtes Erwürgen, so stimmen zwei Tatsachen des Visitationsprotokolls, das Offenstehen
des Mundes und das Vorgestrecktsein der Zunge,
aufs Vollständigste damit überein.

**Zweites Gutachten des Medizinaldirektors
Dr. Graff vom 15. Juni 1847 (Beilage II zum
Prozessbericht).**

* an Ort und Stelle
** hypothetisch
*** insbesondere

Kapitel 2
Sommer und Herbst 1847

Angelegte Flügel

Hahn im Korb, so nannten es die Leute in Darmstadt wie im Odenwald, wenn jemand im Mittelpunkt aller Aufmerksamkeit stand. Heute stand Christina im Zentrum des Interesses. Für sie war es ein ungekanntes Gefühl, zwischen gut zwei Dutzend Menschen auf dem Marktplatz festzustecken, ein echtes Hähnchen im Korb, das sie fürs Mittagessen der Kandels zubereiten sollte. Wie immer drangen die Düfte von elsässischen Bonbons, holländischem Käse und friesischen Sprotten gleichzeitig in ihre Nase, wie immer mischte sich der Schweißgeruch schwer arbeitender Menschen darunter, die um die Kartoffelpreise feilschten. Buben kickten faule Äpfel übers Pflaster, ein alter Mann sammelte sie auf, steckte sie, scheu um sich blickend, in einen mitgebrachten Leinensack. Ein Markttag wie immer. Nur dass sich diesmal in die bekannten Bilder, Gerüche und Geräusche eine ungewohnte Menge schrill vorgetragener Fragen mischte, die auf Christina einprasselten.

- Stimmt des, dass die Grefin in ihrm Neglischee vebrannt is?

- Stimmt des, dass die ihrn ganse Schmuck ogehabt hott?

- Odder war se nackisch?

- Gekicher.

Während der Hahn in Christinas Korb mausetot war, vom Händler dankenswerterweise schon gerupft und ausgenommen, fühlte sie sich selbst quicklebendig. Erst hatten nur ein paar Freundinnen sie umringt, dann hatten sich die Gassenbuben dazugesellt, bald auch Händler, die Handwerker und deren Kundschaft. So viel Aufmerksamkeit gewannen für gewöhnlich nur Menschen, die gern, laut und viel redeten, die ordentlich Wissen hatten, mit dem sie prahlen konnten.

Aber Christina wusste nichts.

- Gelle, des ganze Zimmer is ausbrannt!
- Was is'n do alles geklaut worn?
- Hot mer denn die Grefin schreie geheert?

Christina zuckte die Achseln. Sie hatte keine Ahnung, weder vom Ausbruch des Feuers noch davon, was Ärzte und Polizei gesagt hatten. Sie wusste eher noch weniger als die vielen Menschen, die vor dem brennenden Grafensitz stundenlang ausgeharrt hatten, weil sie selbst mit ihrer Angst, ihrem verletzten Knöchel und dem abenteuerlichen Heimweg beschäftigt gewesen war.

- Sag doch mal, Tine, was hatt'n der Johann dir erzählt?

Christinas Wangen wurden heiß. Sie hatte Johann selbst ausfragen wollen, doch der hatte sie mürrisch abgewehrt. »Der Johann will nix erzählen. Weil es ganz schlimm für ihn war. Ich versteh das und lass ihn in Ruhe damit«, erklärte sie und erntete Verständnis, Mitgefühl sogar für den verstörten Verlobten.

Doch die Fragerei hörte damit nicht auf. Besonders die Freundinnen kannten keine Gnade. Gudrun, Kammerzofe bei den Schröders, die Christina sonst gern von oben herab behandelte, tat katzenfreundlich. »Man erzählt sich, die Gräfin wäre besonders an Kopf und Oberkörper verkohlt gewesen. Das passiert wohl nur, wenn man koppheister in einen brennenden Kamin kriecht, nicht wahr?«

Irmgard, die in Gudruns Begleitung war, bot ein eingewickeltes Klümpchen Zucker als Bestechungsgeschenk an. »Da muss die Alte ziemlich verrückt gewesen sein, was meinst du?«

Christina machte eine Kopfbewegung, die Ja wie Nein bedeuten konnte.

»Haben Sie die Gräfin je zu Gesicht bekommen? Wie sah die denn aus? Wie war die denn so?«, wollte eine fremde Marktfrau wissen.

Christina hatte die Gräfin, die kaum aus dem Haus gegangen war, nur ab und an von Weitem oder hinter dem halb verhangenen Fenster ihrer Equipage gesehen. Aber sie gab freimütig zum Besten, was Johann seit seiner Beschäftigung als Kammerdiener der Görlitzens von der Gräfin erzählt hatte: dass sie eine recht hübsche Person gewesen sei, allerdings ungewöhnlich sparsam und manchmal etwas, nun ja, eigen. Tunlichst vermied Christina, Johanns Worte wiederzugeben, wenn er an manchen Abenden – zornig und genervt – heimgekommen war: Die Alte wäre ein eingebildetes Püppchen, haarsträubend geizig und irgendwie nicht richtig im Kopf, so hatte er geschimpft. Am selbstgefälligen Grinsen ihrer Zuhörerschaft merkte Christina indes, dass man sie just so verstanden hatte. Und sie fürchtete, dass man ihr solche bösen Worte einmal in den Mund legen würde. Hahn – oder in ihrem Fall Henne – im Korb zu sein, hatte Tücken. Sie musste die Meute loswerden. – Aber wie?

Ein Zeitungsausträger kam ihr zu Hilfe. »Selbschtentzündung! Die Grefin Gerlitz is anner Selbschtentzündung gestorwe!«, schrie er und hielt eine druckfrische Ausgabe des »Intelligenzblatts« in die Höhe. Die Menge erlöste Christina, und prompt war der junge Mann umringt. Sie machte sich eilig aus dem Staub, lief mit ihrem Hähnchen im Korb zurück in die Schützenstraße zum Haus der Kandels, wo das Schicksal der Görlitzens gottlob kein großes Thema war.

Sie hatte das Tier zum halben Preis bekommen, weil es vom Vortag war, was hoffentlich niemandem auffiel. Die Differenz strich sie unbemerkt ein.

Man musste so einem Hähnchen die Flügel anlegen und mit Zwirnfäden an den Leib zurren, damit es gleichmäßig in der Bratröhre garte, das wusste Christina aus Erfahrung. Das Essen würde ihr gut gelingen, man würde sie loben. Und wenn sie Glück hatte, würden die verwöhnten Kinder der Kandels das sehnige Fleisch an den Knochen verschmähen. Dann konnte sie Johann am späten Abend eine Suppe daraus kochen und mit Liebigs Brühpulver würzen. So ein Nachtessen gefiel ihm. Und diesmal hatte sie sogar ein bisschen Unterhaltung dazu parat: »Du ahnst nicht, was die Leute sich zum Tod der Gräfin so zusammenreimen ...«

Selbstentzündung

Ein Wort geisterte durch die Stadt. Kaum ein Laden, ein Brunnen, eine Ruhebank, wo nicht über dieses mysteriöse Wort lebhaft diskutiert wurde. Und Alexander war ihm auf den Fersen. Er hatte weiterhin Semesterferien. Und da es in seinem winzigen, unter einer Dachschräge gelegenen Studierzimmer in Gießen unerträglich stickig und heiß war, blieb er bei den Eltern in Darmstadt wohnen.

Gern und nicht nur, um sich nützlich zu machen, nahm er Mutter, Mathilde und Luise die Einkäufe und Botengänge ab, spazierte hierhin und dahin, spannte die Ohren auf und lauschte auf dieses nie zuvor gehörte Wort: Selbstentzündung.

Damit sollte eine seltene Todesursache gemeint sein, eine, der die arme Gräfin von Görlitz angeblich zum Opfer gefallen war. Und es hatte mit diesem Wort zu tun, dass ihr ohnehin schauerlicher Tod auch eine Woche nach der Brandnacht vorherrschendes Stadtgespräch blieb.

Der betagte, von der Stadtverwaltung eilends bestellte Medizinalrat Dr. Graff hatte, wie Alexander herausfand, in seinem Untersuchungsbericht an die Polizeibehörde schusseligerweise von »Selbst*verbrennung*« geschrieben. Was den weithin gehegten Verdacht eines Suizids der Gräfin zunächst zu bestätigten schien. Auch wenn die Hofadministration von einem »Unfall« sprach, dachten sich die Darmstädter ihren Teil. Denn was sollte mit Selbstverbrennung anderes gemeint sein als ein Selbstmord mithilfe von Feuer? Doch nein, der Herr Pfarrer hatte den Terminus in seiner Sonntagspredigt zurechtgerückt. Und auch die Großherzogliche Hessische Zeitung beeilte sich zu versichern, dass hier eine zwar seltene, aber seit vielen Jahrzehnten bekannte Unfallursache gemeint war: »ein unglückliches In-Brand-Geraten des Leibes, verursacht durch widrige Säfte in demselben«. Wobei ein wenig Alkohol im Magen und eine im Umfeld befindliche Kerze als Auslöser zu genügen schienen.

Die Opfer brannten, so verbreiteten nun mehrere regionale Zeitungen, von innen heraus lichterloh, der Feuerschaden ihrer Umgebung hielt sich eher in Grenzen. Genau wie es bei Gräfin von Görlitz der Fall gewesen war.

Dass das Wortungetüm vorzugsweise hinter vorgehaltener Hand diskutiert wurde, hatte weniger mit der Furcht vor den Spitzeln der Obrigkeit zu tun als mit der Sorge um die Kinder. Denn worin bestand der erzieherische Nutzen der tragischen Geschichte vom Paulinchen, das verbotenerweise mit Streichhölzern spielt und dabei in Flammen aufgeht, heftig betrauert von Miez und Maunz, den Katzen? Das Kinderbuch, geschrieben und bebildert durch einen Frankfurter Arzt, war neuerdings in jedem bürgerlichen Haushalt vertreten, um gängige elterliche Ermahnungen zu bekräftigen. Doch wenn Paulinchen ohne Gebotsübertretung und nur durch obskure Körpersäfte von selbst in Flammen aufgehen konnte, dann wäre das Verbot, mit Zündhölzern zu spielen, wenig überzeugend. Zudem löste die Möglichkeit einer Selbstentzündung eine unerwünschte Panik im kindlichen Gemüt angesichts des Schnäpschens aus, das viele Eltern bürgerlichen Standes sich am Abend – zumeist beim Schein einer Kerze oder Öllampe – zu genehmigen pflegten.

Alexander grübelte weniger über die pädagogische als über die juristische Bedeutsamkeit des Sachverhalts nach. Es wäre fatal, wenn jeder Verbrennungstod als Folge einer Selbstentzündung interpretiert werden könnte und somit Mörder und Brandstifter leicht davonkämen. Glücklicherweise war sein Vater Medizinalrat. Und sein Bruder hatte sein Medizinstudium so gut wie beendet. Um eine fachkundige Einschätzung zu bekommen, sprach Alexander das Thema zu Hause beim Abendbrot an.

»Unfug«, sagte Vater Büchner, nachdem er seinen Bückling vertilgt und sich den Mund mit der Serviette abgetupft hatte. »Um eigenständig in Flammen aufzugehen, ist der menschliche Organismus mit seinen 60 bis 65 Prozent Wassergehalt schlichtweg zu nass.«

Ludwig nahm einen Schluck Hagebuttentee zum Wurst-brot und pflichtete Vater bei. »Selbst entzünden können sich unter gewissen Umständen größere Mengen von kom-primiert lagerndem Heu oder von Holzspänen. Es soll sogar vorgekommen sein, dass Bäume bei extremer Hitze und Trockenheit – ohne Blitzeinschlag oder Funkenflug – in Flammen aufgingen, zum Beispiel in Afrika. Aber der menschliche Körper? Unmöglich!«

Alexander war nicht zufrieden. »Wie kann es dann sein, dass Menschen, ebenso große Tiere, bis zur Verkohlung verbrennen?«

»Dazu müssen sie anhaltend von einem heftig lodern-den Feuer umgeben sein, etwa wie bei einem Haus- oder Waldbrand und natürlich bei einem Scheiterhaufen«, erklärte Vater und holte weit aus, um zu erzählen, was weiland ange-stellt wurde, um vermeintliche Hexen auf Richtplätzen zu verbrennen.

»Und was den Alkohol anbetrifft ...«, ergänzte er, schmun-zelte, holte eigenhändig Likörkaraffe und Gläser aus der Anrichte und gab Mathilde einen Wink, der Familie einzu-gießen. »Er ist als Brandbeschleuniger durchaus bekannt, aber nicht als Teil des Mageninhalts, sondern ausschließlich extern zugeführt – wenn er also vor oder während des Verbren-nungsprozesses über den lebenden beziehungsweise toten Körper gegossen wird. Prost!«

Mutter und Mathilde schauderten sichtlich und ließen ihre Gläschen stehen, Luise kostete ihren Likör ungeniert. Lud-wig dozierte etwas über Kraft und Stoff, was indes niemand so recht verstand und ein mehrfaches verstohlenes Gähnen auslöste. Also beendete Ludwig seinen philosophischen Vor-trag mit der Bemerkung, dass Dr. Graff ein alter Spinner sei und die These von der Selbstentzündung ein Ammenmärchen.

»Oder ein Gattenmärchen«, sagte Luise und kippte den Rest ihres Likörs in sich hinein. Sie hatte in ihrer Lieblingszeitung, der Didaskalia, gelesen, dass die bislang bekannten Fälle von Selbstentzündung fast ausschließlich betagte Ehefrauen hochgestellter Männer betroffen habe. »Ein Schelm, wer Böses dabei denkt.«

Mutter und Mathilde bemühten die Frauenfrage in anderer Hinsicht. Sie argwöhnten, die modischen Reifröcke und Krinolinen wären schuld am Tod der vielen Frauen, da die ausladenden Unterröcke mit ihren üppigen Schichten aus Kattun und Rosshaar rasch Feuer fingen. Und da sie mit Drähten verwebt wurden, sei es fast unmöglich, sich ohne Hilfe daraus zu befreien. In Frankreich habe es einige solcher Fälle im Theater gegeben.

Alexander schüttelte den Kopf. »Hab's mit eigenen Augen gesehen: Die Gräfin war nicht in der unteren, sondern in der oberen Leibeshälfte, speziell an Haupt und Hals, extrem verkohlt. Während ihre Beine unversehrt geblieben waren.

Mathilde gruselte es erneut. Alexander bei der Erinnerung auch.«

Luise stützte nachdenklich ihr Kinn in die hohle Hand. »Wenn eine Selbstentzündung medizinisch auszuschließen ist, wie ihr sagt, bliebe nur Selbstmord. Oder Mord.«

»Richtig. Eine Obduktion wäre angebracht«, sagte Vater sachlich.

»Tja, *wäre.*« Alexander wiegte den Kopf. »Doch es gibt keine, der Graf hat ein Veto eingelegt. Morgen ist schon die Beerdigung. Ich denke, da werde ich hingehen.«

»Ich komm mit«, sagte Luise.

Hierzu hätte Alexander gern ein Veto eingelegt. Doch Luise fragte nicht nach seinem Einverständnis. Luise fragte nie nach irgendjemandes Einverständnis.

Die Beerdigung

Die Trauerkutsche rumpelte gemessenen Tempos durchs mächtige steinerne Friedhofsportal mit dem schmiedeeisernen Gitter und hielt neben einer großen Trauerweide am Eingang an. Sechs Sargträger standen bereit, der Kirchenchor, vier Musiker, ebenso rund dreihundert Trauergäste in überwiegend schwarzem Flor. Die beiden Rappen, die die Kutsche gezogen hatten, schnaubten und schüttelten sich die Fliegen von den Nüstern. Der Pfarrer, der trotz der Hitze sein samtenes Barett trug, wischte sich verstohlen den Schweiß von der Stirn. Sie warteten auf Graf von Görlitz und die nahe Verwandtschaft, die vermieden hatte, hinter dem Sarg her zu marschieren.

Luise und Alexander arbeiteten sich durchs Gedränge bis zur Trauerkutsche, um sie sich genauer anzusehen. Pechschwarz lackiert und poliert war sie, glänzte vom Baldachin bis zu den Radspeichen im Sonnenlicht, seitlich angebrachte Wimpel trugen das schwarz-goldene Wappen derer von Görlitz: ein gekröntes und von zwei Adlern flankiertes Ritterschild. Der reichlich mit Schnitzwerk und Drechseleien verzierte Ebenholzsarg der Gräfin war über und über mit Sträußen, Kränzen und Girlanden aus Lilien und weißen Rosen behängt.

Alexander stupste Luise an. »Keine Frage, der Graf lässt sich die Beerdigung seiner Gattin was kosten.« Er flüsterte, um nicht pietätlos zu erscheinen.

»Was Wunder«, raunte Luise. »Er hat ein schlechtes

Gewissen, muss deshalb den Anwesenden demonstrieren, wie lieb ... oder sagen wir mal *wert* sie ihm war.«

Links der Kutsche hatten sich die fünf Bediensteten des Grafenhauses aufgereiht und hielten die Köpfe gesenkt – bis auf einen.

»Guck mal, der Schönling in der Mitte.« Luise wies mit dem Kinn in die Richtung. »Das ist doch der Verlobte unserer Freundin mit der Ohnmachtsneigung.«

»Ja, das ist er, der Rausschmeißer. Steht da wie ein Soldat beim Habt-Acht-Kommando, rührt sich nicht, verzieht keine Miene. Vielleicht konnte er die Gräfin nicht leiden«, sagte Alexander.

»Oder sie ihn nicht.«

»Tja, oder sie ihn nicht. Das eigentliche Studium der Menschheit ist der Mensch.«

»Wie bitte?«

»Goethe.«

»Alexander, du nervst.«

»Pssssst«, zischte es hinter ihnen. Offenbar hatte jemand ihre unangemessene Unterhaltung mitgehört.

Luise zupfte den Bruder am Arm, zog ihn zum Rand der Menschentraube, wo das weniger vornehme Volk beisammenstand und sich ungeniert über das Schicksal der armen Gräfin austauschte.

»Was sind das bloß für Leute? Wozu sind die hergekommen?«, murmelte Alexander vor sich hin.

Luise griff die Bemerkung als Frage auf. »Weil sie neugierig sind, so wie du, Bruderherz.«

»Ich bin nicht neugierig. Ich übe mich in der professionellen Beobachtung von Individuen in Menschenansammlungen, heute speziell im Kontext von Schuldgefühl und Tatverdacht. Dergleichen Fertigkeiten brauche ich als angehender Advokat. – Du bist es, meine Liebe, die genauso neugierig ist wie die vielen anderen Gaffer.«

»Das verkennst du vollkommen, Brüderchen. Ich bin hier, weil ich eine der wenigen Frauen bin, die das wahre Drama der Gräfin verstanden haben.«

»Drama? Das Drama, bei lebendigem Leib zu verbrennen?«

»Nein, bei lebendigem Leib innerlich zu verfaulen. Ihr Schicksal zeigt auf, wie benachteiligt selbst adelige Frauen sind: früh verheiratet werden, damit sie versorgt sind. Wenn Kinder ausbleiben, als unnütz gelten. Wegen mangelnder Persönlichkeitsbildung nicht in der Lage zu sein, sich selbst ein interessantes Umfeld zu schaffen durch Lesen, Musizieren, Sprachen lernen, Reisen. Stattdessen vergehen die Jahre in Einsamkeit und Langeweile. Ich will Frauen, egal von welchem Stand, künftig davor bewahren. Ich schreibe nämlich an einem Buch.«

»Du?«

»Was dagegen?«

»Äh … nein, aber wer soll so was lesen?«

»Jeder, mein Lieber, jeder. Sogar Männer.« Luise wedelte sich mit ihrem Fächer Luft zu und sah sich um. Von Christina keine Spur. Schade. Als Braut eines gräflichen Lakaien hatte sie sicher keine Einladung erhalten, aber sie hätte sich unauffällig in den Trauerzug einreihen können. Vorausgesetzt, ihre Herrschaft hätte sie freigestellt.

Der Herr Pfarrer unterdrückte sichtlich ein Gähnen und spähte wie die meisten Trauergäste ungeduldig zum Friedhofstor. Da erschien endlich ein mehrsitziger Brougham ohne Wappen, offenbar angemietet, ruckelte ohne Eile heran und entließ Graf von Görlitz samt Gefolge. Ehrfürchtig teilte sich das Meer der schwarzseidenen Zylinder und Schutenhüte, der graubraunen Nesselblusen, Hauben und Batschkappen, um der Familie Platz zu machen, und ergoss sich dann, dem Sarg folgend, durch die Gewanne, die die Gräber der Reichen und Vornehmen vom übrigen Friedhof trennten. Vorbei an üppig verzierten Marmorsteinen und -tafeln, an engelhaften Gestalten aus Sandstein, an gepflegten Petunien-, Begonien- und Gladiolenrabatten.

Graf von Görlitz schleppte sich gramgebeugt voran, ein kleiner Pulk von engen Freunden und Verwandten umschloss ihn wie eine Formation aus altrömischen Schutzschildträgern ihren Zenturio. Luise verwunderte dies nicht weiter. Solchen Schutz brauchte der Graf vermutlich seelenhalber, um sich vor argwöhnischen Blicken der Menge in Sicherheit zu bringen.

Emilie Gräfin von Görlitz – kaum jemand hatte sie persönlich gekannt, und wer sie gekannt hatte, der hatte sie nicht unbedingt geschätzt. Vielfach war sie wegen ihrer Zurückgezogenheit Zielscheibe des Spotts gewesen. Doch seit ihrem überraschenden Tod schien die Stadt vom Mitleid geflutet. Und natürlich schob man dem Grafen von Görlitz die Verantwortung zu, weil er die Melancholie seiner Gattin ignoriert und sie allein in dem großen, leeren Haus zurückgelassen hatte, während er ins Umland gereist war, um sich dort inkognito zu vergnügen. Besonders aber, weil er sie der öffentlichen Schmach ausgesetzt und fortwährend betrogen hatte. Mit wem eigentlich betrogen? In dieser Hinsicht gingen die Vermutungen auseinander, was die Angelegenheit nicht weniger delikat machte.

Vor wenigen Tagen hatte das Stadtgericht einen »gewaltsamen Tod« der Gräfin nicht ausschließen wollen, auch einen Selbstmord nicht. Folgerichtig hatte es die Obduktion der Leiche angeordnet und obendrein verfügt, dass

Graf von Görlitz und das gesamte gräfliche Personal vorläufig festzunehmen seien.

Doch was hatte das Stadtgericht schon zu sagen? Speziell in Darmstadt, dem Regierungssitz des Großherzogs, nicht viel. Dass ein hochdekorierter Vertreter des hessischen Adels, noch dazu der Zeremonienmeister seiner Hoheit Ludwig II., ins Gefängnis kam, musste verhindert werden. Deshalb hatte das Großherzogliche Hofgericht auf Beschwerde des Grafen hin in aller Eile widersprochen: Mord oder Selbstmord seien auszuschließen. Basta. Und da es der Gräfin zu Lebzeiten vor der Sektion von Leichen gegraust habe, sei von einer Obduktion dringend abzusehen.

Die Vorbehalte gegen Graf von Görlitz waren durch diesen Streich in Stadt und Umgebung weiter angewachsen. War er der Mörder seiner Frau? Oder hatte er einen Mörder beauftragt? War er gegen die Obduktion eingeschritten, weil sie Rückschlüsse auf seine Tat offenbart hätte?

Luise sah es Alexander an der Nasenspitze an, dass er genau diese Ansicht vertrat. Oder vielmehr erkannte sie es an dem kritischen Blick, mit dem er jeden Schritt, jede Miene des Grafen verfolgte. Die gewagte These vom Gattenmord passte zum berufsbedingt argwöhnischen Advokatenvolk. Luise selbst erschien ein Selbstmord aus Verzweiflung die wahrscheinlichere Erklärung. Die Gräfin war hübsch und wohlgestaltet gewesen, im Gegensatz zu ihrem schmächtigen Mann mit seinen flächigen Wangen, seiner langen Nase und seinen Glubschaugen. Dass sie ihn zärtlich geliebt hatte, war kaum vorstellbar. Sie hatte einiges Vermögen mit in die Ehe gebracht, über das sie anschließend nicht mehr hatte frei verfügen können. Ohne das Joch der arrangierten und gar zu frühen Heirat, die ihr jede persönliche Freiheit genommen hatte, hätte die Gräfin ihr Leben lieben und genießen können. Da war Luise sich sicher. Ebenso sicher war sie sich, selbst lieber ledig zu bleiben, als jemals in eine Ehe einzuwilligen, wenn keine tiefe gegenseitige Zuneigung vorhanden war.

Die Karawane der teils schweigenden, teils eifrig tuschelnden Trauergäste hielt an der vorgesehenen Grabstätte an, die fertig ausgehoben war und, von Friedhofsgärtnern flankiert, auf den Sarg und die Unzahl von Blumenkränzen wartete.

Der Herr Pfarrer hob zu seiner Rede an: »Wir sind heute zusammengekommen ...« Seine Miene war mild und gleichmütig, ganz so, als sei die Zahl der Anwesenden nicht weiter bemerkenswert. »... die Verstorbene erblickte am 22. Dezember 1801 in Frankfurt das Licht der Welt ...«, referierte der Pfarrer und machte eine Kunstpause. Es gab nicht viele äußere Daten, die von einer Frau, selbst einer Frau dieses Standes, erwähnenswert schienen: Geburt, Schule, Pensionat, Heirat, die bedauernswerte Kinderlosigkeit und fertig. Zumal von Emilie von Görlitz keine besonderen hausfraulichen Fertigkeiten wie die Spitzenklöppelei oder die Gobelinstickerei bekannt waren. Nur ihre Eigenart, die häusliche Wäsche stundenlang selbst zu bügeln, weil ihr das Personal darin nicht geschickt genug erschien, hatte sich in der Stadt herumgesprochen. Diese Marotte erwähnte der Pfarrer wohlweislich nicht. Stattdessen schwadronierte er von der Güte und Mildtätigkeit der Verstorbenen, von einer Spende von zuletzt über 37 Gulden an die Kirchengemeinde von Watzenborn zur Notlinderung nach der Nervenfieberepidemie im vorigen Winter. Das war zwar ein ordentlicher Betrag, aber keine bemerkenswerte Summe für eine Frau von hohem Adel, dennoch wiederholte der Pfarrer diesen Aspekt immer wieder mit anderen Worten. Die Redezeit galt es irgendwie zu füllen.

Der Schweiß rann ihm unter dem Barett hervor und über die Wangen, als er vom schrecklichen Tod der Gräfin sprach. Von der Vorsehung und von Gott, der der Gräfin in seiner unerschöpflichen Weisheit ein solches Ende auferlegt hatte. Dass das Hofgericht einen Suizid ausgeschlossen hat, kam ihm zupass, argwöhnte Luise. Sonst hätte er nicht hier sein können, und Graf Görlitz hätte auf eine kirchliche Beerdigung seiner Frau verzichten müssen. Den christlichen Kirchen, der evangelischen wie der katholischen, galt ein »Selbstmord« – aus welchen Motiven auch immer – als schwere Sünde, seit ein römischer Bischof das im 5. Jahrhundert so entschieden hatte. Nur Gott durfte demnach Leben geben und nehmen. Der Mensch hatte sein Schicksal, so grausam es auch war, demütig zu ertragen.

An diesem Morgen durfte kein Hauch eines Selbstmordverdachts unter dem sonnigen Himmel stehen bleiben. Deshalb behauptete der Pfarrer, Emilie von Görlitz habe stets »zuversichtlich und wohlgemut in die Welt gesehen«. Und doch sei sie von Gott in sein Reich gerufen worden, in der Blüte ihrer Jahre ... ohne Anzeichen von Altersleiden oder gar Gebrechlichkeit ... ein Unfall, ein unglückliches Zusammentreffen von Zufälligkeiten, das seltene Ereignis einer Selbstentzündung ...

Luise und Alexander warfen einander einen Blick zu.

»Von waaas?« Ein Halbwüchsiger richtete die Frage unangemessen laut an seinen Vater.

Getuschel setzte ein.

Der Pfarrer trat vom Grab zurück, die Friedhofsdiener taten ihre Arbeit, begleitet vom Kirchenchor und einem

Geigenquartett, das »Lascia ch'io pianga« von Händel vor-
trug.

Luise erkannte die Arie. »Lass mich beweinen mein
grausames Schicksal und beseufzen die verlorene Freiheit«, lautete der Text in deutscher Übersetzung. Sie kniff
die Lippen zusammen. Wer hatte dieses wunderschöne,
die feige Trauerrede demaskierende Lied ausgesucht? Der
Graf garantiert nicht. Vielleicht jemand aus der kleinen
Schar der Familie von Plitt, der engen Verwandtschaft der
Gräfin? Luise betrachtete die verweinten Gesichter. Ja, da
gab es Frauen jeden Alters mit einem bitteren Zug um den
Mund. Doch keine öffnete den Mund, um vernehmlich
zu klagen, um anzuklagen. Luise fühlte sich einmal mehr
darin bestärkt, ein Buch zu schreiben, das die Frauen ihrer
Generation aufrütteln würde.

Den Struwwelpeter im Visier

Neu unter Beobachtung des Geheimdienstes war ein
Frankfurter Arzt, der am Untermainkai wohnte. Es war
kein sonderlich imposantes Haus, aber eine gute Gegend.
Heinrich Hoffmann. Ein Allerweltsname, aber offenbar
war der Mann kein Allerweltsmensch. Er hatte unter dem
Pseudonym Reimerich Kinderlieb ein viel gekauftes Büch-

lein mit dem Titel »Lustige Geschichten und drollige Bilder für Kinder von 3–6 Jahren« herausgebracht, das sich nicht nur in deutschsprachigen Ländern bestens verkaufte. Kurz nach Erscheinen gab es Übersetzungen ins Englische, Französische, Niederländische …

Warum schrieb der Mann unter Pseudonym? Dem Geheimdienst erschien so etwas verdächtig. Dem Geheimdienst erschien alles verdächtig. Zudem hatte sich Hoffmann als einer der fünf Ärzte entpuppt, die ein Krankenhaus für Arme und Bedürftige eingerichtet hatten. So etwas zeugte von besonders sozialer Gesinnung. In den Dreißigern war Hoffmann Mitglied der Freimaurerloge »Die Einigkeit« gewesen, was an sich nichts heißen musste, doch 1836 war er ausgetreten, als man sich weigerte, Juden aufzunehmen. Ein Judenfreund also? Und ein Schulfreund von Friedrich Hecker sollte er sein, dem steckbrieflich dringendst gesuchten Aufrührer aus Baden, sollte all die Jahre brieflich mit ihm Kontakt gehalten haben. Das war das Allerverdächtigste.

Peter hatte die Aufgabe bekommen, Hoffmann aus der Reserve zu locken. War der Mann Demokrat? Oder lediglich Liberaler? Womöglich ein Kommunist? Der Geheimdienst wollte es wissen, obwohl ihm solche feinen Unterschiede nicht wichtig waren. Jeder, der den Umsturz betrieb, der die Entmachtung des Adels auch nur in Erwägung zog, galt als Vaterlandsverräter, als Wühler.

Peter wusste, wie man Wühlern am besten begegnete. Er war selbst einer. Man musste mit ihnen umgehen wie mit nervösen Pferden. Nicht von vorn auf sie losgehen, weil sie dann scheuten. Schon gar nicht von hinten, also aus dem Hinterhalt, weil sie sonst bockten, und ehe man sichs versah, traf einen ein Hufeisen am Kopf. Nein, man musste sich langsam, ganz langsam von der Seite anschleichen. Dabei mit freundlichen Worten auf das Pferd einreden und Möhren bereithalten.

Was konkret bedeutete, dass Peter keinesfalls direkt in Hoffmanns Lebenswelt eindringen durfte. Als Patient etwa, der chronische Kopfschmerzen simulierte, um nach und nach Auswanderungspläne vorzutäuschen. Oder als Zufallsbegegnung, die sich an den gleichen Tisch im Wirtshaus setzte, um ein anfangs belangloses Gespräch anzufangen, dann Umsturzfantasien zum Besten zu geben.

So etwas wäre zu plump, würde Verdacht erregen. Je obskurer das »Objekt«, desto behutsamer musste der Spitzel die Sache angehen. Seit mehr als zwanzig Jahren waren demokratisch gesonnene Menschen auf der Hut vor Metternichs Leuten, die – besonders unter der Fuchtel des Hessischen Ministerpräsidenten du Thil – immer zahlreicher wurden und immer dreister vorgingen. Freiherr Karl du Bos du Thil, dirigierender Minister, Innen- und Justizminister in Personalunion – Peter kannte seinen perfiden Apparat, kannte die Furcht seiner Opfer. Beides aus eigener Anschauung. Er plante lange und entschied sich, Hoffmann an seinem Arbeitsplatz aufzusuchen.

Die Senckenberg Gesellschaft in Frankfurt beschäftigte Hoffmann als Anatom. Vorträge, Schriften, Lehrveranstaltungen. So jemand brauchte einen Schreiber. Und einen Zeichner, um nicht alles selbst zu Papier bringen zu müssen. Peter konnte seit der Kindheit sowohl schönschreiben als auch zeichnen. »Sehr gut«, hatte sein Lehrer befunden, und so stand es in seinem Abschlusszeugnis. Ein weiteres »sehr gut« hatte Peter ansonsten nur in Religion bekommen.

Während seiner Setzerlehre bei der Großherzoglich Hessischen Zeitung in Darmstadts Rheinstraße hatte er sich gegen ein ordentliches Zusatzhonorar im Zeichnen üben können, denn dort benötigten sie »Bildmaterial zur Belebung der Buchstabenwüste«, wie der Redakteur es ausdrückte. Manchmal ging es um Abbildungen hoheitlicher Gebäude oder neu errichteter Denkmäler, ein andermal bat man um wiedererkennbare Gesichter von Delinquenten während eines Gerichtsprozesses, von Mördern, Gaunern oder sogenannten Landesverrätern. Peter zeichnete sie allesamt als unglückliche Menschen, mehr als Helden denn als Scheusale. Da war er aus dem Lehrvertrag geflogen und der Geheimdienst hatte ihn am Schlafittchen gepackt ... Lange her.

Heute favorisierten die Zeitungen die Fotografie. Peter fertigte inkognito Karikaturen an, die er den Intelligenzblättern für ihre Sonntagsausgaben andiente, auch wenn sie ihm nicht mal einen halben Gulden einbrachten. Er genoss es zu wissen, dass Hunderte Menschen seine Zeichnungen sahen, darüber nachdachten, sich amüsierten und sich innerlich rüsteten. Für den stillen, den heimlichen Widerstand. Nicht für die Revolution, nein. An die glaubte Peter längst nicht mehr.

Mit einigen Aufträgen von Heinrich Hoffmann beziehungsweise vom Forschungsinstitut Senckenberg könnte Peter zwei Fliegen mit einer Klappe schlagen: erstens den Geheimdienst beschwichtigen, zweitens seine Finanzen aufbessern. Von der Gage des Apparats lebte es sich zwar ganz ordentlich, doch Peters Cousine in Darmstadt war mit dem vierten Kind schwanger und die Familie brauchte Unterstützung.

Also ans Werk. Das menschliche Skelett, das menschliche Auge, das menschliche Verdauungssystem mit Bleistift als Arbeitsproben kritzeln – warum nicht? Er brauchte nur ein paar Folianten als Vorlage und etwas Übung, bis er zufrieden war. Auf dem Wochenmarkt besorgte er sich unspektakuläre, ärmlich wirkende gebrauchte Kleidung, eine ausgebeulte steingraue Hose, dazu ein eierschalenweißes Hemd mit leicht abgeschabtem Kragen. Die Haare und den Bart beließ er so struppig, wie sie waren. Damit gewann er eine gewisse Ähnlichkeit mit der Paradefigur in Hoffmanns Kinderbuch, dem Struwwelpeter. Die Fingernägel dagegen feilte und säuberte er so, wie man es von einem professionellen Zeichner erwartete.

An einem sonnigen Julitag war es so weit. Peter meldete sich zur Studenten-Sprechstunde an, seine Zeichenmappe und ein amtlich beglaubigtes Arbeitszeugnis im Tornister.

Die Tür stand auf, Peter klopfte trotzdem an.

Hoffmann ordnete ein Bündel Papiere auf seinem Schreibtisch, sah auf und schien überrascht. Peter war deutlich zu alt, um als angehender Student durchzugehen.

»Was gibt's?«

»Guten Tag, Herr Dr. Hoffmann.« Peter dienerte etwas tiefer, als es Mode war. »Paul Mink mein Name. Sie suchen bestimmt eine Hilfe für Ihr Büro, besonders jemanden, der zeichnen kann.«

»Woher wissen Sie das?«

»Ich habe es mir gedacht.«

Hoffmann lachte auf. »Dann nehmen Sie Platz, Herr … äh … Mink.« Er wies auf ein von brüchigem grauem Leder bezogenes Stühlchen mit holzwurmstichigen Beinen.

Peter setzte sich vorsichtig auf die Kante, um sprungbereit zu sein, falls das Teil unter seinen 160 Pfund nachgab. Bescheiden senkte er den Blick, nahm sich vor, nicht viel zu sagen, sondern Hoffmann reden zu lassen.

Leider redete Hoffmann nicht. Er legte die gefalteten

Hände auf der Schreibtischplatte ab und betrachtete Peter aufmerksam. »Reputationen?«, fragte er schließlich.

Peter zog sein fingiertes Zeugnis aus dem Tornister, überreichte es ehrerbietig. Es stammte von einer Anwaltskanzlei in Berlin, bei der er angeblich zehn Jahre gearbeitet hatte, glänzte mit Formulierungen wie »hochtalentiert«, »stets zuverlässig«, »immer einsatzfreudig«. Darunter prunkten ein vornehmer Stempel und die Unterschrift eines Dr. jur. Die Funktionäre hatten an alles gedacht.

Hoffmann ließ seinen Blick flüchtig über die Blätter gleiten. »Berlin? Donnerwetter! Sie sprechen aber nicht wie ein Preuße. Eher wie ein … Bitte verzeihen Sie, wenn ich Ihnen zu nahe trete, aber Sie haben einen deutlich südhessischen Akzent.«

»Ich bin in Darmstadt geboren und aufgewachsen«, sagte Peter und schmunzelte selbstbewusst. Sein Gesprächspartner hesselte schließlich selbst ein bisschen. War ihm das nicht bewusst?

Hoffmann legte den Kopf schief. »Und nun wollen Sie raus aus dem quirligen Berlin? Wieder in die alte Heimat?«

»Ich muss mich um meine verwitwete Schwester und ihre Kinder kümmern. Sie wohnt in Darmstadt.«

»In Darmstadt. In der Residenzstadt des Großherzogs. Dort müsste es doch zuhauf Arbeit für Sie geben?«

»Ich möchte nicht gern dort leben.«

»Nein?«

»Ich favorisiere Frankfurt, weil es bürgerlicher und lebhafter ist, einfach interessanter. Ich nutze die Eisenbahn, um meine Schwester regelmäßig zu besuchen.«

»Verstehe«, sagte Hoffmann und besah sich das zweiseitige Zeugnis genauer. »Das ist eine exzellente Beurteilung. Aber Papier ist geduldig … Sie verstehen …«

Peter nickte beflissen. Es war allgemein bekannt, dass mancher Zeichner, der seit dem Siegeszug der Fotografie für seinen Arbeitgeber überflüssig geworden war, mit einem guten Zeugnis weggelobt wurde. Es minderte das schlechte Gewissen eines Dienstherrn, wenn er jemanden entlassen musste. Oder wollte.

Peter lächelte scheu, überreichte Hoffmann seine Mappe mit den Arbeitsproben. Die Zeichnungen waren allesamt echt. Und die fehlerfreien Abschriften dazu auch.

Hoffmann blätterte und blätterte, seine Augen weiteten sich angesichts der Skizze eines Eulenvogels, Peters Meisterstück. Hoffmann und die Eule starrten einander an, schienen sich ineinander zu verlieben.

»Wann, sagten Sie, können Sie beginnen?«

In Baden und Hessen waren jetzt natürlich der Reaktion auch Tor und Tür aufgetan; im letzteren Lande namentlich nahm das Metternich'sche System unter dem persönlich gutmütigen, aber unendlich schwachen Großherzog Ludwig II. die entschiedensten Vertreter. (...) Es wurden jetzt Bestimmungen getroffen, welche das Verfassungsleben nur noch zum Scheine fortbestehen ließen. (...) Die schwere Zeit brach an, wo das »Schwarze Buch« seine berüchtigten Dienste zu leisten begann, und wehe jedem, dessen Name darin verzeichnet stand; mochte er der geistvollste, gelehrteste, brauchbarste Mann sein, war er dort genannt, so durfte er niemals auf eine Förderung oder Anstellung vom Staate hoffen. Bis zum Jahr 1866 hat dieses Buch bestanden, und als es nach jener Zeit veröffentlicht wurde,

mochte mancher mit Erstaunen seinen eigenen, ungefährlichen Namen darin finden.
Aus Luise Büchner »Deutsche Geschichte 1815–1870«. Zwanzig Vorträge, gehalten am Alice-Lyceum zu Darmstadt (siehe Quellenverzeichnis).

Der Auftrag

Seit zwei Wochen arbeitete Peter am Senckenberg Institut. Nicht regelmäßig, aber oft, und er wurde passabel bezahlt. Er schrieb Vorträge, die Hoffmann ihm diktierte, in Schönschrift nieder, fertigte detailreiche Zeichnungen dazu an, damit beides im Archiv aufbewahrt werden konnte. Er entwarf Handzettel für die Studenten und ließ sie von einer Druckerei in der Nähe vervielfältigen. Seine Arbeit gefiel ihm, und Hoffmann war ein angenehmer Vorgesetzter. Inzwischen waren sie per Du und hatten ihre politischen Glaubensbekenntnisse voreinander abgelegt. Peter hatte sich als Sozialist vorgestellt, Hoffmann war ein Liberaler. Er wollte dem Adel die Vormachtstellung nehmen, nicht unbedingt die Besitztümer. Eine konstitutionelle Monarchie wie in England war für ihn vorstellbar, aber ein von allen Bevölkerungsgruppen zu wählendes Parlament sollte regieren, sollte Polizei und Heer allein befehligen. Hoffmann war damit ein kleiner Fisch, ungefährlich und bieder, bot keinen Anlass für eine Festnahme, zumal er nicht in politische Zirkel involviert war, sondern sich auf seine Arbeit und seine Familie konzentrierte. Peter glaubte, damit wäre das Ziel der Observation erreicht, und begann dies zu bedauern. Er mochte Hoffmann.

Doch der Apparat zeigte sich unzufrieden. Vier Männer fingen Peter am Frankfurter Bahnhof ab, drängten ihn in einen vergitterten Nebentrakt und gaben ihm eine klare Anweisung, die sie mit einer Serie von Stockschlägen auf seinen Rücken bekräftigten: Peter sollte einfädeln, dass Hoffmann sich mit seinem alten Studienfreund traf, dem steckbrieflich gesuchten Friedrich Hecker. Damit man den Mann endlich zu fassen bekam und an die Wand stellen konnte. Hoffmann würde dann wegen Konspiration verhaftet, was ihm einige Monate, wenn nicht gar Jahre Gefängnis einbringen konnte.

»Sechs Wochen hast du Zeit. Du weißt, was dir blüht, wenn es schiefgeht«, sagte der, der am kräftigsten zugeschlagen hatte. Peter wusste es. Er keuchte, jaulte, rannte davon, als sie endlich das Gitter öffneten, schleppte sich zu den Gleisen und erbrach sich.

Informanten

Konnte ein Mordverdacht so mir nichts, dir nichts ignoriert werden? Ein möglicher Mörder unbeanstandet in seiner Equipage durch die Stadt fahren, in der Orangerie flanieren, an Banketten teilnehmen? Alexander war vollauf mit seinem Jurastudium in Gießen beschäftigt, doch jedes Mal, wenn er für ein paar Tage in Darmstadt zu Besuch war, überfiel ihn diese Frage. Genauer gesagt: Luise überfiel ihn. Sie beklagte, dass Gräfin von Görlitz' schrecklicher Tod nicht ernsthaft untersucht wurde. Nicht bloß, weil von Görlitz der Zeremonienmeister des Großherzogs war, sondern weit mehr, weil seine Frau eben nur eine Frau gewesen war. Da war Luise sich sicher.

Die Überlegung war nicht von der Hand zu weisen. Tatsächlich entpuppten sich, wenn man in den Annalen las, die meisten unaufgeklärten und ungesühnten Morde als Morde an Frauen. Das Hofgericht hatte mit der These von der »Selbstentzündung« die gängigsten Untersuchungen zum Fall Görlitz vom Tisch gewischt, hatte Anhaltspunkte, die Schuld oder auch Unschuld des Grafen belegt hätten, ignoriert.

»Du bist doch beinahe Jurist«, sagte Luise. »Du hast eine Menge gesehen und gehört in der Brandnacht. Tu was.«

»Und *was* soll ich tun?«

»Zum Beispiel deine Beobachtungen den Zeitungen schildern. Hast du keine Kontakte?«

Alexander hatte zugegebenermaßen keine. In Hessen wären sie auch nicht dienlich gewesen, das Land stand unter der Fuchtel einer strengen Zensur. Die Redakteure, speziell die der dominanten »Großherzoglichen Zeitung«, würden einen Informanten nicht einmal anhören, sondern ohne weitere Umstände die Polizei rufen. Dann konnte man froh sein, nicht am selben Tag wegen demagogischer Hetzreden inhaftiert zu werden.

Blieben nur die auswärtigen Zeitungen. Darunter waren einige, die zumindest liberal orientiert waren. Alexander begab sich ins Hinterzimmer des bewährten Lesekabinetts in der Rheinstraße und arbeitete sich durch die verbotenen Blätter.

An einem Montagmorgen Ende September verabschiedete er sich – vorgeblich nach Gießen, wo er ein Referat zu halten hätte. In Wahrheit reiste er mit der Eisenbahn in die Gegenrichtung, nach Mannheim. Dort gab es den »Deutschen Zuschauer«, der von Gustav von Struve neu herausgegeben wurde, einem aufrechten Republikaner, der eine bürgerliche Frau geheiratet, mit seiner Familie gebrochen und vor einigen Wochen sogar seinen Adelstitel und damit das »von« im Namen abgelegt hatte. Alexander imponierte das.

Struves Zeitung riskierte ab und an eine Lippe, ließ sich tadeln und machte weiter. Deshalb wurde sie von demokratisch gesonnenen Menschen in ganz Deutschland abonniert, außer in Hessen und den wenigen Ländern, wo der Vertrieb der Zeitung verboten war.

Alexander hatte sich schon damals im Juni alles präzise notiert: den Ausruf des Grafen »Da liegt ja die Unglückliche«, als wegen dichten Qualms im Vestibül gar nichts zu sehen war. Seine Order, einen Arzt zu rufen, obwohl zu diesem Zeitpunkt unklar war, ob sich die Gräfin in ihren Gemächern befand. Seine Äußerung »Wärst du doch in deinem Bette gestorben«. Seine Eile, die Leiche in ein anderes Zimmer zu bringen, das Gemach aufzuräumen, bevor die Polizei eintraf. Und zuletzt, die Obduktion der Leiche zu verweigern und sich der absurden These von der »Selbstentzündung« vorbehaltlos anzuschließen. Ein Volontär winkte Alexander zu einem Polsterstühlchen im ansonsten kaum möblierten Foyer der Redaktion, wo er eine Weile warten musste.

Dann kam Struve. Ein Mann um die vierzig, mit Halbglatze und üppigem Backenbart. Er hörte sich alles an, ließ mitschreiben, ging, während Alexander redete, die Hände auf dem Rücken verschränkt, auf und ab. Die kleinen hellen Augen hatten sich unter buschigen Brauen zurückgezogen, in die Stirn hatten sich zwei senkrechte Falten gegraben.

Alexander wurde mulmig. Hatte er Struve überschätzt? Er erhob sich, dankte für die Aufmerksamkeit, entschuldigte sich für die vielleicht als solche empfundene Aufdringlichkeit und wollte gehen.

»Warten Sie.« Es klang schroff. Struve rieb sich das Kinn, klingelte einen Boten herbei, der im Postarchiv nach einem Brief suchen sollte. »Der Brief aus Darmstadt, an mich direkt adressiert, zweite Junihälfte.«

Alexander wunderte sich, setzte sich wieder und behielt die Tür im Auge. Der Bote erschien umgehend mit einem Blatt billigen Papiers, mit Bleistift in allerkrakeligsten Druckbuchstaben beschrieben.

Struve nahm es in beide Hände und las vor: »Da liegt ja die Unglückliche … Wärst du doch lieber in deinem Bette gestorben … – Ein anonymer Schrieb aus Darmstadt. Haben Sie mir den geschickt?«

»Ich? Nein!« Alexander packte die Wut. »Ich schreibe keine anonymen Briefe. Ich stehe zu dem, was ich verlauten lasse. Ich bin angehender Advokat und weiß sehr wohl, dass Beobachtungen wie meine keine Beweise gegen Graf Görlitz sind, nur Hinweise, denen nachzugehen wäre. Allerdings ...«

»Ja?«

Allerdings kann ich mir denken, von wem der Brief stammt, wollte Alexander sagen, unterließ es aber. Wenn der sympathische Wühler, dem er in der Brandnacht begegnet war und der die gleichen Eindrücke wie er selbst gesammelt hatte, lieber anonym bleiben wollte, dann sollte er. Vielleicht hatte dieser Herr Mink gute Gründe. In Darmstadt gab es immer gute Gründe, sich bedeckt zu halten.

»Wir haben dieses Schreiben wenige Tage nach dem Ereignis zugeschickt bekommen – anonym, wie gesagt. Und deshalb gezögert, den Inhalt zu veröffentlichen, um kein Risiko einzugehen. Es hätte sein können, dass jemand nur dem Grafen eins auswischen wollte.« Struve lächelte. »Mit Ihrer Aussage bekommt die Sache nun Hand und Fuß. – Wie war noch mal Ihr Name?«

»Büchner, Alexander Büchner. Darmstadt, Grafenstraße.«

»Sind Sie verwandt oder verschwägert mit ...?«

»Georg Büchner, ja. 1837 im Exil gestorben. Er war mein Bruder.«

Die buschigen Brauen hoben sich, die kleinen blauen Augen leuchteten. »Das ist ja eine Überraschung. Kommen Sie mit in mein Kontor, mein Lieber. Möchten Sie eine Tasse Tee?«

Aufgerührt

Bei Familie Kandel wurden am Wochenende Gäste erwartet. Stolze vierzig Personen, das hatte es seit Jahren nicht gegeben. Die Verlobung der Tochter Rosalia galt es zu feiern. Die Achtzehnjährige saß im Damensalon und weinte, weil ihr das eigens in Auftrag gegebene Kleid nicht gefiel, es lasse sie dick erscheinen, glaubte sie.

Niemand hatte Zeit, sich um ihr Problem zu kümmern, denn Vater und Brüder waren außer Haus, die Madame war zwar zugegen, aber vom Arrangieren der Blumengestecke in Vestibül, Salon und Esszimmer derart erschöpft, dass sie sich in ihre Gemächer zurückzog. Kammerzofe Amalia war wie immer bei solchen Gelegenheiten hochgespannt und trieb das übrige Personal mit schriller Stimme zur Eile an.

Christina hatte an diesem Tag ein schlechtes Los gezogen und musste in der Küche arbeiten. Während Suse das Tafelsilber putzen sowie die Kristallgläser und das Essgeschirr polierten durfte, der Gärtner Karl den Efeu im Garten zurechtstutzen sollte, war es Christinas Aufgabe, die Schweineschnitzel zu klopfen, den Rotkohl zu riffeln, den Kloßteig zu kneten. Trotz der frischen Witterung rann ihr schon am Mittag der Schweiß den Hals hinunter. Eine Weile sitzen und sich ausruhen? Besser man tat etwas dabei, was wichtig erschien. Denn die alte Amalia war eine Petze. Und sie betrat die Küche grundsätzlich, ohne anzuklopfen.

Vielleicht konnte Christina ein paar Zeitungen in handliche Stücke reißen? Das wäre eine vortreffliche Ausrede, falls man sie beim Stillsitzen erwischte. Schließlich gab es nichts

Besseres als Zeitungspapier, um Herd, Pfannen und Töpfe von Fettresten zu befreien. Das sei sogar das Einzige, wozu die Zeitungen in Hessen wirklich taugten, behauptete Suse. Christina war anderer Meinung, sie las gern die Nachrichten aus aller Welt. Da hatte eine Gruppe dänischer Männer den ganzen Globus umsegelt, zwei Jahre hatten sie gebraucht. Da hatte der König von Bayern seine Geliebte zur Gräfin erhoben und mit Geld aus der Staatskasse überhäuft, was seine Untertanen heftigst gegen ihn aufbrachte. Spannende Geschichten waren das. Sie griff in den Papierkorb, fischte die Sonntagsausgabe der Weser-Zeitung heraus. Die hatte der Hausherr abonniert, weil er aus der Gegend stammte, in der sie erschien. Christina faltete die Seiten auseinander, legte sie auf der Tischplatte zurecht und studierte zunächst die Überschriften. Da fiel ihr eine fettgedruckte Buchstabengruppe ins Auge: Görlitz. Graf Friedrich von Görlitz? Ein langer Artikel. Über zwei volle Spalten. Dabei waren die Ereignisse um die Gräfin doch längst kein Thema für die Zeitungen mehr. – Herrje, die schrieben, dass der Graf sich verdächtig benommen habe!

Christina trennte den Artikel rasch heraus, knüllte ihn zusammen und stopfte ihn sich in den Ärmel. Sie würde ihn später lesen.

Keine Minute zu früh. Schon flog die Tür auf, Amalia platzte herein. »Was tust du da?«

Christina gab sich trotzig. »Ich schneide mir Lappen zurecht, denn der Herd ist verkrustet und ...«

»Dafür ist ein andermal Zeit.«

»Sehr wohl«, sagte Christina. »Dann mach ich mich an die Forellen.« Die unangenehme Arbeit des Schuppens und Ausnehmens der Fische hatte sie bis zuletzt vor sich hergeschoben.

»Warte. Das kann auch Suse mit ihrem Rheumatismus erledigen. Du, meine Liebe, gehst jetzt raus in den Garten und hilfst Karl beim Beetesäubern. Der ist von der Leiter gefallen, jammert rum und braucht anscheinend jemanden, der ihn unterstützt.«

Nichts liebte Christina mehr als Gartenarbeit. Es war ein kühler, aber sonniger Tag im Oktober, die Luft roch nach Thymian und Lavendel. Und Karl, der den Kandels mal als Gärtner, mal als Klempner, mal als Kutscher diente, war der freundlichste Mensch im ganzen Haushalt, dazu ein amüsanter Unterhalter.

Er stand schief neben der Pergola und rieb sein Knie. »Gut, dass du kommst, Mädel. Die abgeblühten Rosen da oben müssen ab.« Er wies mit dem Kinn zu einer Handvoll Blütenstände mit eingeschrumpelten rosa Blättchen in mehr als vier Ellen Höhe. »Es gibt nämlisch nischts Hässlischeres als abgeblühde Rosen«, sagte er, den angestrengt hochdeutschen Tonfall der Madame nachäffend.

Christina prustete. »Solschen Anblick möschden wir unseren Gäschden nischt zumuden.« Gut gelaunt ergriff sie die im Gras liegende Gartenschere, rückte die Leiter zurecht und stieg hinauf.

Karl schien nicht schwer verletzt zu sein. Er bückte sich wenige Meter von ihr entfernt zum Lavendel, zupfte eine paar vorwitzige Quecken aus dem Gestrüpp und begann von Politik zu sprechen. »Ha, nun geht es dem Adel bald an den Kragen. Es gab einen Tumult in der Zweiten Kammer.«

Christina wurde verlegen, weil sie zu wenig darüber wusste, um mitreden zu können. Sie hatte jede Menge über sich selbst, über Johann und über ihr Kind nachzudenken. Was scherte sie da diese sogenannte Zweite Kammer? Die repräsentierte in erster Linie das reiche Bürgertum im hessischen Parlament. Zum Beispiel die Kandels, für die sie arbeitete, den Apotheker Merck, den Tuchhändler Kahlert ... Ob nun die Fürsten oder die Großbürger über Menschen der untersten Stände entschieden, es liefe auf das Gleiche hinaus, sagte Johann immer.

Karl war anderer Meinung. »Die bürgerlichen Abgeordneten werden sich für die Klugen und Tüchtigen der unteren Stände ins Zeug legen«, glaubte er. »Nur der Adel braucht tumbe Untertanen, die ohne nachzudenken Befehle ausführen. Die Fabrikanten wollen Leute, die klug genug sind mitzudenken. Und beherzt mit anpacken, wenn es bei der Produktion knirscht. Treue Arbeiter benötigen sie, die nicht zur Konkurrenz wechseln und dort womöglich einsetzen, was sie zuvor gelernt haben. Damit sie zum Wohl der Firma beitragen, werden sie gut behandelt. Und sogar gut bezahlt.«

Christina hatte da ihre Bedenken. Die Frauen in den Manufakturen mussten tagein, tagaus stumpfsinnigste Arbeit verrichten. Etwa die Näherinnen. Statt ein ganzes Kleid zu planen und zu gestalten, bearbeiteten sie nur die immer gleichen Kanten und Säume. Das wurde von den modernen Fabriken in England und Frankreich berichtet. Da war es doch angenehmer, als Dienstpersonal die Launen einer Herrschaft auszuhalten, dafür eine abwechslungsreiche Tätigkeit zu haben und mitunter sogar Freude, wenn einem etwas gut gelang.

Doch sie widersprach nicht, wechselte lieber das Thema. »Sag mal, Karl, in der Zeitung war heute was über Graf Görlitz drin. Ein langer Artikel. Kennst du den?«

»Nein, davon weiß ich nix. Um was ging's?«

»Um irgendwas zum Tod seiner Frau.«

»Das ist doch vier Monate her.«

»Da stand, dass er sich verdächtig verhalten haben soll. Ich konnt's noch nicht lesen, die Amalia schneite rein. Ich hab den Artikel bei mir. Wenn du aufpasst, dass keiner kommt ...«

Karl war einverstanden, drehte seine Vorderseite zum Hauseingang, tat, als müsse er den Holunderbusch auslichten, und verdeckte jedem, der heraustreten würde, mit seinem breiten Rücken die Sicht auf Christina.

Christina drehte ihrerseits dem Haus den Rücken zu, bückte sich ins Nelkenbeet, zog die Zeitungsseite aus dem Ärmel und las vor.

Karl hörte mit Staunen zu. »Das ist ja ein starkes Stück! Aber woher wissen die das? Die waren schließlich nicht dabei.«

Christina las weiter: »Zwei Augenzeugen haben dies unabhängig voneinander dem Deutschen Zuschauer berichtet ... Die Aussagen stimmen überein mit Beobachtungen, die das Darmstädter Stadtgericht Ende Juni dieses Jahres zusammengetragen hatte.«

»Dem Deutschen Zuschau... Pack das schnell weg, verbrenn's. Wenn du damit erwischt wirst, dann ...« Karl fuhr sich mit der Handkante über die Gurgel.

»Aber das ist die Sonntagsausgabe der Weser-Zeitung. Die haben es wiedergegeben.« Christina gehorchte dennoch, stopfte den Artikel in ihren Ausschnitt. Da kam so leicht keiner ran.

Karl sah besorgt drein. »Hat der Johann auch so was erzählt?«

Christina schüttelte den Kopf. »Der glaubt an einen Unfall.«

»Der Johann tut mir leid. Bei einem Mörder in Stellung zu sein, ständig um den rum zu sein. An seiner Stelle wär mir angst und bang. An deiner Stelle genauso.«

»Ist es mir auch. Jetzt.«

(...) Allerdings war dieser Artikel bedeutsam genug, um Aufmerksamkeit zu erregen. Zuerst im »Deutschen Zuschauer« und in der »Mannheimer Abendzeitung« zur Öffentlichkeit gebracht, hatte er damit eigentlich keine rechtliche Existenz für das Großherzogtum Hessen, in welchem jene Blätter verboten sind. Aber dem ungeachtet kamen Exemplare davon ins Land und der Reiz des Genusses schärfte sich noch durch das ergangene Verbot. (...)
Unterdessen nahm die »Kölnische Zeitung« den ganzen Artikel des »Zuschauers« auf, und später tat es mit Bezugnahme auf das Beispiel der »Kölnischen Zeitung«, die »Weser-Zeitung« in ihren »Sonntagsblättern«. Andere Blätter: die »Deutsche Zeitung«, der »Schwäbische Merkur«, die »Allgemeine Zeitung« usw. brachten Auszüge. Durch jenen Artikel hatte sich überhaupt erst die Aufmerksamkeit des größeren Publikums auf den Fall gelenkt. (...)
Jener Artikel war kaum ins Publikum gelangt, als Graf Görlitz die nachstehende Erklärung veröffentlichte:
»Es ist mir ein, in den zu Mannheim erscheinenden Blättern, dem Deutschen Zuschauer und der Abendzeitung enthaltener, in jeder Beziehung verleumderischer Artikel zu Händen gebracht worden, welcher mich mit dem Verdacht eines Mordes an meiner, durch das unglückliche Geschick mir entrissenen, teuren Gemahlin zu belasten strebt. Ich habe diesen Schandartikel, dem ich, wie seinem Verfasser, nur die tiefste Ver-

achtung zu widmen vermag, dem Großherzog-
lichen Hofgericht daher zur Kenntnis und belie-
bigen Verfügung übergeben.
Darmstadt, den 6. Oktober 1847. Gez. Graf von
Görlitz«

(...) Die öffentliche Stimme aber, einerseits
zufrieden über die vom Grafen öffentlich gesche-
hene Insinuationsbescheinigung* des Artikels im
»Zuschauer«, war mit Recht umso ungehalte-
ner über Inhalt und Art der Erklärung. »Man
durfte erwarten«, sagte die »Deutsche Zeitung«,
»dass der Graf von Görlitz eine Verleumdungs-
klage anstellen würde; das scheint nach dieser
Erklärung nicht der Fall zu sein.« Der »Deut-
schen Zeitung« ähnlich bemerkte die »Weser-
Zeitung«: »Eine Verleumdungsklage gegen den
Verfasser jenes Artikels (welcher auch in der eng-
lischen Presse großes Aufsehen hervorgebracht
hat), scheint der Graf von Görlitz also nicht zu
beabsichtigen; schwerlich aber wird sich das Hof-
gericht zu Darmstadt der von der öffentlichen
Meinung in ganz Deutschland gebieterisch gefor-
derten Untersuchung entziehen können.
Aus »Die Gräfin von Görlitz in Darmstadt, ihr
Tod, und der Angelegenheit weiterer Verlauf«
von Karl Buchner**, 1847 (siehe Quellenver-
zeichnis).
* Unterstellung
** Buchner (nicht: Büchner)

Die Festnahme

Christina fuhr mit einem Ruck aus dem Bett. Da waren Stimmen, leise, aber keineswegs sanft, sondern dumpf und drohend. Mehrere Männer. Vielleicht waren es die Trunkenbolde aus dem Haus nebenan, die ausnahmsweise nicht genug gesoffen hatten, um ins Feixen und Grölen zu verfallen?

Nein, das waren andere Männer. Einer flüsterte im Kommandoton. Metallbeschlagene Stiefel hämmerten auf das Straßenpflaster. Und das Licht einer Öllampe sickerte durch die Ritzen des Fensterladens. Polizei? Gut möglich. Die Witwe Boll vom Haus gegenüber hatte vor ein paar Tagen laut über den Großherzog gelästert. Der sei ein einfältiger, feiger Hund, habe Angst vor der Revolution, weshalb ihn nie jemand zu Gesicht bekäme. Er verschanze sich im Keller des Alten Schlosses, weil es von dort aus einen geheimen unterirdischen Gang gebe, der weit aus der Stadt hinausführe ... Was für ein Blödsinn! Wahrscheinlich war die Boll betrunken gewesen. Aber der halbe Marktplatz hatte mit angehört, was sie sagte. Nun kam also die Polizei, um sie abzuholen. Gleich würde es Geschrei geben.

Christina kuschelte sich zurück in die Kissen, zog die Filzdecke über ihre Ohren. Sie wollte weiterschlafen. Was ging die dumme alte Boll sie an? Ein Schandmaul war die, beschimpfte alles und jeden. Johann hatte sie einmal einen Speichellecker genannt. Johann – er lag wie so oft ausgestreckt auf dem Rücken. Da war kaum Platz für Christina. Sie drehte sich auf die rechte, von Johann abgewandte Seite.

Dabei rutschte ihr der Arm von der Bettkante. Sie drehte sich auf die linke Seite, da schnarchte ihr Johann ins Ohr ...

Draußen war wider Erwarten Ruhe eingekehrt. Die Männer waren verstummt, die Lampe erloschen. Dafür trampelten nun mehrere Stiefelpaare die Treppe herauf. Gab es etwa Demokraten in diesem Haus? Christina ging die Nachbarn im Geiste durch. Ja, natürlich konnten welche dabei sein.

Da! Jemand schlug gegen ihre Tür. Christina erschrak, sprang auf. Das musste ein Irrtum sein. Eine Verwechslung. Oder war was Schlimmes passiert? Mit der Mutter? Mit dem Dorchen? Christina überwand das Schwindelgefühl, das sie überfallen wollte, legte sich die Filzdecke über die nackten Schultern, schleppte sich zur Tür und öffnete.

Ein Gewehrloch starrte sie an. Dahinter erkannte sie die Schatten von drei Polizisten in Uniform, gespenstisch von der Öllampe beleuchtet, die ein vierter in die Höhe hielt.

»A... aber, Sie sind falsch hier, wir sind brave Untertanen Seiner Majestät. Nie käme ein schlechtes Wort über den Großherzog aus ...«

»Wir suchen Johann Stauf. Er muss in dieser Wohnung sein.«

»Johann? Er hat bestimmt nichts Verbotenes gesagt. Ich kenne ihn schon lange. Er redet sowieso wenig, ganz wenig. Und er ist Kammerdiener des Grafen von Görlitz. Seit über einem Jahr. Er hat vortreffliche Zeugnisse, er ist kein Demokrat. Das kann ich beschwören.«

Aus der Tiefe des dunklen Zimmers drang ein Rascheln. Johann rappelte sich von der Strohmatratze auf, stand halb nackt mitten im Zimmer und hob verblüfft die Hände, als der vorderste Polizist sein Gewehr auf ihn richtete.

»Mitkommen.«

»Warum?«

»Mitkommen.«

»Dann will ich auch mit«, sagte Christina und griff nach ihrem Kleid, das über der Stuhllehne hing.

Der Gewehrlauf zuckte, richtete sich auf sie. »Nix da, Metze!«

Johann erwachte aus seiner Starre. »Mit Verlaub, meine Braut ist keine Metze, sondern eine ehrbare junge Frau, die ich längst geehelicht hätte, wenn ich gedurft ...«

»Schnauze! Mitkommen.«

Johann zog seine Livree-Hose über, schnürte seine Schuhe. Sein Blick glitt zu Christina. »Ich komm bestimmt bald wieder frei. Aber schreib meinem Vater, erzähl ihm, was passiert ist. Schick ihm den Brief mit der Post, egal, was es kostet. Hörst du?«

Christina nickte stumm.

An Schlaf war für Christina nicht mehr zu denken. Die Glocke der Stadtkirche schlug fünf, fast Zeit, um aufzustehen. Christina versuchte, sich zu beruhigen, auch wenn ihr das Herz wie wild klopfte. Regelmäßig hörte man von Festnahmen wegen angeblichen Landesverrats, angeblicher Majestätsbeleidigung. Ein falsches Wort, ein dummer Scherz, ein böswilliger Zeuge und man wurde bei Nacht und Nebel abgeholt. Seit über einem Jahrzehnt ging es so zu in Hessen-Darmstadt. Aber neuerdings hielt das bürgerlich dominierte Stadtgericht dagegen, überprüfte die Anschuldigungen frühzeitig, und die Festgenommenen wurden nach wenigen Tagen wieder auf freien Fuß gesetzt. Trotzdem wollte Christina etwas unternehmen, zuallererst Graf Görlitz um Beistand bitten. Auf ihn würde die Polizei hören, und er würde gewiss gern versichern, dass

Johann kein Aufrührer war, sondern ein artiger Diener, der ihm, dem Grafen, treu zur Seite stand ... Ja, noch heute wollte sie zu ihm gehen. Sie wusch sich von Kopf bis Fuß, putzte ihre Zähne, zog ihr bestes Kleid an und eine frische weiße Haube über, frisierte sich zwei, drei Löckchen in die Stirn. Dann schickte sie einen Gassenbuben zu ihrer Herrschaft in der Schützenstraße, um alle dort wissen zu lassen, dass sie sich heute aus dringenden Gründen um etwa eine Stunde verspäten würde.

Die Stadtkirchenuhr läutete sieben. Christina schlich die Treppe hinunter wie eine Diebin, um ja keinem der Nachbarn zu begegnen, begab sich schnurstracks zum Portal der Görlitz'schen Villa in der Neckarstraße und betätigte den Klopfer.

Eine Frau mit hohlen Wangen und der Figur einer Wachtel starrte sie misstrauisch an. Sie musste die neue Köchin sein, eine unangenehm beflissene Person, Johann hatte von ihr erzählt.

Die Wachtel stemmte die Arme in die Hüfte. »Ach, Sie?«

»Ich möchte gern zu Graf von Görlitz, um ... Woher kennen Sie mich?«

»Na, von dem Bild, das Ihr feiner Herr Bräutigam in seiner Kammer aufgehängt hat.«

»Ein Bild?« Christina dämmerte, was sie meinte. Es gab eine Kohlezeichnung von ihr. Ein Künstler aus Belgien hatte sie auf dem Jahrmarkt vor über einem Jahr angefertigt. Sie dachte immer, Johann hielte die Zeichnung in seinem Spind versteckt.

»Jeder hier im Haus kennt das Bild«, fuhr die Frau fort. »Unverkennbar sind Sie das. Der lieben Frau Gräfin, Gott hab sie selig, hat der Stauf allerdings erzählt, es zeige seine frühere Verlobte. An Typhus sei sie voriges Jahr gestorben. Und die arglose Gräfin soll völlig ergriffen gewesen sein von seiner Treue zu einer Toten. – Inzwischen wissen wir Bescheid. Unser Kutscher hat Sie neulich auf dem Wochenmarkt entdeckt, ist Ihnen gefolgt und hat herumgefragt: Ein Hürchen aus dem Odenwald sind Sie. Mit einem unehelichen Balg.«

Für einen Moment drehte sich Christinas Welt, und sie fürchtete, wieder in Ohnmacht zu fallen. Was nicht verwunderlich war. Sie hatte, entgegen dem dringenden Rat vom jungen Herrn Büchner, heute noch nichts gegessen. Keinen Bissen hatte sie hinunterwürgen können vor Schreck über Johanns Festnahme. Geistesgegenwärtig stützte sie sich an der Toreinfassung ab, atmete tief ein, tief aus. Johann hatte Christina und ihr gemeinsames Kind verleugnet? Die ganze Zeit? Also hatte er nie um eine Heiratserlaubnis gebeten. Er hatte alle getäuscht. Die ganze Zeit!

Der spöttische Blick der Wachtel weckte Christina aus ihrer Starre. »Ich will Graf von Görlitz trotzdem sprechen. Es ist dringend. Johann ist heute Nacht verhaftet worden – dabei hat er nichts gesagt … ich meine, nichts getan, was gegen den Großherzog …«

Die Wachtel lachte auf, entblößte eine Reihe gelber Zähne. »Ihr feiner Bräutigam wurde verhaftet, weil er den Grafen vergiften wollte. Er hat ihm Grünspan ins Essen gerührt. Grünspan! Ich bin Zeugin, hab in letzter Minute verhindert, dass der Graf davon isst.«

»Aber … warum sollte Johann so was tun?«

»Unser lieber Herr Graf ist erschüttert über so viel Bosheit und Hinterhältigkeit. Und er kann es sich denken, und wir, seine Dienerschaft, können es uns denken, wer die Gräfin auf so grässliche Weise umgebracht hat. Wir mussten unserem Herrn Grafen gut zureden, dass er die

Sache sofort der Polizei meldet. Natürlich stehen wir treu an seiner Seite und sind froh, dass er noch lebt. Dass wir selbst am Leben sind, denn der Graf überlässt in seiner grenzenlosen Güte dem Personal gern die Reste seiner Mahlzeit. Nur weil ich, seine neue Köchin, aufmerksam war, sind wir wohlauf.«

»Das glaub ich alles nicht!« Christina würgte an ihren Tränen. »Johann würde den Grafen nie vergiften. Hätte nie die Gräfin umgebracht. Er liebt seine Arbeit, ich weiß es.«

»Dein Stauf, das ist ein schlechter Mensch. Und du bist ein dummes Ding, dass du auf ihn reingefallen bist. Scher dich, Mörderliebchen!« Die Wachtel warf die Tür mit solcher Wucht ins Schloss, dass die Einfassung zitterte.

Christina wankte zum Pumpbrunnen, setzte sich auf die Stufen, lehnte ihren Rücken an die Abmauerung und streckte die Füße von sich. So wie an jenem Tag im Juni, als die Görlitz'sche Villa gebrannt hatte und die Büchner-Töchter sich so rührend um sie gekümmert hatten. Wie gerne würde sie die beiden jetzt aufsuchen. Aber nach so vielen Wochen? Monaten! Nein, das sollte sie bleiben lassen. Die Schwestern hatten sie sicher längst vergessen.

Christina wusste nicht, wie viel Zeit vergangen war, als das freundliche Gesicht eines Gendarms über ihr erschien. »Bettele is verbode, Kindsche, wo die reische Leit wohne«, sagte er, fasste sie am Arm, als wollte er sie abführen. Doch sein Griff war sanft, fast liebevoll. Am Ludwigsmonument setzte er sie ab. »Do kannsche weider beddele, Kindsche. Isch hun nix gesehe.« Er öffnete eine Brotbüchse, die an seinem Gürtel hing, zog eine Stulle heraus, reichte sie ihr und verschwand in Richtung Marktplatz.

Ungläubig klappte Christina die Brotscheiben auseinander, eine dünne Schicht Leberwurst war aufgestrichen.
Sie nahm einen Bissen, kaute ohne Appetit, die Wurst
schmeckte ranzig. Egal, sie aß weiter, und das Schwindelgefühl verebbte. Die Kirchenglocke schlug acht Mal. Christina musste sich eilen, um zu den Kandels zu kommen.
Wie gut, dass sie Arbeit hatte. Das Dienstbotendasein war
nicht immer angenehm, besonders unter der Fuchtel der
launischen Madame. Aber Christina hatte ein eigenes Einkommen. Immerhin.

Peters Plan

Peters Plan stand fest. Glücklich war er damit nicht. Zu
perfide, zu riskant, auch zu verrückt das Ganze. Doch
die Sache duldete keinen Aufschub, der Geheimdienst
drängte und drohte. Peter sollte dafür sorgen, dass der der
Konspiration verdächtigte Liberale Heinrich Hoffmann
seinen alten Freund, den badischen Revolutionär Friedrich Hecker, in seinem Wohnhaus in Frankfurt beher-
bergte. Dann wollten sie zugreifen, und damit nicht nur
Hecker fangen, sondern gleichzeitig den vermeintlichen
Sozialisten und Judenfreund Hoffmann der Wühlerei
überführen.

Die Studienfreunde hatten sich in früheren Jahren oft getroffen, doch damals hatte Hecker noch nicht als »Vaterlandsverräter« und »Volksverhetzer« gegolten. Nun besuchten sie einander nicht mehr, hielten lediglich Briefkontakt und verloren sich dabei in unpolitische Allerweltsthemen, erzählten von ihren Familien und klagten über ihre kleinen Malaisen.

Seit Anfang November plante Hecker inkognito eine Reise durch Deutschland, um junge Männer anzuwerben, die bereit waren, einen Aufstand in Baden mitzutragen. Das hatten die Leute du Thils herausgefunden. Sogar die ungefähre Route war bekannt.

»Hör mal«, sagte Peter eines Abends zu Hoffmann, »der Hecker kommt nach Offenbach. Ich hab's im ›Deutschen Hof‹ läuten hören, da geht ein Verbindungsmann ein und aus. Der Hecker ist auf der Rückreise von Berlin nach Mannheim und braucht ein Quartier, zumindest für eine Nacht.«

Hoffmann wand sich. »Warum bei mir?«

»Weil er bei dir nicht gesucht wird. Offenbach ist ein Wühlernest, die Leute sind den Schnüfflern bekannt. Deren Häuser werden garantiert beobachtet.«

»So was kann mich meine Stellung kosten.«

»Deine Stellung? – Sei ehrlich, Heiner, du und ich, wir sitzen im gemachten Nest. Es geht uns gut in diesem Land, wir hungern nicht, wir frieren nicht, wir können sogar den Sonntag heiligen und uns zumindest einmal in der Woche für ein paar Stunden auf der Chaiselongue lang ausstrecken. Wir können steinalt werden, wenn uns kein Fieber vorzeitig dahinrafft. Aber die Bauern und Tagelöhner leben im Elend, in armseligen Hütten, im Dreck. Müssen tagaus, tagein fürchten, dass das Brot nicht reicht, um sich und ihre Familien zu ernähren. Die schuften sich kaputt, werden selten älter als fünfzig. Und können sich nicht selbst da raushelfen. Ja, wir beide sind in unseren Herzen Demokraten. Wir wollen das ändern, aber wir sind zu bequem, um ein Risiko einzugehen.«

Hoffmann schwieg, rieb sein Spitzbärtchen.

»Der Hecker könnte wie wir mit seinem Dasein zufrieden sein, doch der ist so mutig und radikal, gegen Missstände anzukämpfen, auch wenn es sein Leben bedroht. Ich finde, du könntest wenigstens dafür sorgen, dass dein Freund mal eine Nacht in einem richtigen Bett schlafen kann.«

Hoffman sah Peter aufmerksam an. »Warum bist du so blass, Paul?«

»Mir ist ein bisschen übel.«

»Krank?«

»Nur schlecht geschlafen.«

»Die Revolution steht an. Der Hecker kann's schaffen. Und das treibt dich um.«

»Ja.«

»Was hältst du von einem Bier und einem Korn?«

»Hast du was da?«

»Immer. Für den Fall, dass mir schlecht wird – ob der Lage der Bauern in Deutschland.« Hoffmann holte Flaschen und Gläser aus einer Vitrine, goss ein. »Wohl bekomm's.«

»Ja, Prost!«, sagte Peter und kippte seinen Korn in einem Zug hinunter.

Heinrich tat es ihm nach. »Also gut, schleich dich zurück in den ›Deutschen Hof‹ und lad den Frieder ein. Für eine Nacht, nicht mehr. Und lass ihm ausrichten, er soll sich artig verhalten, zumindest solange er in Frankfurt ist.«

Peter trank sein Bier aus, ließ sich einen zweiten Korn einschenken. »Auf die Demokratie!« Der erste Teil seines Plans war unter Dach und Fach. Der zweite war weit schwieriger. Und gefährlicher für ihn – nein, für alle.

Er fieberte dem vereinbarten Termin entgegen: Der 6. Dezember sollte es sein. Der Geburtstag seines Großvaters, dem er die stattliche Körpergröße verdankte. Der im »Befreiungskrieg« nicht auf deutscher, sondern auf französischer Seite für Freiheit, Gleichheit und Brüderlichkeit gekämpft hatte. Beziehungsweise für das, was unter Napoleon davon übrig geblieben war. Und der dabei gestorben war, ohne ein Grab zu hinterlassen. Dafür das Haus in Darmstadt, in dem Peter seine Cousine wohnen ließ. *Dir zu Ehren versuch ich's, lieber Großpapa Niklas.*

Schande

Zum Glück wurden die Tage kürzer. Am frühen Morgen durchquerte Christina unerkannt die Straßen, die wenigen Laternen in Darmstadt kamen nicht gegen die Dunkelheit an. Heute sorgte ein eisiger Nieselregen zusätzlich dafür, dass die Darmstädter ihre Hutkrempen ins Gesicht zogen und eilig ihrer Wege gingen. Niemand achtete auf eine Dienstmagd in derben Stiefeln und mit abgetragenem Filzmantel.

Noch vor wenigen Wochen hatten Menschen sie umschwärmt, nun erntete sie scheele Blicke oder man mied sie ganz. Gudrun und Irmgard wechselten die Straßenseite, wenn sie ihr begegneten. Sogar ihre Freundin Babette verschwand eiligst hinter den Federbetten, die sie am Fenster der Schwabs aufgetürmt hatte, um Christina nicht grüßen zu müssen. Früher hätten sie einander zugewunken, einen Schwatz gehalten, sich vielleicht für den späten Abend verabredet. Freunde in der Not gehen Tausend auf ein Lot, sagte die Mutter immer.

Und alles, weil ihr Verlobter des Mordes bezichtigt wurde. Dabei müsste den meisten doch klar sein, dass Johann ein Unrecht geschehen war. Graf Görlitz hatte seine Anschuldigung erfunden, nachdem auswärtige Zeitungen ihn offen des Mordes an seiner Frau verdächtigten und obendrein an Ehre und Wahrhaftigkeit des Darmstädter Justizwesens zweifelten. Die Gerüchte in der Stadt hatten neue Nahrung bekommen, der Graf am Pranger gestanden. Da war ihm eingefallen, sich selbst als Opfer eines Mordversuchs darzustellen.

Bestimmt hatte er die Köchin bestochen, mit viel Geld, mit Schmuck, mit was auch immer, damit sie Johann beschuldigte. Vielleicht hatte er sogar zu dem Zweck der alten Köchin, Marie, gekündigt und die neue eingestellt, die versprach, ihm beizustehen.

Oder glaubte Graf Görlitz selbst an die Mär vom Grünspan? Dann steckte sicher Schämbs dahinter, Franz Schämbs, der Kutscher des Grafen. Der stellte Christina seit dem Tod der Gräfin nach, nachdem sie sich auf dem Marktplatz begegnet waren und er sie anhand des Portraits in Johanns Kammer erkannt hatte. Seither versuchte er, Johann bei jedem madig zu machen, und setzte allerlei Gerüchte in die Welt. Hatte Schämbs die Sache mit dem Vergiftungsversuch eingefädelt? Zuzutrauen wäre es ihm.

Christina fröstelte es, sie zog ihren Mantelkragen eng um den Hals, wischte sich die feuchten Strähnen aus dem Gesicht. Ihr Magen krampfte, und das altbekannte Schwindelgefühl setzte ein. Entgegen der Empfehlung vom jungen Doktor Büchner hatte sie nicht gefrühstückt. Es war nichts mehr im Vorratsschrank. Dennoch ging sie rascher, rannte ein Stück über den Ludwigsplatz in die Schützenstraße zum Haus der Kandels, das dieser Tage ein kleines Refugium für sie war.

Der Gärtner Karl erwies sich einmal mehr als guter Freund, tätschelte ihr die Schulter, raunte ihr zu: »Kopf hoch, die werden deinen Johann bald wieder freilassen.« Suse nahm ihr, wann immer es ging, den Gang zum Markt ab. Sogar Amalia schien Mitleid mit ihr zu haben und verzichtete darauf, sie bei jeder Kleinigkeit mit spitzen Bemerkungen zurechtzuweisen.

Wie mochte es Johann im Gefängnis ergehen? Bekam er ordentliches Essen? Alle paar Tage ein frisches Hemd, wie er es gewohnt war? Oder litt er, wurde womöglich misshandelt? Es ging das Gerücht um, im Arresthaus würde gefoltert. Nicht offenkundig, versteht sich, denn Folter war seit über einem Jahrzehnt verboten, aber in einer verdeckten Weise, sodass keine der Quälereien nachweisbar war. Johann hatte einen Brief geschickt, worin stand, dass es ihm gut gehe und sie sich keine Sorgen machen solle. Doch das musste nichts heißen. Vielleicht war er gezwungen worden, so zu schreiben.

Christina wollte es wissen. Unbedingt. Wollte ihn besuchen. Der Schock, dass er sie und die kleine Dorothee verleugnet hatte, war halbwegs verwunden. Gewiss war er besorgt gewesen, er würde seine Arbeit verlieren, wenn ihre Verbindung bekannt wurde.

Doch Christina musste Geduld haben. Der Besuchstag für Nichtangehörige war der letzte Mittwoch im Monat. Und Christina galt als nichtangehörig. Verlobt zu sein zählte nicht, wenn es kein amtliches Schriftstück dazu gab. Das aber hätte Geld gekostet.

Kommende Woche war es so weit. Christina wollte die Madame bitten, ihr eine Stunde Ausgang zu gewähren. Sie würde versprechen, die Arbeitszeit nachzuholen, sie sogar doppelt nachzuholen. Hauptsache, sie durfte endlich Johann sehen. Und sprechen.

Christina kam überpünktlich an. Erschöpft vom Laufen schlüpfte sie durch den Dienstboteneingang in den Hausflur, nahm ihre Schürze vom Haken und band sie sich um. Dann klopfte sie an die Tür des Damensalons.

Die Madame empfing sie mit einem bemühten Lächeln, bat sie, auf einem Schemel Platz zu nehmen, hörte sie nicht lange an. »Armes Kind, welches Trama«, sagte sie in ihrem angestrengten Hochdeutsch und schüttelte bedauernd den Kopf. »Aber wie du dir denken kannst, ist es ein Trama für uns alle. Suse muss dir nun jeten Botengang abnehmen, und das bei ihrem Rheuma, nischt wahr?«

»Nicht jeden Tag. Nur wenn ...«

»Auch Amalie kommt mit der Situwation nischt zuresht und beklagt sisch, disch mit Samthandschuhen anfassen zu müssen, wenn du was falsch machst, was oft passiert, nischt wahr? Amalie nimmt nun einmal alles Unbill auf die eischene Schulter ...«

»Amalie will halt, dass wir die Dinge auf die gleiche Weise erledigen wie sie.«

»Du siehst also, es ischt für alle eine Zumutung.«

»Für Karl doch nicht, er tröstet mich immer ...«

»Karl ischt ein herzensguter Mensch. Er beschwert sisch niemals, nischt mal über disch. Aber denk dir, was isch aushalten muss, wenn wir Pesuch haben. Diese Schande! Und wenn meine lieben Eltern an Weihnachten kommen. Was werden sie misch fragen? Wie soll isch ihnen erklären, dass du immer noch im Haus bischt? Sie werden misch tadeln. Zumal du in dem Ruf stehst, ein uneheliches Mädschen im Odenwald zurückgelassen zu haben, nischt wahr?«

Christina kämpfte gegen den Kloß in ihrem Hals an. »Mein Kind wird von meiner Mutter liebevoll versorgt ...«

»Widdersprisch nischt dauernd!«

»Heißt das denn ...?«

»Ja, du kannscht deinen Johann pesuchen«, die Madame lächelte gütig. »Jederzeit. Denn heute ist dein letschter Arbeitstag bei uns.«

Christina nahm nur den ersten Satz richtig wahr. Was anschließend aus dem breiten Mund der Madame quoll, hörte sich an, als dringe es von Ferne durch den Novembernebel. Dass sie ihren Lohn selbstverständlich zum Ende des Monats erhalten werde, außerdem ein gutes Zeugnis für treue Dienste. Dass es das Beste für Christina sei, in den Odenwald zurückzukehren und einen braven Bauern zu heiraten. Dass es gewiss einige Witwer im Odenwald gebe, die eine ledige Mutter mit Kind gern ehelichten. Weil ihnen zum Beispiel die Frau gestorben wäre. Man kenne das ja, die Armut auf dem Land ... »Aber lieber arm als mit einem Verbrescher verehelischt, nischt wahr?«

Christina wurde schwarz vor Augen, sie rutschte vom Schemel, sackte auf die erst gestern von ihr gebohnerten Dielen.

»Auch deine dauernden Ohnmachten, liebes Kind, sind für uns nischt länger tragbar. – Suse, bring das Riesch-fläschchen.«

Häkeln

An diesem Sonntagmorgen waren sie vollzählig, saßen um den runden Tisch im Damensalon der Familie Mahler. Lukretia, die Tochter der Gastgeber, Cornelia und Cordula, die Töchter des Hutfabrikanten, Mathilde und natürlich sie selbst, Luise. Sie war an diesem Abend die Hauptperson, denn es war ihr Part, für Tee und Gebäck zu sorgen. Außerdem für interessanten Gesprächsstoff.

Diesmal hatte sich Luise etwas Provokantes ausgedacht: »Lasst uns mal über Sinn und Unsinn unserer Handarbeiten sprechen.«

Prusten, Kichern, Achselzucken.

Wie immer lagen die mitgebrachten Projekte zum Schein auf dem Tisch: halbfertige Kindermützen, Platzdeckchen, Sofakissen und so weiter – dazu Wolle, Garn, Nadeln, Scheren ... Offiziell war dies ein Häkelkränzchen und sollte auch so aussehen. Dass die regelmäßigen Treffen vor allem dazu dienten, sich politisch auszutauschen, sich insbesondere über Frauenemanzipation zu unterhalten, sollten weder die Eltern der Gastgeberin noch deren Bedienstete wissen. Denn die meisten Veröffentlichungen, die sie diskutierten, waren auf der Liste der verbotenen Schriften. Damit galt es, auf der Hut zu sein, falls jemand anklopfte.

Über ihre Handarbeiten sprechen? Das fanden die vier Damen doch recht komisch.

Luise ließ sich nicht beirren. »Im grauen Altertum stiegen die Göttinnen zur Erde nieder, Pallas Athene vom Olymp, Frau Hulda aus Walhall, um die Erdentöchter ihre Kunstfertigkeit zu lehren«, trug sie vor. »Heute fehlen uns solche himmlischen Kräfte, und die Schulen versäumen, den Frauen diese Fertigkeiten in systematischer und damit anspruchsvoller Form beizubringen.«

»Das ist doch egal«, befand Lukretia. »Wir kaufen unsere Kleider, Mützen und Strümpfe eh beim Schneider oder auf dem Markt.«

»Bei uns besorgt das Ausbessern, Stricken und Häkeln die Großmutter«, sagte Cornelia.

»Und wenn ihr selbst Großmütter seid?«

Lukretia schüttelte den Kopf. »Werde ich nicht. Will keine Kinder.«

Cordula machte ein bedauerndes Gesicht. »Dann laufen meine armen Enkel eben in Lumpen herum.«

Alle lachten. Sogar Luise. Es schien schwer, bei diesem Thema Ernsthaftigkeit einzufordern. Stricken, Sticken, Häkeln, Nähen betrachteten die meisten jungen Frauen der Mittelschicht als langweilige, ja stumpfsinnige Tätigkeit. Annehmbar war sie nur, wenn man nebenher etwas Interessantes erfuhr, zum Beispiel wenn einem jemand dabei vorlas oder man sich unterhielt. Besonders Flickarbeiten überließen die jungen Frauen gern der älteren Generation oder den niederen Ständen, die sich damit ein Zubrot verdienten.

Lukretia hielt Luises Vorstoß zugute, dass das Zuschneiden eines Hemds oder eines Kleids, das Entwerfen eines Stickmotivs durchaus eine anspruchsvolle Arbeit war, die Planung und Geschick voraussetzte und anderem Handwerk nicht nachstand. Auch wenn die Schneiderzunft klassisch eher klein gewachsene und schmächtige Männer beschäftigte und wenig Respekt erfuhr.

»Zu Regensburg auf der Kirchturmspitz, da kamen die Schneider z'samm«, intonierte Mathilde ein altbekanntes Spottlied.

Luise führte ins Feld, dass es seit Jahrzehnten überall in Europa Schneidereimanufakturen gab, die vor allem ungelernte Frauen der Unterschicht zu lächerlichem Lohn beschäftigten. Als sie gerade ausführen wollte, wie Mittel- und Oberschicht von dieser Ausbeutung profitierten, klopfte es an der Tür.

Sofort setzte Schweigen ein, jede der Anwesenden nahm ihre mitgebrachte Handarbeit auf.

Mathilde griff nach einem Strickmützchen für ihre kleine Nichte in Pfungstadt, Wilhelms Tochter, das ihr vermutlich bald nicht mehr passen würde, so schnell, wie sie wuchs.

Luise tat, als umhäkele sie ein Taschentuch, und begann ausschweifend von einem Hochzeitsessen zu erzählen, bei dem es Fasan gegeben habe.

»Herein«, sagte Lukretia erkennbar genervt, denn es gab noch Punsch und Gebäck im Überfluss und der Kandelaber war ausreichend bestückt. Kein Grund also zu stören.

Lange war kein Laut mehr hinter der Tür zu vernehmen, dann klaffte sie einen Spalt weit auf, und Bärbel, das Dienstmädchen, schob ein anderes Dienstmädchen herein, das mühelos als solches erkennbar war: ein Umhang aus Filz, ein Kleid aus Nessel, abgetragene Pantinen. Die

Frau war mager wie ein Kind, die Augenlider aufgedunsen und rot gerändert.

»Christina!« Luise sprang auf, rannte hin, ergriff ihren Arm. Nicht, dass das Mädel wieder umfiel.

Auch Mathilde erhob sich prompt, schob Christina ihren Stuhl hin. »Du musst nichts sagen, wir können uns denken, wie es dir geht.«

Christina setzte sich. »Ich wäre gern früher gekommen, habe aber ... nicht freigekriegt. Jetzt habe ich keine Arbeit mehr. Muss niemanden mehr um Ausgang bitten.«

»Sei uns ganz herzlich willkommen«, sagte Luise. »Wir haben den anderen schon von dir erzählt. Wir haben uns Sorgen um dich gemacht.«

Lukretia goss Christina ein Glas Punsch ein und schob ihr den Gebäckteller hin. »Bitte, greif zu.«

Christina nahm einen Schluck, dann einen Bissen. »Es ist nur so: Ich kann nicht häkeln, habe es nie gelernt. Ich kann nur nähen, zum Beispiel Hemden.«

Cordula hielt sich die Hand vor den Mund und prustete, Mathilde warf ihr einen mahnenden Blick zu.

»Keine von uns kann gescheit häkeln«, sagte Luise rasch. »Nähen zu können ist großartig. Wie schön, dass du jetzt bei uns bist.«

Lukretia räusperte sich. »Worüber haben wir denn eben gesprochen?«

»Ich habe von einer Hochzeit erzählt, zu der ich eingeladen war. Da gab es eine Musikkapelle, sage ich euch. Vom Feinsten ...«

Erneut ein Geräusch an der Tür. Unüberhörbar. Die Frauen griffen wieder zu ihrer Handarbeit. Luise sprach von Braut- und Abendkleidern und der Mühe, die ihre Herstellung bereitete ... Lukretia erhob sich langsam, schlich hin, ergriff die Klinke, riss die Tür auf. Dahinter erschien Bärbel.

»Du hast doch längst Mittagsruhe, Bärbel. Kannst dich auf dein Zimmer zurückziehen.«

Bärbel lief schamrot an. »Ich will bei euch mitmachen. Ich lese auch gern Zeitung. Und ich kenne die Henriette Zobel – sogar persönlich.«

Eine Schrecksekunde lang standen dem gesamten Kränzchen die Münder offen.

»Die Henriette Zobel? Donnerwetter!«, sagte Luise. Sie hatte von der radikalen Demokratin gehört, die in Frankfurt Frauen um sich scharte, ohne sich umständlich hinter einem Häkelverein zu verstecken. Dass die Polizei sie gewähren ließ, hatte wohl damit zu tun, dass man Frauen, egal welcher politischen Couleur, nicht ernst nahm.

»Wir waren Nachbarinnen, haben beide Näharbeiten für Geld angenommen und einander geholfen, wenn's für eine mal zu viel wurde.«

Bei Luise war der Groschen gefallen. Diese Bärbel war eine wache Frau. Sie hatte das Theater durchschaut, das die Damen des Häkelkränzchens seit über einem Jahr veranstalteten. Und dachte sich, dass – wenn man eine Dienstmagd wie Christina einbezog – sie selbst auch willkommen wäre. Warum nicht? Da sie einen Kontakt zu Henriette Zobel herstellen konnte, umso besser.

Lukretia überwand ihre Verblüffung. »Natürlich kannst du bei uns mitmachen.«

Bärbel knickste. »Ich hab mein Häkelzeug mit.« Aus einem einfachen Nesselsäckchen zog sie einen Spitzentraum aus feinstem eierschalenweißem Garn und mit Rosendekor, vorstellbar als Saum für ein vornehmes Sommerkleid.

Luise fand als Erste ihre Sprache wieder. »Das ist wunderschön, liebe Bärbel, ein Kunstwerk ist das. Wo magst du sitzen?«

Wie soll die Frau, wie soll das junge Mädchen gerecht sein, Dienstleistungen gegenüber, von deren Ausübung sie kaum eine Ahnung hat? Die Hand, welche es empfunden, wie viel Mühe es kostet, ein Hemd zu nähen, wird selten widerstrebend der armen Näherin den Lohn dafür hinzahlen, sie wird im Gegenteil die Arbeit nach ihrem wahren Wert belohnen, denen gegenüber, welche den Preis der Arbeit herabzudrücken suchen und dadurch eine der größten Grausamkeiten an der arbeitenden Klasse begehen. In diesem Verhältnis könnte die Frau unendlich viel zu einer vernünftigen sozialen Entwicklung beitragen (…)

So gedrückt und im Wert gesunken wie die weibliche Handarbeit ist im Augenblick wohl kaum noch eine andere; damit zugleich wird die Moralität der arbeitenden weiblichen Klasse am meisten untergraben. (…)

Nicht allein die Menschlichkeit, auch die Selbstachtung des Geschlechts erheischt es, dass die weibliche Arbeit von den Frauen zunächst richtiger gewürdigt und belohnt werde.

Aus Luise Büchner »Die Frauen und ihr Beruf«
(siehe Quellenverzeichnis).

Der wilde Knecht Ruprecht

Am Abend des 6. Dezember 1847 zog ein rot gewandeter Nikolaus mit weißem Zottelbart den Frankfurter Untermainkai entlang von Tür zu Tür, einen Leinensack geschultert, in dem sich allerlei Zuckerzeug befand. Begleitet wurde er von einem langen grauen Gespenst namens Knecht Ruprecht, das mit finsterem Blick eine Rute aus Reisig schwang. »Nun sprecht, wie ich's hierinnen find. Sind's gute Kind, sind's böse Kind?«

Natürlich gab es am Untermainkai ausschließlich gute Mädchen und Buben, die den beiden Gestalten johlend folgten, nachdem sie beschenkt und nicht verprügelt worden waren. Sie lauerten auf weitere Bonbons, die der Nikolaus von Zeit zu Zeit hinter sich aufs Pflaster warf.

Diese Art Umzug war nichts Ungewöhnliches, der Nikolaustag gestaltete sich in jedem Jahr mehr oder minder ähnlich. Ungewöhnlich war nur, dass Nikolaus und Knecht Ruprecht sich recht lange in dem hellgelb verputzten Haus mit dem Frontgiebel aufhielten. Und dass der Nikolaus beim Heraustreten einiges an Bauchumfang verloren hatte. Doch das war den Kindern egal. Die von einem der größeren Mädchen gestellte Frage »Ist das nicht ein anderer Mann?« blieb unbeachtet.

Ungewöhnlich war sicher außerdem, dass Knecht Ruprecht, der partout kein böses Kind im Revier hatte aufstöbern können, nun mit seiner Rute eine Spur zu wild durch die Luft fegte und dem Nikolaus den Sack von der Schulter hieb, sodass sämtliche Bonbons auf die Straße kullerten, die Kinder sich darüber hermachten und die Verfolgung aufgaben. Knecht Ruprecht trieb es immer wilder, patschte einem Polizisten mit Tschako und Stadtwappen, der warum auch immer in der Straße postiert war, mit Inbrunst auf den Allerwertesten und rief: »Da hast du's, du Arschloch!«

Die wohlerzogenen Bürgerkinder hörten es mit lebhaftem Interesse, wiederholten es laut und fröhlich, sodass die Hausreihen davon widerhallten. Wenn Knecht Ruprecht die Stadtpolizei beschimpfte, dann war das bestimmt in Ordnung so. Schließlich taten die Eltern das hinter vorgehaltener Hand ebenfalls.

Dass der Uniformierte seinen Knüppel zog und Knecht Ruprecht damit verfolgte, hätte die Stimmung weiter anheizen können. Doch der graue Riese war erstaunlich flink und verschwand mir nichts, dir nichts in der Dämmerung. Der Nikolaus war weitergezogen, und die verdutzten Eltern, die aus den Fenstern geguckt und das Geschehen beobachtet hatten, riefen ihre Kinder zum Abendessen.

In der darauffolgenden Nacht erschien gegen 2 Uhr ein Trupp bewaffneter Polizisten im Haus mit dem Frontgiebel, um zwei Männer festzunehmen: den dringend gesuchten badischen Revolutionsführer Friedrich Hecker sowie den der Konspiration verdächtigten Arzt Heinrich Hoffmann, der ihn widerrechtlich beherbergt haben sollte.

Am späten Vormittag des 7. Dezember wurden beide freigelassen, da sich der vermeintliche Hecker als Gymnasialdirektor Harald Krause erwies. Jener hatte auf Ersuchen Hoffmanns den Nikolaus gespielt und war später zum Abendessen zurückgekehrt, auf einige Gläschen Wein geblieben und auf dem Sofa eingenickt. Die Suche nach dem wild gewordenen Knecht Ruprecht, der sich ungebeten zu dem Direktor gesellt hatte, blieb ergebnislos.

Wenn euch die Leute fragen,
Lebt der Hecker noch?
So könnt ihr ihnen sagen,
Ja, der lebet noch.
Er hängt an keinem Baum und
Er hängt an keinem Strick,
Er hängt nur an dem Traum
Von der freien Republik.
Die erste und anfangs einzige Strophe des
»Heckerlieds« (Verfasser unbekannt).

Freiwild

Es half nichts, Christina musste zur Sparkasse, um Geld vom Konto abzuheben. Auch wenn die Auswanderung nach Amerika damit weiter in die Ferne rückte. Andernfalls hätte sie die Miete für ihre Wohnung in der Altstadt nicht bezahlen können. Außerdem brauchte sie etwas zu essen, ganz gleich was, Hauptsache, billig. Ein paar Kartoffeln, ein paar Karotten, einen Weißkohl. Wenn sie sich die Lebensmittel gut einteilte, würden sie für eine Woche reichen.

Sie zog ihre Riegelhaube tief in die Stirn in der Hoffnung, dass niemand sie an ihren blonden Haaren erkannte, rieb sich etwas blaue Tinte auf die Unterlider, sodass sie wie eine der Fabrikarbeiterinnen aussah, die dauerhaft zu wenig Schlaf bekamen. So würde es ihr bestimmt gelingen, sich unbeachtet zu bewegen, denn sie musste sich vor Spott, sogar vor Verfolgung schützen.

Die Darmstädter Presse war jeden Tag voll mit Neuigkeiten zum Tod der Gräfin, und die Journalisten schienen dankbar dafür, Graf von Görlitz entlasten zu können, indem sie Johann zum »wahren Mörder« machten. Die »Beweislage sei erdrückend«, schrieben sie, nachdem nun auch Johanns Vater und Bruder in Ober-Ohmen festgenommen worden waren. Sie hatten einen Goldklumpen versetzen wollen, den sie nie und nimmer auf legale Weise hatten erwerben können, hieß es. Damit nicht genug, war im Haus des Vaters Schmuck gefunden worden, den Graf Görlitz zweifelsfrei als Eigentum seiner Frau erkannt hatte.

Christina wusste von dem Schmuck. Johann hatte ihr erzählt, dass der Graf ihm die Sachen nach dem Ableben seiner Frau als Lohn für treue Dienste überlassen hatte. Er hatte seinen Vater gebeten, ihn aufzubewahren. Es sei manches durchaus Wertvolle dabei, hatte Johann behauptet, aber nichts Spektakuläres: ein schmales Armband aus Goldfäden mit gordischem Knoten, eine silberne Taschenuhr …

Der gefundene Schmuck zeigte keine Anzeichen eines Brands, sodass die Polizei mutmaßte, Stauf könne nur vor dem Tod der Gräfin in den Besitz gekommen sein. Oder er hatte ihn zu einem viel späteren Zeitpunkt dem Grafen entwendet. Der bestritt jedenfalls, den Schmuck verschenkt zu haben, und so wurde gegen Johann obendrein wegen Diebstahls ermittelt, was die Zeitungen weidlich auskosteten.

Johann war jetzt Stadtgespräch, und Christina wurde zum Freiwild öffentlicher Häme. Vor einigen Tagen hatte eine Marktfrau sie erkannt, ihr »Merderliebsche« hinterhergerufen, worauf eine Meute von Gassenbuben ihr gefolgt war und sie mit Steinen beworfen hatte. Eine böse Wunde am Kopf hatte sie davongetragen und blaue Flecken an Rücken und Armen. Weinend und zitternd hatte sie in ihrer Mansarde gesessen und sich nicht mehr herausgetraut. So war der Besuchstag im Gefängnis verstrichen.

Sie schrieb Johann täglich, ließ die Briefe von einer freundlichen Nachbarin zum Briefkasten der Arrestanstalt bringen. Darin verschwieg sie, wie es ihr erging, und sprach ihm Mut zu. Doch sie erhielt keine Antwort. Wer wusste schon, ob man ihm die Briefe überhaupt aushändigte.

Bei der Sparkasse hatte sie Glück. Der Beamte hinterm Schalter warf einen trüben Blick durch die Glasscheibe, schien von da an nur Augen für ihren Ausweis zu haben. Er füllte ein Formular aus, drückte einen Stempel darauf und krickelte seine Unterschrift darunter. Christina zeichnete gegen, und schon bekam sie die sechs Gulden wie gewünscht in kleinen Münzen, verstaute sie in ihrem Geldbeutel und ging.

Nun rasch über den Marktplatz, ohne von den aufregend duftenden Gewürzen wie Anis und Zimt, die sie sich nicht mehr leisten konnte, ganz und gar trübsinnig zu werden. Sie wählte einen Gemüsestand am Rand des Marktes aus, einige Meter hinter dem Brunnen, wo sie nie zuvor etwas gekauft hatte.

Die Bäuerin schien Mitleid mit ihr zu haben, legte drei, vier kleine Karotten mehr auf die Waage und suchte einen großen Weißkohl aus. Christina bedankte sich, lud die Ware in einen mitgebrachten Leinensack und wollte den Marktplatz verlassen. Da sprach eine Bettlerin sie an und hielt ihr einen Becher hin. »E paar Kreuzer fer mei hungrische Kinner dahaam«, wimmerte sie. Ihr Kleid war zerschlissen, ihr Gesicht alt und ungewaschen. Ihre Miene war jedoch eine Spur zu dreist, um Christinas Mitleid zu wecken.

Bedauernd schüttelte sie den Kopf. »Ich habe selbst kaum Geld, gute Frau. Doch ich kann Ihnen etwas schenken, was ich gerade umsonst bekommen habe.«

Sie wühlte in ihrem Sack, zog eine Karotte heraus, steckt sie der Bettlerin in den Becher und wandte sich ab, als ihr jemand von hinten eine Hand auf die Schulter legte. »Oha, das Fräulein Christina so freigiebig?«

Sie fuhr herum, es war Franz, der Kutscher vom Grafen Görlitz. Der Schämbs. Johann hatte ihn immer nur mit Nachnamen bezeichnet, wie er es bei allen Bekannten tat, die er nicht leiden konnte.

Dabei war der Schämbs ähnlich gepflegt und eitel wie Johann. Hatte sich frisch rasiert, roch nach Sandelholz. Er schien einen freien Tag zu haben, sonst hätte er nicht um diese Uhrzeit über den Markt flanieren können. Seine Gesichtszüge waren grob, seine Gestalt plump und ungelenk. Nie könnte er sich mit Johann messen. Am unangenehmsten war das gierende Lächeln, mit dem er Christina, und sicher nicht nur Christina, ansah. Dabei war der Mann verheiratet.

»Guten Tag, Herr Schämbs«, sagte sie höflich und wollte ihrer Wege gehen.

»Wohin so eilig? Der Verlobte ist ja nun, wie man hört, nicht daheim.«

»Ich bin auf dem Weg, eine Freundin zu besuchen, Herr Schämbs, und will mich nicht verspäten.«

Er trat dicht an sie heran, fasste sie um die Taille, streichelte ihre Wange. »Ist die Freundin auch so eine Hübsche wie du?«

Christina wand sich aus seiner Umarmung, konnte nicht vermeiden, dass ihr Mund sich angewidert verzog.

Seine Stimme wurde frostig. »Guck mal an, das Fräulein Christina ist aber stolz. Was ist der Anlass? Dass ihr Bräutigam, der Stauf, als Mörder und Spitzbube überführt wurde?«, rief er.

Die Bettlerin hatte es gehört, drehte sich zu Christina um, schleuderte ihr die geschenkte Karotte vor die Füße. »Des is die Verbrescherbraut? Von der nehm ich nix.«

»Freilisch, des isse«, rief eine Marktfrau und stemmte die Arme in die Seite. »Und was hot die mit ihrm Wisse geprahlt, als es noch hieß, dass die Grefin sich umgebrocht hätt. Die Gräfin wär verrückt gewese, hat se behauptet, als wüsst se genau Bescheid, des verleumderisch Weibsstück.«

Im Nu bildeten die Umstehenden einen Ring, einige picklige Halbwüchsige fanden Spaß an dem Schauspiel, grölten und feixten, worauf der Ring sich vergrößerte. Der Schämbs grinste spöttisch, flüsterte: »Ich bin der friedlichste Mensch, Schätzchen, aber wenn man mich reizt ...«

Er zerrte ihr die Haube vom Kopf, den Sack von der Schulter, eine dicke Kartoffel kullerte übers Pflaster.

Christina sah sich einer Wand aus höhnischen Gesichtern gegenüber, hörte die Menge »Schäm disch, schäm disch« rufen. Einer der Halbwüchsigen hatte einen Eimer Wasser herangeschleppt, schwenkte ihn, schleuderte Christina den Inhalt entgegen. Eiskaltes Wasser. Ihre Haube, ihr Haar, ihr Mantel waren im Nu durchnässt.

Der Schämbs schob sich noch dichter an sie heran. »Merkst du's jetzt, du Hürchen, Hochmut kommt vor dem Fall. Aber ich bin ja ein guter Mensch, ich bring dich hier raus …«

Christina stand starr da. Sollte sie mit dem Schämbs mitgehen? So könnte sie dieser Hölle entfliehen. Doch dafür würde eine andere sich auftun. *Lieber Gott, hilf!*

Manchmal schickt der liebe Gott in höchster Not einen Engel vorbei. Man muss nur fest dran glauben, sagte die Mutter immer.

Christina besann sich, schickte ein stilles Stoßgebet zum Himmel … und prompt war er zur Stelle, der Engel. Fasste mit einer Riesenhand den Schämbs am Kragen, ballte die andere zur Faust und gab dem Schämbs damit eins auf die Nase. Der wankte, taumelte und landete in der Wasserpfütze, die sich zu Christinas Füßen gebildet hatte.

Der Riese richtete sich zu voller Größe auf und brüllte die Menge an: »Schämen sollt *ihr* euch, einen Menschen zu traktieren, der euch nichts getan hat. Zieht ab, ihr Schandmäuler! Sonst kommt der große Nikolas und steckt euch in das Tintenfass.«

Mit dem bekannten Reim gewann er ein paar Lacher und fand sogar eine Überläuferin fortgeschrittenen Alters, die drohend einen Ziegenhainerstock schwang. »Lasst die junge Frau in Ruh, die kann nix dafür!«

Der Schämbs rappelte sich auf, säuberte notdürftig Rock und Hose mit einem Taschentuch und machte sich davon. Niemand beachtete ihn mehr. Die Menge zerstreute sich. Jemand hatte den Sack mit dem Gemüse mitgenommen.

Christina sah verwirrt zu dem Engel auf. Es war keiner. Es war ein Mann mit Wuschelkopf und Wuschelbart, derselbe, der ihr bereits einmal geholfen hatte, ihr eine Droschke nach Hause bezahlt hatte, als sie sich den Fuß verstaucht hatte.

»Ist es Ihnen recht, wenn ich Sie zu meiner Cousine in der Mauerstraße bringe?«, fragte der Mann. »Sie ist eine Seele von Mensch. Bei ihr bekommen Sie etwas Trockenes zum Anziehen und einen schönen heißen Tee.«

Christina ging widerspruchslos mit.

Trinken

Da schau her, das Alte Schloss bröckelte. Peter sah sich im Innenhof um. Aus den Sandstein-Arkaden im Hofgang rieselte brauner Staub, auf der Westseite verunzierten Flechten das Mauerwerk, einige Fensterrahmen zeigten Risse. Sogar das schmiedeeiserne Tor knirschte vernehmlich, als es sich schloss, um Peter zu verschlucken. Symbole des Niedergangs? Wohl kaum, dachte er, die Verfallserscheinungen waren eher ein Hinweis darauf, dass der Großherzog knapp bei Kasse war und dass es bald wieder eine Steuererhöhung für die Hessen geben würde.

Die vier Lakaien, die Peter durch die hochherrschaftlichen Korridore zur Audienz bei du Thil begleiteten, hatten ihrem höfisch-korrekten Benehmen zum Trotz Mienen zum Fürchten aufgesetzt. Selbiges galt für ihre Staturen. Auch wenn sie Peters Gardemaß nicht überragten, an Schulterbreite übertrafen sie ihn allemal, hätten gut und gerne als Gladiatoren Roms in einem Theaterstück auftreten können.

Vor dem Amtszimmer des Ministerpräsidenten hielten sie an, umschlossen Peters Handgelenke mit Eisenringen, die durch eine Kette samt Klappriegel verbunden waren. Sie wogen schwer an beiden Händen, waren dafür geräumiger als die scheuernden, das Blut abschnürenden Seile, mit denen man Peter bei seiner letzten Vernehmung gefesselt hatte. Ein kleiner Schritt auf dem Weg zur menschenwürdigen Behandlung war also getan.

Eine Glocke ertönte, eine ebenhölzerne Doppeltür öffnete sich. Peter wurde in einen von gut einem Dutzend Argandlampen erleuchteten Raum geführt und zu einem gepolsterten Stuhl komplimentiert, musste allerdings im Stehen abwarten, während die Lakaien ihn stumm flankierten. Er richtete sich gerade auf und reckte das Kinn. Eine Spur Stolz erschien ihm in vertrackter Lage besser als allzu viel Demut. Die ließe auf ein schlechtes Gewissen schließen. Und das genau galt es zu verbergen.

Der Ministerpräsident schritt, als sei er in Gedanken versunken, durch eine rückwärtige Tür herein, nahm hinter einem nussbaumdunklen Schreibtischmonster Platz. Peter senkte höflich den Kopf, dienerte in altmodischer Manier.

»Setzen.« Das Wort klang schrill und doch nicht wie ein Befehl, eher wie eine müde Bitte.

Freiherr Karl Bois du Thil – war er das? Oha, alt war er geworden. Das schüttere graugelockte Haar trug er streng in die Stirn frisiert wie immer. In seine Eisenstirn, über die ein Darmstädter Gassenlied spottete, seit er in Diensten des Großherzogs stand.

Doch nun war du Thils Gesicht von Rillen durchzogen, trüb und falbfarben wie abgenutztes Blech. Und doch konnte seinen Feinden leicht der Mut sinken angesichts der blitzenden eisgrauen Äuglein, die verrieten, mit welcher Konsequenz, ja, mit welch krankhaftem Eifer dieser Mensch politisch Andersdenkende verfolgte. Peter kämpfte gegen die Furcht an, die sich in seiner Brust auszubreiten drohte. Ruhig jetzt, ganz ruhig! Er ließ den Blick zum pompös gerahmten Gemälde des Großherzogs wandern. Gedruckte Abbildnisse davon wurden regelmäßig zu seinem Geburtstag verteilt, obwohl es annähernd zwei Jahrzehnte alt sein mochte. Ein Mensch namens Gotthelf Glaeser hatte den Großherzog mit kindlichen Pausbacken gemalt, der die Augen sinnierend, fast philosophisch in die Ferne richtete. So einen konnte man nicht ernst nehmen, doch man konnte ihn auch nicht hassen. Als Hassobjekt für die Allgemeinheit hatte Ludwig II. du Thil in Stellung gebracht.

»Hmmm …« Das linke Augenlid des Ministerpräsidenten zuckte, als er die dünne Akte studierte, die aufgeschlagen auf seinem Schreibtisch lag. Sie dürfte ihm auf Anhieb verraten, dass der unfähige Konfident ihm gegenüber der Geheimpolizei bislang nicht allzu große Erfolge beschert hatte.

Peter atmete durch und wappnete sich mit einer gelassenen Miene. Man konnte ihn rügen, mehr nicht. Er hatte versagt, wie es schien. An seiner Loyalität dürfte kein Zweifel aufgekommen sein.

»Sie sind Peter Emig alias Paul Mink. Geboren am 27. Februar 1814 in Darmstadt, Ausbildungsberuf Setzer.«

»Ja.«

»Sie sind Vertrauensmann Seiner Majestät, des Großherzogs von Hessen-Darmstadt und bei Rhein. Und das seit …«

Peter beschloss, dem Ministerpräsidenten auf die Sprünge zu helfen: »… seit Januar 1834.«

»So lange schon.« Du Thil fuhr sich mit einer lahmen

Handbewegung übers Gesicht, als habe er schlecht geschlafen, und musterte die Akte.

»Es sind jetzt mehr als dreizehn Jahre«, bestätigte Peter in bemüht sachlichem Ton.

Während du Thil blätterte und blätterte, flogen Peters Gedanken zurück zu dem Tag, als ihn der damals neue Redakteur der Großherzoglich Hessischen Zeitung, Draxler mit Namen, zu sich bestellt hatte. Stundenlang hatte er ihn mit Zigarrenqualm eingenebelt, um ihn dann vor eine einfache Wahl zu stellen: spionieren oder sterben.

Peter war zuvor in eine Falle geraten, hatte beim Verteilen von Flugblättern geholfen, die zur Rebellion gegen eine neue Steueroffensive des Großherzogs aufrief. Zwei kurz zuvor entlassene Journalisten hatten die Aktion lanciert, und Peter, der die beiden bewunderte, verbreitete es mit dem Eifer eines unerschrockenen Vasallen. Ohne zu ahnen, dass die Kollegen für den Geheimdienst arbeiteten und die Aufgabe bekommen hatten, besonders unerschrockene junge Männer einzufangen.

Nun sollte er selbst dazugehören. Sollte in der Flugblattaktion einen jugendlichen Fehltritt erkennen, den er nur durch »Vertrauensarbeit« wiedergutmachen könne. Es galt, für du Thil zu spionieren. Mehr noch: »Da wir Sie als besonders gescheiten und planvollen Menschen kennengelernt haben, Herr Emig, sind Sie dazu ausersehen, dem Geheimdienst zur besonderen Verwendung zur Verfügung zu stehen«, erklärte ihm du Thil damals. Als Agent Provocateur sollte er dienen, zu Deutsch: als Lockspitzel. Sich als Revolutionär gebärden, um andere zu Taten anzustiften, die es erlaubten, sie für Jahre hinter Gitter zu bringen. Sofern sie nicht ebenso kooperierten wie er.

Peter erklärte sich bereit. Was sollte er sonst tun? Er

ließ sich »ausbilden«, was ein Vierteljahr Indoktrination in Kombination mit militärähnlichen Leibesübungen bedeutete. Vordergründig gab er sich reuig und beflissen, insgeheim plante er, bei erstbester Gelegenheit ins Ausland zu fliehen, wie viele seiner Freunde es längst getan hatten.

Er hatte den Geheimdienst unterschätzt. Während seiner »Umerziehung« hatten sie seinen wunden Punkt entdeckt und raffiniert zu nutzen gewusst. Er steckte fest, Flucht war nicht möglich. Nur seinen Auftrag so unauffällig wie möglich zu konterkarieren, das konnte er. Und bislang war es niemandem aufgefallen.

»Wenn Sie schon dreizehn Jahre im Dienst Seiner Majestät stehen, müssten Sie doch wissen, worum es geht.«

Peter hob das Kinn. »Natürlich weiß ich das.«

»Na?«

»Es muss mir darum gehen, alle Demagogen zu bekämpfen und eliminieren zu helfen: Liberale, Republikaner, Demokraten, Sozialisten und Kommunisten, wie immer sie sich bezeichnen.«

»Aha. Und warum?«

»Sie wiegeln das Volk auf, indem sie ihm mehr Rechte, mehr Nahrung, eine bessere Gesundheitsversorgung versprechen. Doch sobald ihr Umsturz erfolgreich ist, werden sie ihr eigenes perfides System errichten: eine Diktatur der Kaufleute, die das Volk in wirkliche Armut stürzt und eine Gewaltherrschaft heraufbeschwört, in der jeder jedermanns Feind wird. So wie alle Welt es durch die Schreckensherrschaft der Jakobiner erfahren hat.« Peter war bewusst, dass seine Sätze wie das Geleier eines altgedienten Jahrmarktschreiers klangen. Er konnte immer noch auswendig, was sie ihm bei seiner »Ausbildung« eingetrichtert hatten. An den Sätzen war nichts verändert worden oder zu ihnen hinzugekommen außer dem Wort »Kommunisten«, denn die waren erst neuerdings zum Begriff geworden.

»Das Volk ist naiv und leicht zu verführen«, fuhr Peter fort und die knarrende Stimme des Leutnants, der als Lehrmeister aufgetreten war, fiel ihm ein. Er äffte den Tonfall nach, redete sich heiß, es musste klingen, als glaube er selbst an das, was er sagte. »Deshalb muss das Volk mit Fleiß und Ausdauer vor den Demagogen geschützt werden. Da diese zäh sind wie Ungeziefer, gibt es keinen anderen Weg, sie unschädlich zu machen, als sie zu eliminieren.«

Du Thil ließ die Finger seiner linken Hand auf der Schreibtischplatte trommeln. Schien nicht zufrieden. »Sie haben uns bislang nur kleine Fische geliefert.«

»Das ist nicht richtig.« Peter zählte ein paar Namen auf, bei denen auch einem du Thil die Ohren klingeln mussten. Das waren keine kleinen Fische gewesen, nur dumme. Ja, er hatte die klugen Köpfe, die die Revolution wirklich vorantreiben würden, geschont, so gut es ging. Hatte sogar dafür gesorgt, dass sie entkommen konnten. Stattdessen hatte er die Fanatiker ausgeliefert, die Eiferer, die Blindwütigen, weil sie der Revolution schadeten, weil sie die Ziele aus den Augen verloren hatten, stattdessen ihre Eitelkeit bedienten. Es war nicht seine Schuld, dass sich viele von ihnen nachträglich selbst als Lockspitzel herausstellten.

»Sie haben den Hecker entkommen lassen.«

»Ich sollte Hoffmann überreden, den Hecker einzuladen. Das habe ich getan.«

»Die Polizei hat den Falschen verhaftet, das Stadtgericht musste Hoffmann freilassen. Ohne Auflagen.«

»Was die Polizei verpatzt und das Stadtgericht entscheidet, entzieht sich meiner Macht.«

»Sie sind frech, Herr Emig! Friedrich Hecker ist uns entwischt. Der im gesamten deutschen Bund gesuchte Feind Nummer eins läuft weiter frei herum. Das ist Ihre Schuld.«

»Ist es nicht. Der Hecker hat viele Unterstützer, auch in Frankfurt. Er muss gewarnt worden sein.«

»Gewarnt. Genau. Von Ihnen?«

»Das ist absurd, mit Verlaub. Warum sollte ich ihn in eine Falle locken und anschließend türmen lassen? Das waren andere. Und die Frankfurter Stadtpolizei hat geschlafen.«

Wenn Peter es richtig sah, huschte ein perfides Lächeln über du Thils Gesicht. »In Ordnung, Herr Emig, das war es für heute«, sagte er und klingelte nach den Lakaien. »Bringen Sie Herrn Emig hinaus und bieten Sie ihm noch etwas zu trinken an.«

Etwas zu trinken? Peter ahnte, was gemeint war.

Panik ergriff ihn. Er holte mit den gefesselten Händen aus, schwang sie unbeholfen durch die Luft und trat um sich, als vier Männer ihn grob am Ärmel fassten und hinauszerrten. »Na, na, na«, rief du Thil ihm hinterher. »Wer wird sich denn wehren gegen ein bisschen Bewirtung?«

Die Männer zerrten ihn ausgestorbene Flure entlang, eine peinlich saubere Steintreppe hinunter in einen fensterlosen, fast leeren, dunkel gefliesten Kellerraum. Eine altersschwache Öllampe ließ einen Hocker aus Holz erkennen, davor ein Waschbecken auf einem Metallgestell. In einer Ecke standen Blecheimer.

Man drückte Peter auf den Hocker und presste ihm einen Stoffballen tief in den Mund, verbanden ihm Augen und Nase mit dünnem Kattun.

Und dann plätscherte es: Wasser!

Sie gossen es aus Eimern in die Waschschüssel, es roch abgestanden, modrig sogar. Sie zerrten Peter an den Haaren, drückten sein Gesicht hinein. Er stemmte sich mit aller

Kraft dagegen, es half nichts, sie waren stärker. Jeder Einzelne von ihnen war stärker.

Nicht atmen! Einfach eine Weile nicht atmen. Sie würden ihn schon nicht umbringen, sonst wäre ihr bisheriger Aufwand mit ihm umsonst gewesen. Er sollte bestraft werden, wie so oft. Zum ersten Mal durch scheinbares Ertränken. Er hatte davon läuten hören. Ruhig bleiben, Luft anhalten.

Er schaffte es keine Minute, da schmerzte seine Kehle, als platzte sie, der Knebel hatte sich vollgesaugt, drückte wie ein Stein gegen Zunge und Gaumen. Er musste loslassen, ausatmen. Ein Strudel umwirbelte seinen Kopf, Wasser stieg ihm in die Nase … in die Augenlider, die Ohren. Sein ganzer Schädel schien sich mit Wasser zu füllen. Ein quälendes Stechen in den Ohren, in der Stirnhöhle, in der Brust … Doch, sie wollten ihn umbringen, tatsächlich umbringen, anschließend in den Woog werfen, als hätte er sich selbst ertränkt. Niemand würde es anzweifeln, es gab viele Selbstmorde in Hessen-Darmstadt. So ist es also, wenn man stirbt, dachte er, als ihm der Kopf zu zerbersten schien. Er gab auf und ließ los: die Muskulatur, den Lebenswillen, die Wahrnehmung. Und spürte kaum, wie sein Körper zur Seite kippte, auf dem Boden aufschlug und sein Darm sich entleerte.

»So«, sagte einer der Lakaien. Ein anderer schnaufte angewidert. Es klang wie von einem fernen Stern. Scharren. Klappern. Sie löschten das Licht, es wurde dunkel. Ein Schlüsselbund klirrte, ein Schlüssel schabte im Schloss. Ohne ein weiteres Wort gingen sie. Ließen ihn liegen, wie er war. Nass, gefesselt und geknebelt, eingekotet. *So.*

Nun kam der zweite Teil der Tortur, der, den er schon kannte: die Einsamkeit in einem stockdunklen kalten Raum, ohne Nahrung, unbeweglich, dreckig. Es würde Tage dauern, bis man ihn erlöste.

Kapitel 3
Winter und Frühjahr 1848

Besucherinnen

Der Pfarrer hatte es vor aller Ohren in seiner Weihnachtspredigt von der Kanzel gedonnert: »Wer von euch ohne Sünde ist, der werfe den ersten Stein.« Er hatte keinen Namen nennen müssen, den Kirchgängern war ohnehin klar gewesen, auf wen sich das Bibelzitat bezog. Zumindest *auch* bezog. Und es mochte sein, dass man Christina deshalb seither weitgehend in Ruhe ließ. Acht Wochen war Johanns Festnahme jetzt her. Es gab weiterhin scheele Blicke hie und da, doch niemand schmähte sie offen oder verfolgte sie gar.

Es mochte außerdem daran liegen, dass die Zeitungen allmählich vom Thema Johann Stauf abgelassen hatten, zumal auswärtige Blätter kursierten, die weiterhin an Graf Görlitz als möglichem Gattenmörder festhielten. Wieder andere Stimmen erinnerten an den Code civil, wonach jeder Mensch so lange als unschuldig zu gelten habe, bis das Urteil über ihn gefällt war.

Und doch vermied es Christina, häufiger als nötig unter Menschen zu gehen. Was sich gut bewerkstelligen ließ, seit sie bei der Cousine von Paul Mink ein neues Zuhause gefunden hatte. Sie bewohnte dessen Mansardenkammer, weil er sie bis auf Weiteres nicht brauche, wie er sagte. Dadurch hatte sie ihr schäbiges Zimmer in der Altstadt kündigen können und wohnte nun – kleiner, aber feiner – in der Mauerstraße. Und das, ohne ihr Erspartes anzukratzen.

Für drei Mahlzeiten am Tag arbeitete sie bei den Henschels als Köchin und Dienstmagd, was sich die Familie unter normalen Umständen nicht hätte leisten wollen.

Doch die Cousine war hochschwanger, kämpfte mit vorzeitigen Wehen und war außerstande, die Hausarbeit allein zu bewältigen. Einkäufe, die Christina gern vermied, besorgte die Zugehfrau Bernadette, Christina übernahm stattdessen von ihr den wöchentlichen Waschtag. Alles in allem war es eine glückliche Fügung, befand Christina, und sie vermisste wenig.

Heute jedoch war es unabdingbar, dass sie ihre Zuflucht verließ. Im Arresthaus war Besuchstag, und sie wollte Johann wiedersehen. Zum zweiten Mal, seit er in Haft war.

Christina hatte, wie es Vorschrift war, einen schriftlichen Antrag gestellt und erklärt, warum sie Johann sprechen wollte, denn dafür brauchte es laut Gefängnisordnung jedes Mal einen Anlass. Zum Beispiel, dass man dem Gefangenen eine bestimmte Lektüre überbringen wollte, um die er gebeten hatte. Wenn das Buch nicht auf dem Index der verbotenen Schriften stand, bekam man Zutritt, denn die Gefangenen sollten sich bilden – was eine gnädige Neuerung in dieser Anstalt war. Als Besuchsgrund konnte man außerdem angeben, dass man dem Inhaftierten das Geschenk eines nahen Verwandten überbringen wolle. Zum Beispiel einen Kuchen.

Christina hatte diesmal beides dabei: einen in deutscher Übersetzung erschienen Roman von Johanns Lieblingsschriftsteller Eugène Sue und einen kleinen Käsekuchen mit Apfelstücken, den angeblich seine Großmutter für ihn gebacken habe. Dass seine Großmutter mehr als eine Tagesreise entfernt in Ober-Ohmen lebte, war dem Gefängnispersonal glücklicherweise nicht bekannt.

Doch auch mit solchem Gepäck war der Einlass in das grau in grau verputzte und von oben bis unten vergitterte Großherzogliche Provinzial-Arresthaus, wie es offiziell hieß, eine demütigende Prozedur. Schon von außen schüchterte das kärglich gestaltete Gebäude die Besucher ein. Weder ringsum noch im Innenhof befand sich etwas Hübsches fürs Auge, nicht einmal ein Strauch oder ein rankender Efeu. Über der Freitreppe hinter dem monströsen Portal tat sich ein unangemessen großes Foyer auf, das bei aller Kargheit erhaben wirkte mit den vielen Rundsäulen und den hohen kalkweißen Wänden. Hier sollte sie warten.

Diesmal musste sich Christina besonders lange gedulden. Es hieß, in der Besuchshalle befinde sich bereits ein Gast für den Häftling Johann Stauf. Christina rätselte, wer das sein mochte. Vater und Bruder saßen selbst im Gefängnis, blieb nur eine Schwester. Oder es handelte sich um einen von Johanns Freunden, mit denen er Schafkopf gespielt hatte. Aber wer von ihnen sollte die Treue aufbringen, hierherzukommen?

Es war schon fast drei und die Besuchszeit zur Hälfte um, da klirrte es an der Gittertür, die die Gefängnisflure und das Treppenhaus vom Foyer abtrennte. Ein Wärter schloss auf, und heraus trat eine junge Frau mit locker frisiertem Haar in einem eleganten, etwas zu engen gelben Kleid, in dessen Ausschnitt die Brüste prall hervortraten. Sie trug ihren Mantel nachlässig über den Arm gehängt, ihr Schutenhut baumelte ihr vom Hals. Sie gab sich gut gelaunt, kam direkt auf Christina zu.

»Ach, das Fräulein Born. Sie glauben gewiss, Sie seien die einzige Vertraute von Johann Stauf. Da irren Sie sich. Es gibt ein anderes Fräulein, das weit mehr Grund hat, sich als seine Braut zu fühlen. Und zwar bin ich das.«

Christina starrte auf die rot angemalten Lippen, aus denen die seltsamen Worte sprudelten. Glaubte für einen

Moment an einen bizarren Traum. Da machte ihr jemand das zweifelhafte Vergnügen streitig, mit einem des Mordes angeklagten Mann verlobt zu sein? Wer um alles in der Welt war diese Frau, die mit ihr tauschen wollte?

»Johann ist mein«, sagte die Frau. »Er hat mir die Ehe versprochen, sogar mehrmals. In meinem Bett.« Sie kicherte. »Und er wird sein Versprechen halten, denn ich habe ein Haus geerbt. Dort wird er einziehen, sobald er hier raus ist. Und er freut sich schon darauf. Das Kind kannst du behalten. Was schert uns der Bangert einer mittellosen Dienstmagd? Ja, da staunst du, was? Verschwinde in den Odenwald, in dein schmutziges Kaff, aus dem du stammst.«

Christina war zu verblüfft, um zu parieren. Erst das ungeduldige Armrudern des Wärters, mit dem er sie aufforderte, durch die Gitterpforte zu treten, riss sie aus ihrer Starre. Sie drückte den Blechtopf, in dem sich das Küchlein befand, fest an sich, legte das eingewickelte Buch darauf und folgte dem Wärter.

Unsinn! Diese Frau redete Unsinn. Gewiss war sie eine Hure, und es mochte sein, dass Johann ein Techtelmechtel mit ihr hatte. »Was ein richtiger Mann ist, der kann seinen Saft nicht durch die Rippen schwitzen«, hatte Johann ihr einmal erklärt. Wenn sie unpässlich sei oder gar krank, dann müsse er zusehen, dass er anderswo Erleichterung fände. Selbst wenn er dafür bezahlen müsse. Auf diese Weise verhindere er überdies, Christina ein weiteres uneheliches Kind zu machen …

Christina hatte seine Erklärung nicht recht nachvollziehen können, es aber hingenommen, wenn er ab und an zu den Huren ging. Heiraten würde er keine von denen. Niemals. Auf seinen Ruf bedacht, wie er war. Oder? War in der Haft seine Selbstachtung verloren gegangen? Sie würde Johann fragen. Ganz einfach. Jetzt gleich würde sie ihn fragen, wer die Frau war und was er mit ihr hatte.

Und was, wenn es stimmte?

Vor dem Eintritt in die Besucherhalle musste Christina, wie beim letzten Mal, eine leidige »Inspektion« über sich ergehen lassen. Eine knochige Alte in Ordenstracht war beauftragt, Christinas Kleidung und ihre Mitbringsel zu überprüfen. Dazu fasste sie ihr unter den Rock, ins Mieder, in die Unterwäsche ... Christina hasste es, von fremden Fingern betastet zu werden, sie drehte den Kopf zur Seite, um ihren Ekel zu verbergen.

Auch das Buch wurde betatscht. Es stammte aus einer Buchhandlung, wie die Quittung belegte, doch es war aus Kostengründen Altware, war bereits gelesen worden, was man an dem schiefen Buchrücken und den Eselsohren erkennen konnte. Die Aufseherin schlug Seite um Seite um, denn eine geheime Botschaft könnte hineingekritzelt oder als Zettelchen zwischen die Seiten geklebt worden sein. Christina hätte sich gehütet! Wer erwischt wurde, bekam Hausverbot.

Sogar der Apfelkuchen wurde überprüft, mehrmals längs und quer durchschnitten, die Apfelstücke fielen heraus, der Teig krümelte, wurde beschnuppert, verkostet, Christina musste Johann ein zerstückeltes Gebäck überbringen. Immerhin reichte man ihr dazu einen Blechteller.

Johann freute sich sichtlich, sie zu sehen. Er saß ihr gegenüber hinter einer Glasscheibe, bewacht von einem Wärter. Neben Christina wartete die Alte in der Ordenstracht.

»Ah, Kuchen! Das Essen hier ist grauenhaft«, sagte Johann. »Alles schmeckt nach Mehl und ranzigem Fett.«

Er wollte sich eine Hand voller Kuchenkrümel in den Mund schieben, doch sofort war der Wärter zur Stelle. »Na, do wird net gesse.«

Die Frage, wie es Johann gehe, war überflüssig. Man hatte ihm das Haar kurz geschoren, seine Augen waren dunkel umschattet, die Wangen blass und eingefallen. Er senkte verlegen den Blick und zog die hochgerutschten Ärmel über die Unterarme. Christina hatte die entzündeten Stiche dennoch bemerkt, Flohleitern vom Handgelenk bis zu den Ellenbogen. Johann litt bestimmt nicht nur unter dem Juckreiz. Eitel, wie er war, dürfte er seine Ungepflegtheit nur schwer ertragen.

»Wie kommst du klar?«, fragte er.

»Na ja, die Kandels haben mich entlassen.«

Johann nickte betroffen.

»Aber ich habe schon eine neue Stelle. Bei einer kinderreichen Familie, wo die Frau gerade schwanger ist. Ich kann dort umsonst wohnen, weil die Stube eines Vetters der Familie frei ist.«

Johann nickte wieder, lächelte dünn.

»Es ist sicher nichts für die Ewigkeit, aber ich komme zurecht.«

»Die lassen mich bestimmt bald frei.«

»Und dann?« Der Auftritt der Hure hatte einen Stich in Christinas Herzgegend hinterlassen.

»Wandern wir aus. Nach Amerika.« Er strahlte sie warmherzig, fast glücklich an.

Sollte sie ihn wirklich fragen, wer die Frau war, die glaubte, mit ihm verlobt zu sein? Christina brachte es nicht über sich, wollte ihn nicht mit ihrer Eifersucht quälen. Oder hatte sie Angst vor der Antwort?

Johann begann von dem Buch zu reden, das sie ihm mitgebracht hatte. Sagte, wie sehr er sich aufs Lesen freue. Er mochte die ergreifenden Geschichten von den edlen Räubern, sittsamen Frauen und stolzen Hungerleidern. Eugène

Sue war Franzose und schrieb viel über die Menschenwürde, über Menschenrechte und manche Ideen, die Napoleon – auch wenn sonst nichts Erfreuliches von ihm geblieben war – in Europa verbreitet hatte.

Beim Stichwort Menschenrechte sah Christina sich verstohlen um. Verboten war es nicht, darüber zu sprechen, aber verdächtig. Der Wärter, der hinter Johann auf und ab schlich und dabei auf die Standuhr an der Rückwand starrte, runzelte prompt die Stirn, wusste wohl nicht, ob er bei einem solchen Thema einzuschreiten hatte oder nicht. Die Ordensfrau saß mit gefalteten Händen da. Sicher betete sie zu ihrem Gott und hatte nichts gehört.

Christina lächelte, sprach vom Wetter und davon, was für ein kalter Winter es wäre. Ordnete dabei ihr Kleid und strich den Stoff über den Knien glatt.

Schon schlug die Wanduhr, die Besuchszeit war zu Ende. Die Ordensfrau erhob sich. Christina ebenso.

»Ich komme wieder, sobald ich darf«, versprach sie, dann wurde sie von der Ordensfrau am Arm ergriffen und hinausgeführt, als wäre sie selbst eine Verbrecherin.

Am Gefängnistor warf sie einen Blick zurück auf das graue Gebäude mit den vergitterten Fenstern. Wie lange würden sie Johann darin festhalten? Ohne jeden Beweis für das, was er getan haben sollte.

Und wer war die Frau im gelben Kleid gewesen? Eine Verrückte! Ganz sicher eine Verrückte.

Jäger und Hase

Der eigene Geburtstag – für Peter von jeher ein schlechter Tag. Seine Mutter war im Kindbett gestorben und sein Vater kurz darauf einer Typhuserkrankung erlegen. Er wuchs bei einem Onkel auf, bis auch der starb. Da war er neunzehn gewesen und hatte die Hoffnung auf ein gutes Leben aufgegeben.

Es ging ihm nie um das, was andere ein *schönes Leben* nannten. Eines mit Geld und Macht und hohem Ansehen. Mit Hirschbraten, Trüffelpastete und Rheinhessenwein, mit aparten jungen Frauen, die einem für eine glitzernde Kette oder einen Perlenohrring zu Willen waren.

Nein, seines wilden Äußeren und seiner revolutionären Gesinnung zum Trotz war in Peters tiefstem Innern ein kleiner Biedermann versteckt, der sich nach einer glücklichen Ehe, einer Schar fröhlicher Kinder und einer wertvollen Aufgabe sehnte, die genug zum Leben einbrachte und den Menschen nützlich war. Einem guten Leben halt.

So wie Heinrich Hoffmann eines genoss. Ebenso die Familie von Peters Cousine in Darmstadt. Obwohl Roswitha nach der Geburt ihres vierten Kindes kränkelte, obwohl diese Februartage lausekalt und die Kohlen schweineteuer waren, sodass sich die ganze Familie Henschel um das Herdfeuer in der Küche drängen musste, obwohl das Fritzchen öfter als nötig von Gernot gescholten wurde. Sie hatten kein schönes Leben, aber ein gutes. Darauf kam es an. Käme es an, wenn er die Wahl hätte.

Konfidenten Seiner Majestät hatten gar kein Leben mehr, jedenfalls keine Zukunft. Sie lebten in ständiger Bedrohung und konnten jeden in ihrer näheren Umgebung in Gefahr bringen. Konfident sein hieß einsam sein. Nur die Flucht konnte einen retten, weit weg, in den hintersten Winkel von Amerika. Doch auch diesen Ausweg gab es nicht für Peter. Er hatte einen Fehler begangen und sich erpressbar gemacht.

Allzu gern hätte er den Jahrestag, an dem er die Welt betreten und dabei seine Mutter getötet hatte, im Bett verbracht. Doch in diesem Jahr fiel der 27. Februar auf einen Sonntag. Roswitha hatte ihn zum Mittagessen eingeladen und keine Ausrede gelten lassen. Das lag nicht an verwandtschaftlicher Liebe, glaubte Peter, sondern an ihrer Dankbarkeit. Eine übergroße Dankbarkeit dafür, dass er sie und ihre Familie umsonst in seinem Haus wohnen ließ. Sie selbst hätten sich nur eine der schäbigen Wohnungen in der Altstadt leisten können, und Fritz, der hochgescheite Älteste, den sie scherzend »Friedrich den Großen« nannten, könnte nicht aufs Gymnasium gehen.

Also machte Peter sich am Morgen auf, fuhr mit der Eisenbahn nach Darmstadt und stand pünktlich um zwölf mit einem Schlehenstrauß vor der Tür. Ihm öffnete Christina, die jetzt bei den Verwandten wohnte, den Haushalt versorgte und die kranke Roswitha pflegte.

Nun war ihm also auch Christina dankbar. Kaum zu ertragen, wie sie ihn mit einem tiefen Knicks begrüßte, wie sie scheu den Blick senkte, als wäre er ein gnädiger Fürst. Zum Glück musste er sich nicht lange mit ihr unterhalten, denn die Kinder stürmten heran, riefen: »Onkel Paul! Onkel Paul!«, und umarmten ihn eins nach dem anderen. Sie kannten ihn nur unter seinem falschen Namen.

Mit Tamtam und Trara zogen sie ihn durch Flur und Küche hinein in die gute Stube, wo der Esstisch schon gedeckt war und seine Geschenke auf ihn warteten: ein Taschentuch von Roswitha mit Spitzenumrandung und einem gestickten großen P darauf, ein warmes Wams, von Christina aus seinem abgelegten Bibermantel geschnitten und genäht, und jede Menge Elefanten, Tiger und Pferde, die die Kinder auf Packpapier gemalt hatten. Peter tat, als wäre er vor Freude aus dem Häuschen.

Wie zu erwarten, fuhren die Henschels sämtliche Köstlichkeiten auf, die man sich in diesen Tagen leisten konnte: Kartoffeleintopf als Hauptspeise, Schokoladenpudding als Nachtisch und eine ganze Flasche Burgunderwein. Die stand für Peter allein bereit, weil bekannt war, dass er ihn besonders schätzte.

Den Kartoffeleintopf hatte Christina gekocht, wie Fritz verkündete. Wobei er selbst die Kartoffeln geschält habe, obwohl das seinem Papa nicht recht sei und er ihn mit einer Ohrfeige bestraft habe.

Eine Ohrfeige fürs Kartoffelschälen? Peter sah zu Roswitha hinüber. Die blickte stur auf ihren Bauch, rieb ihn sanft.

Die Suppe wärmte den Leib. Und ein wenig auch das Gemüt. »Köstlich«, sagte Peter. Was übertrieben war, denn außer Kartoffeln, Möhren, Lauch, Petersilie, Liebstöckel und Salz war nichts in der Brühe. Fleisch war in diesem Winter, wie in fast jedem Winter, für die Henschels unbezahlbar. Vielleicht hielt Christina seine Lobeshymne für Spott und zog sich deshalb gleich nach Abendessen und Abwasch in die Kammer unter dem Dach zurück, die immerhin dem Schornstein benachbart war, sodass Christina nicht vor Kälte zittern musste. Ach was, sie war ihm nicht gram. Sie mochte ihn eben nicht. Wie auch? Er war ein falscher Hund. Sie spürte das, weil sie empfindsamer war als andere.

So hockte die Familie Henschel mit Peter in der Wohnküche, wo der Herd noch etwas Wärme verbreitete. Auf einer Bank an der Schmalseite lag Roswitha lang ausgestreckt. Sie fieberte leicht, und Peter durfte das Paulchen halten, dessen Taufpate er bald werden sollte. Paulchen greinte und greinte. Peter trug es auf den verschränkten Armen wiegend am Herd vorbei, um die Spüle herum, die Anrichte entlang, machte pssscht ... pssscht, doch das Paulchen schrie weiter.

Dabei musste es satt sein, hatte so ausgiebig bei seiner Mutter getrunken, dass sie erschöpft auf ihr Lager gesunken war. Frisch gewickelt war der Säugling auch, trotzdem schlief er nicht, sondern beklagte sich weiter.

»Er wird mal ein Wühler«, sagte Gernot und warf Peter einen spöttischen Blick zu. »Die zetern auch immer.«

»Wie Onkel Paul?«, fragte Fritz und keckerte.

»Lieber nicht«, sagte Peter und strich ihm über die Locken. »Ein Wühler hat beruflich schlechte Aussichten. Advokat sollte Paulchen werden. Ein Advokat darf sich jederzeit empören, das gehört zu seinem Beruf. Er verdient ordentlich Geld damit.«

»Warum bist du kein Advokat geworden, Onkel Paul?«

»Ich habe nicht brav genug gelernt. Da wollten sie mich am Gymnasium nicht.«

»Ich lerne brav«, sagte Fritz.

»Ich weiß, mein Großer.«

Der um zwei Jahre jüngere Lewin horchte auf. »Ich auch.«

»Das ist ganz wunderbar, ihr zwei«, sagte Peter. »Dann steht eurer Advokatenlaufbahn nichts im Weg, ihr macht euer Examen, und danach könnt ihr fordern und klagen, wie es euch gefällt. Und ich darf für euch als Schreiber arbeiten und mir einen kargen Lohn verdienen.«

Die Buben freuten sich lebhaft über diese Aussicht.

Die kleine Alice war eifersüchtig, verlangte, selbst von Onkel Paul herumgetragen zu werden. Er sollte Paulchen in die Wiege legen und im Zimmer nebenan schreien lassen. »Papa macht das auch manchmal so.«

Lewin dagegen wollte vorgelesen bekommen. Er schleppte sämtliche Bücher herbei, die er besaß, und deutete auf den Struwwelpeter, der bei Hoffmanns neu aufgelegtem Kinderbuch auf dem Einband prunkte und nun offiziell der Namensgeber des Buches war.

»Guck mal, Onkel Paul. Der sieht aus wie du«, sagte Fritz.

»Na, wenn das so ist ...«, Peter fühlte einen Hauch Glück in sich aufsteigen, »... muss ich daraus vorlesen. Meine Lieblingsgeschichte?« Er legt das protestierende Paulchen in die Wiege, setzte sich auf den Plüschsessel daneben und bewegte die Kufen mit dem Fuß. Zum allgemeinen Erstaunen hielt Paulchen beim Schreien inne, seufzte ergeben und gab Ruhe. »Aha«, sagte Peter, »du verschmähst meine Arme, bevorzugst die Wiege. Dann weiß ich ja Bescheid. Und ich soll dein Patenonkel werden?«

Alle lachten. Sogar Roswitha.

Die beiden Jungs setzten sich links und rechts auf die Sessellehnen, Alice hüpfte auf Peters Schoß und spielte mit seinem Bart.

»Was ist denn deine Lieblingsgeschichte, Onkel Paul?«, fragte Fritz.

»Die mit dem Jäger und dem Hasen.« Er blätterte, bis er die Geschichte fand – sie stand neuerdings weit hinten im Buch –, und begann zu lesen:

Es zog der wilde Jägersmann
Sein grasgrün neues Röcklein an;
Nahm Ranzen, Pulverhorn und Flint'
Und lief hinaus ins Feld geschwind.
Er trug die Brille auf der Nas' ...

Die Kinder amüsierten sich köstlich. Kein Wunder, die Bilder waren witzig. Sie hoben sich wohltuend ab von den betulichen Illustrationen anderer Kinderbücher, in denen es meist um biblische Geschichten oder um Volksmärchen ging. Hoffmanns Zeichnungen hingegen erinnerten an politische Karikaturen, wie man sie in den Gazetten fand, die unter dem Ladentisch verkauft wurden. Die Struwwelpeterfigur sollte zweifelsfrei die Wühler vorführen. Und der eitle Jäger hatte große Ähnlichkeit mit Fürst Metternich, wie ihn ein Maler namens Lawrence auf einem Ölgemälde verewigt hatte. Diese lange Nase, dieses süffisante Lächeln. Nur die grüne Jägerkluft passte nicht zu Metternich, der bevorzugte Purpur. Und er war beileibe keine Witzfigur, leider. Vielmehr ein Machtmensch, der eine Heerschar von inquisitorischen Jägern antrieb, besonders in Hessen.

Peter verlieh seiner Stimme beim Weiterlesen eine drohend dunkle Färbung:

... Und wollte schießen tot den Has'.

Das Protestgeschrei der Kinder ließ nicht auf sich warten. Fritz, Lewin und Alice liebten Hasen, je kleiner und putziger, desto lieber waren sie ihnen. Folgerichtig freuten sie sich diebisch, als es dem Tier gelang, dem schlafenden Jäger das Schießgewehr und die Brille zu stehlen.

»Die Frage ist«, sagte Peter streng, »was will der Hase mit dem Gewehr?«

»Er soll den Jäger erschießen, da muss er keine Angst

mehr vor ihm haben«, entschied sich Lewin nach einigem Nachdenken.

»Friedrich der Große, was meinst du?«

»Das soll er nicht machen, das wäre Mord.«

»Ja, das wäre Mord. Mal sehen, wie sich unser Hase entscheidet. Wenigstens ist er kein Angsthase wie ich«, sagte Peter und las weiter:

Und schießen will's aus dem Gewehr.
Der Jäger aber fücht' sich sehr.
Er läuft davon und springt und schreit:
»Zu Hilf', ihr Leut'! Zu Hilf', ihr Leut'!«

»Der arme Jäger«, sagte Alice, während die Buben befanden: »Geschieht ihm recht!« Und: »Dann merkt er mal, wie das ist, verfolgt zu werden.«

Warum bloß hatte Heinrich Hoffmann, der in den meisten seiner Geschichten recht schonungslos mit den Figuren umging, sich entschieden, diesen Jäger entkommen zu lassen? Er konnte sich in ein Brunnenloch retten, zu Schaden kamen andere:

Des Jägers Frau am Fenster saß
Und trank aus ihrer Kaffeetass'.
Die schoss das Häschen ganz entzwei;
Da rief die Frau: »O wei! O wei!«
Doch bei dem Brunnen heimlich saß
Des Häschens Kind, der kleine Has.
Der hockte da im grünen Gras;
Dem floss der Kaffee auf die Nas'.
Er schrie: »Wer hat mich da verbrannt?«
Und hielt den Löffel in der Hand.

Den verdutzten kleinen Hasen, der mahnend den Löffel hochhielt, fanden Lewin und Alice zum Kreischen komisch.

Peter lachte nicht mit. Ein dicker Kloß war in seinem Hals gewachsen. Er klappte das Buch zu und sah seine drei Zuhörer der Reihe nach an, zuletzt Fritz, der berührend ernst auf die Buchseite blickte.

»Wer hat das Hasenkind verletzt? Wer ist schuld?«

»Sein Vater, der Hase«, sagte Alice nach einer Weile.

»Der Hase wollte den Jäger erschießen, hat aber danebengezielt«, erklärte Lewin.

»Er hat seinem eigenen Kind wehgetan«, sagte Fritz. »Jetzt ist er bestimmt traurig. – Warum weinst du, Onkel Paul? Ist doch nur eine Geschichte.«

Unendlichkeit

Peter verabschiedete sich, als die Kinder im Bett waren, reiste aber nicht ab, wie er behauptet hatte, sondern nächtigte in einem Gasthof nahe dem Bahnhof. Dort schickte er der Flasche Burgunderwein einen guten Schoppen Riesling hinterher und konnte dennoch nicht schlafen.

Noch im Morgengrauen steuerte er den Bahnhof an. Der Nebel hüllte die Straßen ein, trotzdem erkannte er sie von ferne. Sie waren in Zivil, wie meistens. Zwei von ihnen hatten sich unter die Reisenden gemischt, die am Bahnsteig warteten, zwei gingen hinter ihm her, schnitten ihm den Weg ab. Dunkle Mäntel, Zylinder, Lederstiefel mit weichen Sohlen, die nicht auf dem Pflaster klackten. Peter hatte erneut nicht geliefert. Nur einen in ganz Frankfurt bekannten Säufer namens Rauscher hatte er gemeldet, der noch in derselben Nacht hatte entlassen werden müssen, damit er nicht die Hauptwache vollkotzte. Somit war Peter wieder einmal »reif«, wie sie es ausdrückten.

Ihm dröhnte der Kopf vom Alkohol, seine Brust schmerzte vor Angst. Langsam ging er weiter, beobachtete den Bahnsteig, der sich mit Menschen füllte. Er kroch zwischen ihnen hindurch wie eine Eidechse in ihren Steinhaufen. Hier und jetzt konnten die Männer ihm nichts tun, ohne einen Auflauf zu verursachen. Vielleicht hatte er Glück und konnte aufspringen, kurz bevor der Zug abfuhr. Damit wäre er sie los, und er hätte etwas Zeit gewonnen, eine Woche oder mehr.

Die Bahn fuhr ein. Ein vom Nebel halb verschlucktes Rumpeln und Zischen.

Der Zug hielt an. Gedränge, lautes Palaver. Menschen mit Koffern und Tornistern stiegen ein, verstopften die Türen, andere blieben zurück, winkten.

Eine Hand fasste seine Schulter. »Ach, der Herr Mink, nicht wahr …?«

Er schrak zusammen, befreite sich, rannte davon, die Reihe der Waggons entlang, an dem schwarzen Ungetüm vorbei, das Pfiffe ausstieß.

»Einsteigen, der Zug fährt an«, rief der Schaffner und betätigte eine Glocke. Peter hielt inne, ein Schwindel erfasste ihn. Er starrte auf die Gleise, die parallel in die Unendlichkeit zu führen schienen. Parallelen schneiden sich im Unendlichen, hieß es. Dort wollte er hin. Das wäre die Erlösung für ihn. Und für seinen Sohn.

Die Gleise schimmerten verheißungsvoll im Mond-

licht, zwei große, leuchtende Augen, grün wie Frühlings-
laub, wuchsen ihm aus einem blütenweißen Etwas entgegen. Roswitha hat erzählt, Christina glaube an Engel.
Vielleicht gab es tatsächlich welche, ja, bestimmt gab es
welche. Sie wohnten genau wie ein gütiger und allmächti-
ger Gott in der Unendlichkeit. Nur dort.

Der Zug fuhr los, und Peter sprang.

Im Märzen die Bauern

Es war ein Montag Anfang März, und der kälteste Winter
seit Langem schien vorbei. Die Luft war sonnenwarm, die
Schneeglöckchen blühten in den Vorgärten, und am kah-
len Geäst der Birken bildeten sich puschelige Würstchen –
ein Tag zum Aufatmen.

Christina hielt dennoch Mund und Nase hinter einem
dicken Tuch versteckt, als litte sie unter einem Schnupfen, und ging mit gesenktem Kopf die Mühlstraße entlang.
Nach wie vor gab sie sich Mühe, von niemandem erkannt
zu werden. Die Erinnerung an das Kesseltreiben gegen sie
auf dem Marktplatz Anfang November schmerzte sie noch
sehr. Lieber als aus dem Haus zu gehen, hockte sie bei den
Henschels in der Küche, kochte, spülte, putzte, beschäftigte die kleine Alice und wickelte das Paulchen.

Bei den Henschels war allerdings dieser Tage die Stimmung trüb. Roswitha schlich stumm umher, bangte und betete, die Kinder taten es ihr nach, nur das Paulchen tobte und brüllte, wohl weil es merkte, dass seine Welt in Unordnung geraten war. Onkel Paul, der von allen geliebte Hauseigentümer und Gönner, lag schwer verletzt und ohne Bewusstsein im Spital. Er war vor eine anfahrende Lokomotive gefallen, und die Ärzte hatten wenig Hoffnung, ihm das Leben erhalten zu können.

Christina war bekümmert, wollte die Familie nicht mit ihren Befindlichkeiten behelligen und entschied sich, eine vom Untersuchungsrichter geforderte Abschrift der Sterbeurkunde von Johanns Mutter selbst ins Arresthaus zu bringen, was ihr sonst einer der Buben sicher gern abgenommen hätte.

Die Gelegenheit, unerkannt durch die Straßen zu gelangen, war günstig. Seit Tagen gingen ungewöhnliche Dinge in der Stadt vor. Bernadette, die Zugehfrau der Henschels, hatte Gruseliges berichtet: Trauben junger Männer, zumeist Handwerksgesellen und Studenten, aber auch Frauen waren darunter, marschierten mit den bislang geächteten schwarz-rot-goldenen Fahnen durch die Stadt, schmetterten dazu Lieder, die gewiss streng verboten waren: *Freiheit, die ich meine, die mein Herz erfüllt ...*

Seltsamerweise griffen die Polizisten, die noch zahlreicher als sonst herumstanden, nicht drastisch ein, sondern verscheuchten allenfalls die Grüppchen, indem sie mit ihren Schlagstöcken drohend durch die Luft fuchtelten. Das bewirkte jedoch lediglich, dass die Menschen sich am nächsten Eck neu sammelten und weiterzogen. Und weitersangen: *Wir wollen auf Erden glücklich sein und wollen nicht mehr darben, verschlemmen soll nicht der faule Bauch, was fleißige Hände erwarben ...*

Christina beschloss, sich von solchen Gruppen fernzuhalten, wenn sie auf sie traf. Demokraten waren das, was sonst? Man riskierte, für Wochen ins Correctionshaus zu kommen, wenn man sich offen mit ihnen einließ.

Zu ihrem Glück begegneten ihr an diesem Montagnachmittag keine solchen Scharen. Dafür drang ein rätselhaftes Getöse durch die östliche Vorstadt, ein unmelodisches Trommeln, Klappern, Pfeifen, Grölen ... und Pferdegetrappel! Womöglich hatte der Großherzog nun doch seine Soldaten in Stellung gebracht, um dem Spuk der aufsässigen jungen Leute ein Ende zu bereiten. Da war es wichtig, nicht zwischen die Fronten zu geraten.

Christina ging langsam weiter, wich in eine der Nebenstraßen aus, lauschte. Auf Höhe der Eisenbahngleise schwoll der Lärm an. Sie blieb stehen, um abzuwarten, doch die Neugier war größer als die Furcht, und sie riskierte einen Blick in die Soderstraße, die von Osten her ins Stadtinnere führte.

Da paradierten zu fröhlichen Marschklängen Hunderte von Menschen. Mit Pferden. Mit lehmverkrusteten Karren. In ärmlicher Kleidung, beinahe Lumpen zu nennen. Die meisten waren Männer, nicht nur junge, aber auch Frauen waren dabei, mit zerschlissenen Kopftüchern vor der Sonne geschützt. Bauern waren das!

Manche trugen Heugabeln, Spaten und Hacken geschultert, als seien es Flinten. Andere zogen Leiterwagen hinter sich her, auf denen Kinder hockten und vergnügt durch die Stäbe starrten. Einen Heidenlärm machten die Bauern, johlten, brüllten: »Nieder mit ...!« Christina verstand nicht, womit.

Nein, das waren nicht nur ein paar Hunderte. Tausend waren das. Die ganze Soderstraße war angefüllt von lärmenden Menschen. So etwas hatte Christina noch nie gesehen. So etwas hatte wohl ganz Darmstadt noch nie gesehen. Verdutzte Anwohner erschienen an den Fenstern, öffneten sie, schlossen sie gleich wieder, Kinder drückten ihre Nasen an den Scheiben platt.

Christina lauschte auf den vielstimmigen Chor der Bauern, verstand erst nichts, verstand schließlich doch. Es klang nach dem Dialekt ihrer Heimat. Vielleicht kannte sie den ein oder anderen in der Menge. Vielleicht waren ehemalige Nachbarn, Schulfreunde darunter. Verwandte sogar?

Sie lockerte ihr Tuch, schob es hinunter zum Hals, wo es sowieso hingehörte, studierte die Gesichter, besonders die von vermutlich Gleichaltrigen, erkannte niemanden. »Ei, wo kummt ihr dann her?«, rief sie einem der Männer zu, der am Rand marschierte, eine schwarz-rot-goldene Kokarde am Schlapphut trug und eine Faust zum Himmel reckte.

»Ei, aus Heckscht und Mischelscht und Äbach ... – bischte e Odewäldä Mädsche? Ei, do geh doch mit!« Er winkte lebhaft.

Mitgehen? Um Himmels willen, nein. Auch hier waren die Demokraten unterwegs. Christina lächelte entschuldigend und hob ihren Korb in die Höhe. Das sollte heißen: Hab leider zu tun.

Die Stadtwache, da war Christina sich sicher, musste die Prozession wahrgenommen und unterdessen einen Boten zum Schloss geschickt haben. Jeden Moment konnten Soldaten auftauchen, zu Pferde und mit Gewehren, würden willkürlich Menschen herausgreifen, sie verhaften, einsperren, womöglich peinlich verhören ... obwohl Lärm zu verursachen offiziell nicht verboten war. Es blieb also ratsam, unauffällig neben dem Umzug der Bauern herzugehen, zu tun, als wollte man zufällig in die gleiche Richtung, ab und an zu überholen, als hätte man es eilig, dann wieder stehen zu bleiben, im Korb zu wühlen, als suchte man etwas. Stets die nächstbeste Seitengasse im Blick, um im Fall des Falles zu fliehen.

Doch nichts Aufregendes geschah, und Christina begleitete die Parade der Bauern zum Marktplatz, wo es prompt zuging wie bei drohendem Gewitter. Die meisten Händler packten eilig ihre Ware zusammen, Türme aus Kohl, Säcke mit Kartoffeln, Möhren, Äpfeln verschwanden auf Schubkarren, Zelte und Unterstände wurden abgebaut, Planen über Obst, Gemüse, Wurst und Käse gebreitet. Die meisten Kunden suchten ebenfalls das Weite.

Gleichzeitig formierten die Odenwälder Bauern ihre Erntewagen wie einen Wall um den Marktplatz, bauten einen zweiten Wall vor dem Schloss auf, das dem Markt gegenüberlag und in dem man den Großherzog, seine Familie und seine Vertrauten vermuten durfte. Einige Händler, die bis dahin ausgeharrt und dem Treiben zugesehen hatten, krempelten die Ärmel hoch und packten mit an. Die Schlosswächter verharrten wie aus Stein gehauen in ihren Unterständen.

Ebenso bewegungslos stand Christina zwischen anderen Beobachtern am Rand, sah zu, wie junge Bauern in aller Eile eine aus Holz gezimmerte Tribüne mitten auf dem Marktplatz errichteten, einer von ihnen sie erklomm und brüllte: »Nieder mit de Fürschte, Bauere on die Macht!«

War das nicht noch ärger als das, was die Demokraten wollten?

Ein anderer fand ein paar Worte mehr, sogar auf Hochdeutsch. »Liebe Darmstädter Bürger, wir Odenwälder Bauern wissen, dass auch ihr unter den hohen Steuern und den ungerechten Gesetzen dieses Großherzogs leidet. Wir sind gekommen, euch als Revolutionsheer zu dienen ...«

Ein dritter, dessen Stimme sich überschlug, erklärte sich bereit, zu kämpfen und zu sterben, denn einen weiteren Hungerwinter, in dem man ihm die wenigen Früchte seiner Arbeit, den letzten Brotkanten und den letzten Holzscheit raubte, einen solchen Winter würde er nicht überleben. Er nicht und seine Familie nicht. Wie auf ein Stichwort trommelten Frauen und Kinder mit Stöckchen auf leere Kochtöpfe ein, dass es laut über den Platz hallte und kein Mensch mehr ein Wort verstand. Volksfeststimmung setzte ein, man sang, man tanzte, trank mitgebrachten Apfelwein.

Da näherte sich eine Schar gutbürgerlich gekleideter älterer Männer vom benachbarten Luisenplatz her, verhandelte eine Weile mit einem, der den Wall mit einer senkrecht gestellten Heugabel bewachte, und wurde eingelassen.

Der Bauer, der Hochdeutsch konnte, empfing sie. Er bestieg erneut die Tribüne, nahm einen von ihnen mit hinauf: einen Mann in feinem schwarzem Rock, mit ebenso schwarzem Haar und energisch vorgerecktem Kinn.

»Jetzt spricht Heinrich von Gagern zu euch. Ihr wisst schon, das ist der ewige Querulant von der Zweiten Landtagskammer. Ich finde, wir sollten ihn reden lassen.«

Gelächter, dann gespannte Stille. Christina kannte den Namen von Gagern aus der Zeitung. Ein »Liberaler«. Was immer das genau hieß, es schien eine politische Haltung zu sein, die von der Obrigkeit gerade noch so hingenommen wurde.

»Ein wirklich kluger Kopf«, sagte eine vertraute Stimme hinter ihr. Es war Karl, der Gärtner der Kandels. Sie hatte ihn lange nicht mehr gesehen und umarmte ihn glücklich.

Der kluge Kopf mit dem energischen Kinn betrat unterdessen das Podest. Die Menschen auf dem Marktplatz schienen den Atem anzuhalten. Karl räusperte sich, Christina lauschte gespannt.

»Bauern vom Odenwald, Bürger von Darmstadt, der Tag ist gekommen, unsere Republik ist geboren ...«

Die folgenden Sätze wurden von Hoch- und Hurrarufen übertönt. Der Lärm ebbte ab, und von Gagern setzte neu an: »Wir werden es gemeinsam schaffen – ohne Blutvergießen, ohne Sterben, Leid und Tränen. Ludwig III., unser neuer Großherzog von Hessen-Darmstadt und bei Rhein, hat es mir in die Hand versprochen, dass er ein gerechter Regent für das gesamte Volk sein und der deutschen Republik den Weg ebnen will. Er wird seine Vorrechte abtreten, wird die Märzforderungen, die die tüchtigen Badener für uns alle schon formuliert haben, unterschreiben. Und er will einen sozialen Frieden für ganz Deutschland.«

Das überzeugte nicht so recht. Dumpfes Murren setzte ein, vereinzelt wurden Buhrufe laut, bis einer »Des is doch e Fint« schrie und alle es im Chor wiederholten: »E Fint ..., e Fint ..., e Fint ...«

Von Gagern wartete die Empörung geduldig ab, winkte mit beiden Armen, um anzuzeigen, dass er etwas entgegnen wollte, und hatte endlich Erfolg. »Seid sicher«, rief er über den Platz, »falls sich das Versprechen des Großherzogs als hohl erweisen sollte, als Finte, rufen wir euch. Und dann werde ich, werden wir von der Zweiten Kammer hier wieder mit euch vor diesem Schloss stehen und unsere Rechte einfordern. Auf Biegen und Brechen.«

Es dauerte eine Weile, bis die Bauern sich beruhigt hatten, die Volksfeststimmung erneut einsetzte.

Christina staunte. »War es das jetzt mit der Revolution?«

Karl gluckste. »Für Darmstadt ja.«

Aufgewacht

Da war ein diffuses Leuchten von weit her. Dazu der Geruch nach Äther und der Hauch einer Frauenstimme: »Sie sind ja wach ... ach ... ach! Willkommen im Leben.« Der zu der Stimme gehörende Schatten erhob sich und flog davon. Zu hören war nur mehr Gemurmel, Stöhnen, Schnarchen.

Peter glaubte zu träumen. Wollte die Augen aufreißen, doch die waren wie verklebt, verschleierten die Welt. Er spürte in seinen Leib hinein, nach seinen Gliedmaßen. Er lag ausgestreckt ... in einem Bett, einem anscheinend ordentlichen Bett mit Matratze und steifen weißen Kissen. Peters Arme, die Beine, der Bauch, alles fühlte sich an wie immer. Nur der Kopf schmerzte. Er fingerte an seine Stirn, seine Schläfen. Da war ein Verband links der Fontanelle! Lauter Mull und Kattun. Von seiner langen Mähne waren nur Stoppeln übrig. Und der Bart – er tastete nach seinem Kinn – war weg.

Die Stimmen im Raum schwollen an. Es waren viele, ein Dutzend vielleicht. Das war keiner der Kerker, in denen er schon öfter Zeit verbracht hatte, allein und den gequälten Schreien aus den Nachbarzellen ausgesetzt. Nein, er war ihnen nicht in die Fänge gegangen. Diesmal nicht. Er lag in einem Krankenhaus, keine Frage. Und er hatte eine Kopfverletzung. Was war passiert? Wie war er hierhergekommen?

Er wusste es nicht mehr. Also rückwärts denken: Was war die letzte, die allerletzte Erinnerung? Es war dunkel, es war laut gewesen. Menschen hatten geschrien. Seinetwegen? Davor war ihm ein leuchtend grünes Augenpaar erschienen. Und eine Lokomotive, ein schwarzes Ungetüm, mitsamt ihrem Gestank nach verbrannter Kohle, nach Ruß. Mehr wollte ihm beim besten Willen nicht einfallen.

»So sieht man sich wieder«, sagte eine Jungmännerstimme.

Peter erschrak. Sie waren da. Wollten ihn entführen – aus dem Krankenhaus. Er japste, wollte um Hilfe schreien. Die Stimme sprach weiter: »Sie haben großes Glück gehabt, wissen Sie das?«

Glück? Peter blinzelte, rieb sich die Augen, wandte den Blick in die Richtung, aus der die Stimme kam, erkannte ein Gesicht, ein Büchner-Gesicht. Er schloss die Lider. Das war … Alexander, der jüngste Spross der Familie. Saß auf der Bettkante und plapperte in einem fort.

»Sie hatten sogar doppeltes Glück. Erstens war der Lokomotivführer geistesgegenwärtig genug, um rechtzeitig zu bremsen. Zweitens wurden Sie in aller Eile zu meinem Vater ins Spital gebracht. Der hat Erfahrung mit Kopfverletzungen und damit einhergehender Bewusstseinstrübung. Fast fünf Tage befanden Sie sich im Dämmerzustand, mein Lieber. Aber mein Vater konnte Sie über eine Kanüle durch die Nase mit einer Nährlösung versorgen, sonst wären Sie gestorben, quasi verdurstet.«

Peter ließ die Augen geschlossen und versuchte gleichmäßig zu atmen. Der Büchner-Bube sollte glauben, er schliefe.

»Sagen Sie mal, sind Sie lebensmüde?«

Woher wusste er das?

»Sie haben einen streunenden Kater gerettet, der aus unerfindlichen Gründen auf den Gleisen saß. Sie sind hingesprungen, direkt vor die losfahrende Lokomotive. Ich stand nur wenige Schritte hinter Ihnen, hatte einen Freund zum Bahnhof begleitet und habe alles mitangesehen. Und den Krankentransport organisiert habe ich auch. – Eine Katze! Dafür riskiert doch kein Mensch, der irgendwo bei Trost ist, sein Leben. Im Zweifel gibt es ebenso viele Katzen, Hunde und Kanarienvögel wie Menschen in Darmstadt. Wo kämen wir hin, wenn sich jeder für ein Haustier in Lebensgefahr begäbe?«

Katze? Was für eine Katze? Peter war ratlos und schwieg.

»Ich bedaure, Ihnen sagen zu müssen, dass mein Vater Sie eine Weile hierbehalten will, bis klar ist, ob in Ihrem Oberstübchen alles in Ordnung ist.«

Was sagte der Pimpf da? In der Klapsmühle vom alten Büchner sollte Peter bleiben? Gerne. Am besten für immer. Das war fast so probat wie tot sein.

»Ich habe meinem Vater verraten, dass ich Sie kenne. Wenn auch stärker behaart. Und ihm erzählt, was Sie riskiert haben, um die Gräfin von Görlitz vor dem Feuer zu retten. Damals, im Juni, auf der Leiter, als alle hofften, dass sie lebt. Mein Vater war keineswegs so beeindruckt wie ich und meine Geschwister. Er hat den Verdacht, dass Sie unter einer seelischen Störung leiden, die Sie dazu veranlasst – ich formuliere es mal vorsichtig –, allzu selbstlos mit Ihrem Leben und Ihrer Gesundheit umgehen.«

Peter schwieg eisern weiter.

»Ich habe meinem Vater auch erzählt, dass Sie einer verletzten jungen Dienstmagd eine Droschke spendiert haben. Das fand er nun wieder normal. Hätte er auch gemacht, sagt er. Aber Ihr Schauspiel auf der Leiter …«

Peter reckte sich, drehte sich langsam um, wandte dem Büchner-Buben den Rücken zu.

»Sie tun, als hörten Sie mich nicht. Geben Sie sich keine Mühe, Herr Mink, ich habe Sie durchschaut. Sie sind ein schlechter Schauspieler.«

Peter war überzeugt davon, ein guter Schauspieler zu sein. Er öffnete die Augen, richtete sich halb auf, legte alle Bosheit, die er aufbringen konnte, in seine Miene, seine Stimme. »Was bitte geht Sie das an!«

Alexander Büchner sagte eine Weile kein Wort. Leider nur eine kurze Weile. »Nichts«, entgegnete er ruhig, »Sie haben recht, es geht mich nichts an. Ich überlasse es meinem Vater beziehungsweise den Ärzten hier, Ihnen solche Fragen zu stellen. Aber ich habe Neuigkeiten, die Sie vielleicht interessieren.«

Peter ließ sich zurück in die Kissen sinken. »Na, was denn?«

»Louis Philippe ist zurückgetreten.«

»Was Sie nicht sagen. Na und?«

»Es hat eine neue Revolution gegeben. Ganz Paris war auf den Beinen, und Louis Philippe musste fliehen. Das war wie ein Fanal für Europa. Und nun gärt es überall, auch in Deutschland. Besonders in Baden.«

Peter wollte den Kopf schütteln, doch das schmerzte, also beließ er es bei einer abwehrenden Handbewegung. »Die Deutschen«, sagte er bitter, »schaffen keine Revolution, es gibt zu viele Jäger.«

»Wie meinen?«

»Zu viele Fürsten, wollte ich sagen. Zu viele Fürstenhäuser. Und die stehen zusammen. Vielleicht gärt es in Baden, da gärt es ja schon lange. Aber sobald es beginnt zu brodeln, sind die Preußen zur Stelle. Gärt es in Schleswig, marschieren die Dänen ein.«

»Stimmt, aber nun gärt es überall gleichzeitig. In Berlin,

in Wien, in Frankfurt … *Von der Maas bis an die Memel, von der Etsch bis an den Belt*, wie es in Hoffmann von Fallerslebens Lied so schön heißt. Sogar bei uns – hier in Darmstadt.«

»Erzählen Sie das Ihrer Großmutter.«

»Nichts gegen Großmütter, meine ist leider schon tot. Sie hätte sich unbändig darüber gefreut, dass du Thil weg ist. Denn der hat unseren Georg auf dem Gewissen.«

»Du Thil ist weg? Wie weg?«

»Entlassen. Untergetaucht. Unauffindbar.«

»Der Großherzog hat …?«

»Der hat gar nichts, der schlaffe Hund. Hält sich wie immer im Alten Schloss verschanzt, lässt sich nirgends blicken. Oder er ist auch abgehauen. Wie du Thil und seine Leute. Es soll einen unterirdischen Fluchtweg geben, der vom Schloss bis weit außerhalb der Stadt führt, etwa bis zur Fasanerie. Den haben die alten Landgrafen graben lassen aus Angst vor Besetzern und feindlichen Angreifern.«

»Weiß ich selber.«

»Ludwig II. hat vor lauter Schiss seinem Sohn Ludwig III. die Regierungsgeschäfte übertragen. Und der hat du Thil mit sofortiger Wirkung entlassen. Für immer. Mit der Mischpoke will er nichts zu tun haben.«

»Hat er das so gesagt?«

»Nicht ganz, aber ähnlich. Ministerpräsident ist jetzt Heinrich von Gagern.«

»*Der* Gagern? Der das Parlament andauernd aufmischt?«

»Genau der. Hat einen Forderungskatalog aufgelistet, und Ludwig III. hat angekündigt, ihn zu unterzeichnen. Er hofft wohl auf eine konstitutionelle Monarchie, aber das wird sich weisen.«

»Ich glaub, ich hab Hunger.«

»Tja, mein Lieber, du hast die Revolution verpennt. Wird Zeit, dass du auf die Beine kommst. Iss! Iss nach Kräften, denn es gibt viel zu tun. Leute wie du werden gebraucht. Die Revolution muss gelingen. – Überleg dir gut, was du meinem Vater erzählst, damit er dich nicht dabehält. Denn wie gesagt: Wegen einer streunenden Katze riskiert kein vernünftiger Mensch sein Leben.«

Nun duzte ihn dieser Büchner-Bub auch noch! Peter wischte sich verlegen übers rasierte Kinn. »Katze? Ich hab keine gesehen. Ich … ähm … hatte die Nacht zuvor zu viel gebechert und konnte vor lauter Kopfschmerzen nicht gut schlafen. Da bin ich am frühen Morgen über meine eigenen Füße gestolpert und auf die Gleise gestürzt.«

»Ausgezeichnete Version. Sturzbesoffen zu sein, ist in diesen Tagen ein völlig angemessener Zustand. Mit der Erklärung kommst du umgehend hier raus«, sagte der Büchner-Bub und tätschelte ihm die Schulter. »Und stets dran denken: *Nur der verdient sich Freiheit wie das Leben, der täglich sie erobern muss.*«

»Wie bitte?«

»Goethe, Faust II.«

»Aha«, sagte Peter.

Von allen Seiten ertönten dann die Rufe: »Es lebe die Pariser Blouse, wir wollen Redefreiheit, Vereinsrecht, Volksvertretung beim Bundestag, nieder mit Metternich, Krieg mit Russland, Volksbewaffnung!« Daraufhin trennte man sich und suchte nach Waffen für die neu zu errichtende Bürgerwehr, nach dreifarbigen Schärpen und Kokarden und anderem Humbug. Das war jedoch leichter gesagt als getan, denn außer einigen verrosteten

Kommissgewehren und den Jagdflinten etwaiger Liebhaber war an Schießzeug nicht das Mindeste vorhanden. »Die Pariser haben ja auch nur Piken«, hieß es. »Piken müssen in Masse verfertigt werden.« Da war nun ein alter erfahrener und sehr kluger Waffenschmied namens Großmann, welcher lange in der Schweiz gelebt hatte und für äußerst liberal galt. Zu diesem strömte die waffendurstige Menge mit Stöcken und Stangen aller Art, damit er eiserne Spitzen daran befestige. Außerdem kaufte man bei den jüdischen Trödlern blauleinene Kittel, in welche wir mit Wonne hineinschlüpften, indem wir dieselben als Blousen bezeichneten. Auch wurden alle Posamentiere in Tätigkeit gesetzt, um schwarz-rot-goldene, seither verbotene Kokarden für Mützen und Hüte nebst dero Schleifen anzufertigen.

Aus Alexander Büchner »Das ›tolle‹ Jahr: Vor, während und nach. Von einem, der nicht mehr toll ist. Erinnerungen.« (siehe Quellenverzeichnis).

Einstweilige Erklärung
Demjenigen sogenannten Ehrenmann, der im Laufe dieses Monats die infame Frechheit hatte, auf dem Exerzierplatz vor dem Rheinthor einem anderen, daselbst reitenden Herrn die lügenhafte Mitteilung zu machen, dass meine Söhne Louis und Alexander sich der Aufwiegelei und Aufreizung gegen die bestehende Ordnung schuldig gemacht, erkläre ich hiermit, dass ich ihn so lange für einen ehrlosen Lügner halte, bis er mir

die Wahrheit seiner Aussage vor Gericht bewiesen
haben wird. Zugleich erkläre ich dem mir viel-
leicht nicht unbekannten Lügner, dass, wenn er
nicht sogleich Ordre pariert, zwar nicht nach Span-
dau marschiert, ich ihn aber so lange verfolgen
werde, bis er mir und meinen Söhnen die erfor-
derliche Satisfaktion gegeben haben wird. Er möge
hierbei bedenken, dass auch ich längst vor ihm
die Waffen der Ehre getragen, und dass der Weg
zur Kränkung meiner oder meiner Kinder Ehre
nötigenfalls nur über meine Leiche führen dürfte.
Darmstadt, den 28. Mai 1848
Büchner, Großh. Hess. Med. Rath
Originaltext einer Annonce von Ernst Büch-
ner, abgedruckt in Darmstädter Tageszeitun-
gen (dokumentiert von Peter Brunner, Leiter
des »Büchnerhauses« in Riedstadt.)

Eine Sternstunde

Der Zitz verkündete heute die Republik. Franz Zitz aus
Mainz, der wie Heinrich von Gagern Abgeordneter der
Landstände war, aber entschieden radikaler und als ehema-
liger Karnevalspräsident populär im ganzen Land. Da war

halb Darmstadt auf den Beinen, auch Luises Häkelkränzchen. Sie hatte es geschafft, ihre Freundinnen zusammen-
zutrommeln, nur Christina hockte bei den Henschels in
der Küche, schälte Möhren und wollte nicht mit.

Dabei war es etwas Besonderes, dass der Zitz seine Rede
unter freiem Himmel hielt, ausgerechnet in der Stadt, in
der der Großherzog residierte. Dass er es vom Balkon des
Theaters herunter tat, direkt gegenüber dem Alten Schloss,
war eine Dreistigkeit. Aber der neue Großherzog Ludwig
III. hatte angekündigt, es zu dulden.

»Eine Sensation wird das«, sagte Lukretia und riss Christina das Gemüse aus den Händen. »Komm doch mit.«

»Eine Sternstunde wird das«, sagte Luise. »Da muss man
als Darmstädterin dabei sein. Davon kannst du eines Tages
deinen Enkelkindern erzählen, Christina.«

Mathilde legte nach. »Stell dir vor, sie fragen dich, ob
du damals dabei warst. Willst du ihnen dann sagen: ›Nein,
ich bin zu Hause geblieben vor lauter Angst, dass mich ein
paar Leute wegen eures zu Unrecht im Gefängnis sitzen-
den Großvaters beleidigen‹?«

»Meine Enkelkinder wachsen hoffentlich in Amerika auf,
da wird es sie nicht sonderlich interessieren.«

Das Argument war nicht von der Hand zu weisen. Dennoch gab Luise nicht auf. »Guck mal«, sagte sie, »ich habe
zeitlebens einen Buckel und kriege jede Menge Spott ab.
Na und? Ich gehe trotzdem unter Leute und tue, als mache
es mir nix aus. Und irgendwann werden sie kapieren, dass
ich eine Frau bin wie andere auch und mein Buckel eine
Nebensache. Dann hab ich gewonnen.«

Das schien endlich zu zünden, Christina ließ sich aus
dem Haus und mit Hallihallo zum Ort des Geschehens
ziehen.

Der Theaterplatz war vollgestopft mit Menschen, Hunderte schwarz-rot-goldene Fahnen stachen wie Speere aus dem Meer der Kappen und Hüte. Um sie zu schwenken, war kein Platz. Luise sah sich um. Sie wollte gar nicht in erster Linie den Zitz reden hören, sie hatte einen anderen Plan, der die allzu bescheidene Christina betraf. Die Chance war günstig.

Doch erst mal galt es, die Brüder zu finden. Sie hatte sich lose mit ihnen am Rand des Theaterplatzes auf Höhe des Schlossgrabens verabredet, weil der sensible Ludwig Menschenmassen nicht gut ertrug. Luise ging es aber nicht um Ludwig, sondern um Wilhelm, den knapp fünf Jahre älteren Bruder, der in Pfungstadt seine Ultramarinfabrik betrieb und den sie seither selten zu Gesicht bekam. Er hatte versprochen, zur offiziellen Verkündigung der Republik zu erscheinen, und Luise lauerte darauf, ihn abzufangen.

Wilhelm, der Schulversager, von den Eltern früher als »dummer Bub« beschimpft, hatte es – überraschend für alle – zu etwas gebracht: Ein angesehener Unternehmer war er und scheffelte pro Monat mehr Geld als Vater im Jahr verdiente. Dabei war er ein freundlicher, großzügiger und sozialer Mensch geblieben, half, wo er gebraucht wurde. Nun wurde er gebraucht. Wo steckte er?

Der Theaterplatz füllte sich immer rascher, die Zuspätgekommenen ergossen sich, wie Luise schon vermutet hatte, bis in die nahen Parkanlagen hinein, mieden einer gewissen Ehrfurcht wegen den benachbarten Exerzierplatz, wo üblicherweise die großherzoglichen Soldaten zu harschen Kommandotönen aufmarschierten.

Da kamen Ludwig und Alexander um die Ecke, winkten mit ihren mitgebrachten Fähnchen, begrüßten die Schwestern und ihre Freundinnen überschwänglich und starrten Christina an. Seit sie nicht länger für einen kargen Monatslohn, sondern für Kost und Logis arbeitete, konnte sie zwar kein Geld mehr für ihre Auswanderung sparen, aber sie aß genug und hatte ein paar Pfündchen zugenommen. Ihre Wangen schimmerten rosig trotz ihrer Neigung zum Stubenhocken.

»Die Dame kenne ich doch.« Alexander lächelte eine Spur zu kokett, was Luise unangemessen fand und mit einem Fausthieb in die Rippen bestrafte.

Gott sei Dank hatte Christina inzwischen von Luise gelernt, nicht mehr zu knicksen. Schließlich war niemand so hochgestellt, dass ein Erwachsener sich ihm symbolisch unterwerfen müsste, so hatte Luise ihr erklärt. Allenfalls dem Großherzog und seinen Vertretern gegenüber war ein Knicks erforderlich. Und auch das nicht mehr lange.

Christina hatte sich als gelehrig erwiesen, sagte artig: »Guten Tag, die Herren Büchner«, und reichte beiden die Hand. Freiherr von Knigge wäre zufrieden gewesen, Luise war es auch.

Am Balkon des Theaters gerieten Fenster und Vorhänge in Bewegung, das Stimmengewirr ebbte ab, da trat Franz Zitz in Erscheinung, ein Mann, der jederzeit einen Räuberhäuptling hätte abgeben können mit seinem rundlichen Bauch und dem wilden dunklen Haar. Ein tosender Applaus setzte ein, ein Jubeln und Johlen. »Hoch Franz Zitz! Hoch die Republik!« Manchen Zuhörern traten die Tränen in die Augen, ehe der Räuberhauptmann ein Wort gesagt hatte.

Da kam Wilhelm. Allein. Er zwängte sich durch die Menge und wirkte bedrückt, was vermutlich mit seiner Familie zusammenhing. Er hatte sie mitbringen wollen, aber offensichtlich war etwas dazwischengekommen. Seine Fabrik gedieh, seine Nachkommen nicht so recht. Die zweijährige Carolina mochte weder sprechen noch laufen, man musste sie wie einen Säugling im Kinderwagen herumfahren und mit Faxen beschäftigen. Wilhelm hatte lange geulkt: Sie wird halt ein Spätentwickler wie ich. Doch allmählich reifte die Erkenntnis, dass eine geistige Störung die Ursache war. Damit nicht genug, schwächelte auch das zweite Kind. Das erst im vorigen Januar geborene Lieschen mochte nicht richtig trinken, übergab sich und weinte viel. So blieb Wilhelms Frau Elisabeth oft mit den Kindern zu Hause, statt ihn zu begleiten.

Trotzdem strahlte Wilhelm, als er seine Geschwister entdeckte. Man begrüßte einander ausführlich, dann kam Luises Part. Sie stellte Wilhelm ihr Häkelkränzchen vor, zuletzt Christina. »Und dies ist meine neue Freundin Christina Born. Sie sucht dringend Arbeit. Hat ihre Anstellung verloren, nur weil ihr Verlobter wegen eines absurden Mordvorwurfs im Gefängnis sitzt. Ich habe dir neulich von ihr erzählt«, sagte sie und wandte sich an Christina: »Ich schätze mal, Wilhelm hat Arbeit für dich. Seine Fabrik in Pfungstadt beschäftigt viele Frauen. Und Werkswohnungen gibt es auch, besonders für Arbeiterinnen aus dem Umland, die anfangs keine Bleibe haben.«

Christina knickste mal wieder wie ein antiquiert erzogenes Mädchen und stammelte, dass sie ja im Moment versorgt sei, eigentlich … und dass sie vorerst in Darmstadt bleiben müsse, damit sie ihrem Verlobten beistehen könne …

Wilhelm schien peinlich berührt, und Luise fürchtete schon, dass ihre Überrumpelungstaktik misslungen und ihr Plan gescheitert wäre.

»Wir verlangen Pressefreiheit«, rief der Zitz »das unveräußerliche Recht des menschlichen Geistes, seine Gedanken unverstümmelt mitzuteilen … Lehrfreiheit … Religionsfreiheit … Der Unterricht scheide keine Konfessionen!«

Das Publikum applaudierte frenetisch.

»Wir verlangen Vereidigung des Militärs auf die Verfassung«, rief der Zitz.

»Volksbewaffnung, Volksbewaffnung«, forderte die Menge.

»Die Polizei höre auf, den Bürger zu bevormunden. Vereinsrecht ... Versammlungsrecht ...«

Die Menge jubelte.

»Wir verlangen gerechte Steuern. Nicht nach Stand, sondern nach Einkommen.«

Zitz' Zuhörer waren ganz aus dem Häuschen.

Zuletzt sprach er von der »sozialen Frage«, besonders von der unverschuldeten Armut vieler Menschen, die es zu beheben gelte.

Wilhelm fasste sich. Vielleicht wegen der sozialen Frage, die ihn schon länger beschäftigte, vielleicht weil Christina ihm sympathisch war, vielleicht auch weil Luise sie »meine Freundin« genannt hatte. Egal, er lud sie zu einem »Gespräch« nach Pfungstadt ein, den Termin könne er ihr im kommenden Monat nennen, gerne per Boten übersenden, wenn sie denn ihre Adresse hinterlasse ...

Luise atmete auf. Na also, es hatte geklappt. Bald würde Christina genug eigenes Geld verdienen, um ein von ihrem eingesperrten Lackaffen unabhängiges Leben zu führen. Dann konnte ihr der Kerl, schuldig oder nicht schuldig, gestohlen bleiben.

Wieder und wieder wurde Zitz von Applaus und Sprechchören unterbrochen. Jetzt jubelte Luise mit.

Am Rand der Menge, ans Geländer gelehnt, das den Theaterplatz vom Exerzierplatz abschirmte, oder vielmehr den Exerzierplatz vom Theaterplatz, stand ein groß gewachsener Mann und lauschte sichtlich vergnügt Zitz'

Auftritt. Er stützte sich auf eine Krücke und trug einen üppigen Mullverband über Stirn und linkem Ohr, seine Haare schienen erst vor Kurzem abrasiert worden zu sein.

Er wäre Luise nicht weiter aufgefallen, wenn nicht Christina und Alexander – gleichzeitig, als hätten sie sich dazu verabredet – dem Fremden zugewinkt hätten und zu ihm hinübergelaufen wären. Christina begrüßte ihn mit Hand-, Alexander mit Schulterschlag. Der Mann sah scheu zu Boden, als sei ihm die Aufmerksamkeit unangenehm. Möglicherweise schämte er sich wegen seiner Kahlköpfigkeit, denn er wandte sich rasch ab und humpelte davon.

Wilhelm hatte die Szene ebenso wie Luise beobachtet und starrte dem Mann hinterher. »Das war doch ... Das war Peter. Peter Emig«, sagte er, als Christina und Alexander sich wieder zur Gruppe gesellten. »Dass der sich hierhertraut.«

»Nein, nein, er heißt Paul Mink, ist ein Onkel der Familie Henschel«, sagte Christina und lachte. »Das muss eine Verwechslung sein.«

»Genau. Paul Mink heißt er«, sagte Alexander. »Das ist übrigens der tollkühne Mensch, den wir am brennenden Haus der Görlitzens getroffen haben. Der, der damals die Droschke bezahlt hat – wisst ihr nicht mehr? Der kommt frisch aus Vaters Spital, war vor eine Lok geraten.«

»Ach«, entfuhr es Mathilde. »Der nette Kerl!«

Ludwig war entsetzt. »Vor eine Lok?«

»Ohne den Struwwelkopf hab ich ihn nicht erkannt«, sagte Luise.

Von der Stadtkirche hatte es vier geläutet, der Himmel zog sich zu, und Franz Zitz beendete seine Rede. Er trat in den Hintergrund, einer seiner Freunde aus Rheinhessen las in typisch Wormser Singsang eine nicht enden wollende Reihe von Grußadressen aus allen Teilen Deutschlands vor, was einerseits erfreulich, andererseits langweilig war. Die Versammlung am Theaterplatz begann sich zu zerstreuen.

Wilhelm meldete Hunger an. Mutter hatte Apfelkuchen mit Streuseln angekündigt, und zur Feier des Tages gab es echten Bohnenkaffee. Also verabschiedeten sich die Geschwister Büchner von Luises und Mathildes »Kränzchen« und spazierten scherzend und plaudernd heim in die Grafenstraße. »Und ich hätte schwören können, dass das Peter war«, sagte Wilhelm.

Mathilde prustete. »Klar, das war der Struwwelpeter, rasiert eben.«

Luise fing ein verdächtiges Flackern in Alexanders Blick auf. Eines, das eine Idee, eine Vermutung verriet, die er für sich behalten wollte. Das konnte so nicht angehen, sie musste mehr erfahren. Also wandte sie sich an Wilhelm: »Hmmm … erzähl doch mal, Bruderherz. An was für einen Peter denkst du?«

Der große Unbekannte

»Tja, wer war dieser Peter Emig? Das habe ich mich damals schon gefragt.« Wilhelm lehnte sich auf seinem Stuhl zurück. Der Kuchen war aufgegessen, Mathilde brachte die zweiten Kanne Kaffee herein, und besonders Luise, aber auch die Eltern lauschten, was es mit dem rätselhaften Mann auf sich hatte, an den sich sonst kein Mitglied der Familie erinnerte.

»Er war kein Freund von mir, nur ein Bekannter, zu dem ich lieber Abstand hielt«, fuhr Wilhelm fort. »Er war höchstens zwei-, dreimal bei uns zu Hause – zusammen mit Oscar Weiß. Die beiden waren Kollegen und, wie es schien, beste Freunde.«

»Sprichst du von *dem* Oscar?«, fragte Luise.

»Von genau *dem* Oscar.«

An ihn erinnerten sich hingegen alle. Kein Wunder, der Mann mit dem altmodischen Vornamen, der damals Redaktionsanwärter bei der Druckerei Leske war und regelmäßig mit Wilhelm Billard spielte, galt den jüngeren Geschwistern als eine Art tollkühner Tausendsassa. Bei Nacht und Nebel war er zusammen mit Anna, dem Dienstmädchen der Büchners, aus Darmstadt abgehauen und hatte zuvor niemanden, nicht mal die eigene Mutter, in seine Pläne eingeweiht. Luise war ihm gram damals, denn als Kind liebte sie Anna abgöttisch.

Ende Oktober 1836 waren Anna und Oscar unter falschen Namen in die Schweiz gereist, so wie Georg ein paar Monate zuvor. Sie hatten das Exildasein nicht nur gesund überstanden, sie hatten sich obendrein prächtig vermehrt: vier Kinder in zwölf Jahren. Luise hielt mit Anna, Wilhelm mit Oscar Briefkontakt, wobei sie beide aus Sorge vor den geheimdienstlichen »Brieföffnern« mit falschen Namen ansprachen und die Flucht keinesfalls erwähnten.

»Ich glaube, sie planen, nach Darmstadt zurückzukehren. Anna schreibt plötzlich von Reiseabsichten und fragt nach dem Klima bei uns. Ich nehme an, sie meint das politische Klima.«

Alexander lachte. »Gute Frage. Ich würde ihr antworten, es sei frühlingshaft frisch und warm, allerdings nicht stabil. – Aber zurück zu Peter.«

Wilhelm rieb sich das Kinn, blickte zur Zimmerdecke, als seien dort Wahrheit und Klarheit zu finden. »Oscar brachte Peter manchmal mit in die Bockshaut, wo wir an Samstagabenden gern bei einem Apfelwein beisammensaßen. Er war, schon vom Äußeren her, ein auffallender Mensch: lang und schlaksig mit großer Stupsnase und wilden Locken. Er gab sich als fanatischer Revoluzzer, riskierte oft eine dicke Lippe, sodass wir uns ängstlich umschauten, um uns zu vergewissern, dass niemand mithörte. Ich staunte, fragte mich, woher der Kerl den Mut nahm, so frei zu reden. Ich glaube, sogar Georg hat den Kopf über ihn geschüttelt.«

»Und das will was heißen«, sagte Mathilde, die zu der Zeit achtzehn, neunzehn Jahre alt gewesen war und sich weit besser an Georg erinnern konnte als die jüngeren Geschwister.

»Nach und nach fiel uns auf«, erzählte Wilhelm weiter, »dass die Polizei ihre Razzien immer dann unternahm, wenn Peter in der Nähe war.«

»Du glaubst, er war ein Spitzel?«

Wilhelm zuckte die Achseln. »An einem Abend im Juni 35 saßen wir – ein gutes Dutzend junger Leute – im Keller eines leerstehenden Hauses in der Heinrichstraße, Georg und Louis Bogen waren dabei, Anna, Oscar und Peter. Auch ein paar Frauen aus deinem heutigen Kränzchen, Luise.«

Auf Vaters Stirn wuchs eine Zornesader. »In einem leerstehenden Haus? Wie seid ihr da reingekommen?«

»Durch die Kellertür.«

»Ihr seid *eingebrochen*?« Mutter fasste sich ans Herz. »Und das erfahren wir jetzt!«

Alexander und Ludwig lachten schallend.

»Wir taten ja nichts Verbotenes, spielten Schach, Backgammon, Schafkopf, diskutierten gerade über einen kuriosen Mordfall im Odenwald. Da erschien die Polizei, bedrohte uns mit Gewehren und wollte von jedem die Personalien wissen. Keine Frage, sie suchten Louis Bogen. Nach dem wurde steckbrieflich gefahndet, und Georg war dem Geheimdienst schon in dem Jahr hochverdächtig gewesen. Unsere harmlose Zusammenkunft hätte als konspirativ ausgelegt werden können. Und da passierte das Unglaubliche: Peter lotste Georg und Louis unmittelbar vor dem Eindringen der Polizisten in eine Kellernische und öffnete ihnen eine Geheimtür zu einem unterirdischen Gang: Es muss der legendäre Fluchtgang der Landgrafen gewesen sein, von dem es offiziell heißt, er sei eine Erfindung feindlicher Belagerer im vorigen Jahrhundert. Da unten war es natürlich stockfinster und ekelhaft kalt, Georg und Louis tasteten sich an den Wänden entlang und entkamen nach circa zweihundert Metern ins Freie. Durch ein schmiedeeisernes Gitter mit Klappschloss, das – wieder unglaublich – offen stand. Georg hat mir später davon erzählt, war fassungslos vor Glück. Denn hätte man sie erwischt, hätte man den Louis direkt ins Zuchthaus verfrachtet, Georg zumindest in Untersuchungshaft gesteckt. So aber nahm die Polizei an dem Abend Christian Kahlert mit, weil er so unvernünftig war, einen der Beamten zu beschimpfen. Wir anderen zeigten uns artig und blieben frei. Peter ebenso.«

Alexander rührte nachdenklich in seiner Kaffeetasse. »Dann hätte er Georg und Louis Bogen einerseits verraten, um sie andererseits entkommen zu lassen. Wie passt das zusammen?«

»Frag mich was Leichteres.«

»Vielleicht hat er Georg letzten Endes doch verraten«, sagte Mathilde und kniff die Lippen zusammen.

»Glaub ich nicht«, sagte Wilhelm. »Hinter den mehrfachen Anzeigen wegen Landesverrats steckte der damalige Universitätsrichter in Gießen, Konrad Georgi. – Aber Peter hatte zumindest eine Mitschuld daran, dass Anna später für Monate ins Correctionshaus kam. Und dass Oscar fliehen musste.«

Mutter hatte sich wieder beruhigt. »Wie traurig. Und du glaubst, dass dieser anscheinend so selbstlose Herr Mink in Wahrheit Peter Emig ist?«

»Er sieht ihm zum Verwechseln ähnlich.«

»Ein Doppelgänger? So was gibt es«, sagte Mathilde.

»Und dieser Doppelgänger lebte zumindest teilweise auch in Darmstadt? Komischer Zufall. Ich denke, wir sollten den Mann im Auge behalten. Und deine Freundin vor ihm warnen, Luise.«

»Das mach ich«, sagte Luise. Sie hatte längst im Stillen beschlossen, Christina schonend einzuweihen. Nicht noch einmal durfte eine Freundin von ihr wegen so einem Kerl ins Correctionshaus gesteckt werden – oder gar bei Nacht und Nebel ins Ausland fliehen.

Das Märchen vom bösen Cousin

Sie waren weg, wirklich weg. Du Thil und sein Apparat hatten sich verkrochen. Peter merkte es zuerst daran, dass niemand mehr seine Zimmermiete in Frankfurt bezahlte. Der Hauswart war ihm auf die Pelle gerückt, hatte sich dumm gestellt und ihn aufgefordert, umgehend auszuziehen. Doch Peter wollte das Zimmer künftig selbst finanzieren, was ihm nicht schwerfiel. Er arbeitete weiterhin für Heinrich Hoffmann, der derzeit Stunde um Stunde als Delegierter in der Paulskirche hockte, wo er mit rund sechshundert anderen Vertretern deutscher Städte, Regionen und Stände ein sogenanntes Vorparlament bildete, das die Bedingungen für ein gesamtdeutsches Parlament ausfocht. So blieb für Peter viel Arbeit liegen. Das Senckenberg-Institut bezahlte ihn angemessen.

Unterdessen ließ er es drauf ankommen, veröffentlichte eine Karikatur in der »Deutschen Zeitung«, die mehrere tränentriefende Landesfürsten als Heuler zeigte, wie die konservativen Adligen derzeit spöttisch beschimpft wurden, weil sie ihre Vorrechte schwinden sahen und öffentlich »heulten«, um Mitleid zu erregen.

Und? Hatte Peter Besuch von du Thils Schlägern bekommen? Nein. Weitere Zeitungen fragten nach noch mehr Karikaturen, und Peter lieferte sie mit Begeisterung.

Vor ein paar Tagen hatte er sich bei einem einschlägig bekannten Frankfurter Hehler eine Pistole mit Munition gekauft, was einem Spitzel niederen Rangs wie ihm strengstens verboten war. Und? Wurde er ermahnt? Wurde ihm das Ding abgenommen? Mitnichten.

Peter konnte also aufatmen. Konnte wieder er selbst sein. – Beinahe. Denn die Heimatstadt Darmstadt galt es vorläufig zu meiden. Wilhelm Büchner hatte ihn erkannt. Wie konnte Peter bloß so dumm sein, sich mit rasiertem Schädel und Kinn in der Innenstadt blicken zu lassen! Er hatte Zitz' Proklamationen hören wollen, die ihm ein inneres Fest waren. Weil ausgerechnet die Hessen und Rheinhessen ihren Regenten auf die neuen Gesetze verpflichten konnten. Großartig. Woanders wurde noch gekämpft, vor allem in Baden, wo der Hecker bewaffnete Aufstände organisierte. Und in Berlin, wo es bei Barrikadenkämpfen zuletzt mehr als zweihundertfünfzig Tote an einem einzigen Tag gegeben hatte.

In Darmstadt dagegen: alles ruhig. Was Gagern zu verdanken war, dem charismatischen Vermittler, der dafür jede Menge Ansehen genoss und zum Vorsitzenden des Vorparlaments gewählt worden war. Doch für einen Besuch in Darmstadt war es zu früh. Peter musste schweren Herzens warten.

»Sag mal, Paul, kennst du einen gewissen Peter Emig?«, hatte Christina ihn gefragt, als er zuletzt zum Nachmittagstee dort gewesen war. Ihre Lider waren ungewohnt feindselig verengt, ihre Stimme klang gekünstelt.

Roswitha war bei der Frage zusammengezuckt. »Warum fragst du?«

Peter hatte flugs das alte Märchen von den Großvätern parat, die Zwillinge gewesen seien. Dieser Peter sei damit ein Zwillingscousin von ihm, erklärte er, und sehe ihm recht ähnlich. Doch der sei eine Art schwarzes Schaf der Familie, ein aus der Art geschlagener Charakter, weswegen kaum Kontakt bestand. Vor etwa zehn Jahren sei dieser Cousin ausgewandert, erzählte Peter, und habe sich nie wieder gemeldet.

Roswitha griff den Faden dankbar auf und trug ihren Teil zu der Geschichte bei. Peter Emig sei ihr Halbbruder, stamme aus der ersten Ehe ihres Vaters mit einer Sängerin am Theater, die gemütskrank geworden und früh gestorben sei. Ein sehr schwieriges Kind sei Peter von klein auf gewesen, Paul nur äußerlich ähnlich, vom Wesen her das genaue Gegenteil. Seit etwa zehn Jahren habe es keine Nachricht von ihm gegeben, sie nehme an, dass er nicht mehr lebe.

Das Beste an der Geschichte war, dass sie teilweise stimmte. Und wer auf die Idee kam, in alten Akten zu wühlen, würde aufgeben. Peters und Roswithas Großväter väterlicherseits waren tatsächlich Zwillinge, die einander allerdings nicht ähnlicher sahen als andere Geschwister auch. Und Roswithas Großvater hatte in erster Ehe wirklich mit einer Sängerin gelebt, die an einer Gemütsstörung – sie mochte nicht essen – gestorben war. Die Ehe war kinderlos geblieben – aber wer sollte das wissen?

Christina zeigte sich rundherum erleichtert: »Dann hat Wilhelm Büchner dich mit deinem Cousin verwechselt. An den hat er ungute Erinnerungen. Aber ich werde ihm ausrichten lassen, dass er sich irrt.« Sie strahlte Peter an, und er fühlte sich wieder einmal als kläglicher Lügner.

Doch er musste bei dieser Geschichte bleiben. Nicht nur Wilhelm und die Büchners galt es zu beschwichtigen, da gab es noch andere in Darmstadt, die ihm seine Vergangenheit übelnahmen und die ihn an der nächsten Laterne aufknüpfen würden, falls ein Femegericht es so beschloss.

Ja, er würde Darmstadt meiden. Bis ihm Haare und Bart gewachsen waren und er wieder wie der andere Cousin

aussah, wie Paul Mink, der liebenswerteste und unerschro-
ckenste Wühler unter der Sonne.

Warten vor dem Tor

Alle redeten auf Christina ein. »Hör mal, Tine«, sagte Roswitha, die ihr mit der Zeit eine Freundin geworden war,
»wenn die Revolution sich behauptet, wird dein Johann
bald freikommen. Weil dann niemand länger als zwei Tage
in Haft bleiben soll, wenn das Verbrechen nicht bewiesen
ist. Bis zum Prozess kann er sich frei bewegen.«

Karl, der Gärtner der Kandels, glaubte sogar, dass Johann
als »Politischer« endgültig freikäme, weil eine Generalam-
nestie »so gut wie beschlossen« sei. Johann habe sich gegen
seine adlige Herrschaft zur Wehr gesetzt, und das sei ganz
im Sinne der Revolution.

Christina ging das Herz auf. Besonders erleichtert war
sie, weil Gerichtsverhandlungen von nun an öffentlich sein
sollten. Niemand war mehr der Willkür der Advokaten
und Richter ausgeliefert. Jeder, der wollte, konnte ihnen
auf die Finger gucken. Bei schweren Verbrechen sollten
sogar Geschworene entscheiden, ob jemand schuldig oder
unschuldig war. Obendrein sollte die Todesstrafe abgeschafft
werden.

Das waren gute Aussichten für Johann, weit besser als vor Monaten, und Christina beschloss, sich selbst für die neue Verfassung einzusetzen. Zumal das nicht länger verboten war, solange man nicht zu einer Waffe griff oder zum Umsturz aufrief. Davon war Christina weit entfernt. Ob sie damit Demokratin, Republikanerin, Liberale, Sozialistin oder sonst etwas war, erschien ihr egal. Hauptsache, es ging voran. – So wie beim Hemdennähen. Was grob passte, gelang am Ende. Einzelheiten wie den Saum und die Abnäher konnte man hinterher ausarbeiten. Knöpfe und Knopflöcher, Biesen, Taschen und solche Kleinigkeiten kamen zuletzt dran. Es war Christina vollkommen unverständlich, warum sich die Männer in der Paulskirche, wie man hörte, so fürchterlich um ein Parlament stritten, das sie bloß vorzubereiten hatten.

Der Besuchstag im Arresthaus fiel in diesem Monat aus. Was kein Schaden war, weil es dafür den »Entlassungstag« gab. Auf Druck der neu einbestellten Zweiten Kammer sollten heute alle in Darmstadt Inhaftierten freikommen, deren Anklagen auf lässliche politische Vergehen lauteten wie »Majestätsbeleidigung«, »Verbreitung landesverräterischer Schriften«, »Tragen der altdeutschen Tracht« und Ähnlichem. Außerdem sollte entlassen werden, wer aufgrund einer Beschuldigung durch Dritte und ohne klares Indiz festgenommen war. De-nun-zia-tion lautete das Wort, das die Zeitungen dafür wählten. Und wie Christina befand, war Johann vom alten Görlitz de-nun-ziert worden.

Hoffnungsfroh mischte sie sich unter die kleine Schar von etwa fünfzig Menschen, die sich auf dem Vorplatz des Arresthauses zusammendrängten. Nach langem Warten öffnete sich eine schmiedeeisern vergitterte Seitenpforte, die so schmal war, dass die Gefangenen nur einzeln und nacheinander hindurchtreten konnten. Jubel brach aus, Fahnen und

Wimpel wurden geschwenkt, Lieder wurden angestimmt: *»Die Gedanken si-hind frei ...«*

Hinter der Pforte standen zwei Aufseher mit Gewehren und unbewegten Mienen. Davor hatte sich mit ein, zwei Fuß Abstand ein Mann in schwarz-rot-golden besticktem Rock postiert. Offenbar ein Rädelsführer, denn er kannte die Gefangenen, die nach und nach heraustraten, persönlich.

»Da kommt Gunther Hasler«, rief er.

Ein Schrei aus der Menge. Eine magere Frau drängte sich nach vorn, einen höchstens dreijährigen Buben im Schlepptau. Sie umarmte den Entlassenen, der noch dünner war als sie selbst und dem man den Schädel kahl geschoren hatte. Er sah müde aus, doch seine Augen leuchteten. Er nahm den Knirps auf seine Schultern, der den Jubel zu genießen schien, als gelte er ihm.

»Jetzt kommt Friedemann Färber.« Wieder trat ein Glatzkopf heraus, höchstens zwanzig Jahre alt, hob die gefalteten Hände zum Himmel, ließ sich von Freunden auf die Schultern hauen, in die Arme schließen und davonführen.

Ein Kahlgeschorener nach dem anderen gelangte unter dem Jubel der Menschen auf den Platz. Anwohner öffneten ihre Fenster, staunten, lachten, machten es sich mit Kissen auf der Fensterbank bequem. Manche steckten papierne Deutschlandfähnchen in Halterungen, die für Blumen- oder Kräutertöpfe gedacht waren.

Christina reckte sich und stellte sich auf die Zehen, um die Pforte im Blick zu behalten, während sie auf die ausgerufenen Namen lauschte, obwohl der Mann mit dem bestickten Rock Johann wohl kaum kannte.

Sie ließ sich anstecken von dem Freudentaumel der anderen, jubelte und schwenkte mangels eines Fähnchens ihre Haube ... Da erschien die Frau, die vor acht Wochen

Johann besucht und Christina gedemütigt hatte. Diesmal war sie aufgeputzt wie eine wohlhabende Bürgersfrau, trug ein zartgrünes Satinkleid mit passendem Schutenhut, drehte ihr Sonnenschirmchen und grinste Christina ins Gesicht. »Sie freuen sich umsonst, meine Liebe. Johann wird mit mir nach Hause gehen. Mit in mein Haus, wo wir unsere Verlobungsfeier vorbereiten.«

Christina wandte sich ab, tat, als hätte sie nichts gehört.

Die Frau rückte nach. »Scher dich in die Gosse, wo du hingehörst, du armselige Kröte.«

Christinas Herz krampfte, ihr wurde kalt. Nicht weil sie sich gekränkt fühlte. Eine, die sich den Männern für Geld hergab, erschien ihr armseliger als ein Bettler. Aber was, wenn die Frau recht hatte? Wenn Johann gleich durch die Pforte trat, sich umsah, zwischen Christina und dieser hin- und hersah ... und mit der anderen davonging, untergehakt ... Wenn er Christina stehen ließe, sie hier und jetzt verließe, um eine Hure zu heiraten?

Christina schubste die Frau auf Abstand, musterte sie ungeniert von oben bis unten, von unten bis oben, mimte erst Hochmut, dann Gleichmut, sagte: »Werden wir ja gleich wissen.«

Die Frau war nicht hübsch, hatte Pausbacken und eine spitze Nase. Abstoßend war sie allerdings auch nicht. Und neuerdings vermögend, wenn es stimmte. Dass sie eine Hure war, störte Johann vielleicht nicht. Er liebte das angenehme Leben. Und er hatte kaum ein Problem damit, sein Gewissen abzuschütteln. So ungerührt, wie er Christina und das gemeinsame Kind gegenüber den Görlitzens verleugnet hatte, so würde er sie beide verlassen können. Oder?

Christina jubelte nicht mehr, beobachtete die Pforte und wartete. – Was würde geschehen?

Nichts geschah. Mehr als zwei Dutzend Männer waren entlassen worden, der letzte war ein Hüne, dessen Kinn und Glatze schwarz glänzten und der berühmt zu sein schien. Seine Freunde hoben ihn auf ihre Schultern, trugen ihn mit Haha und Trara die Rundeturmstraße hinunter.

Dann trat keiner mehr heraus, minutenlang nicht. Kein Johann, kein Niemand. Trübe Gesichter ringsum, als die Wärter sich anschickten, die Gittertür zu schließen. Frauen, Kinder, Alte stürmten hin, fragten nach ihren Angehörigen. Namen prasselten auf die Wärter ein. Einer ließ sich widerstrebend darauf ein, seine Liste abzusuchen. »Naa, Knauss, Willem is net notiert, naa, Roth, Konrad aach net.«

»Und was ist mit Stauf, Johann, Herr Wachtmeister?«, fragte eine süßliche Stimme. Die Hure, die sich nach vorn gedrängt hatte.

»Aach net.«

»Der kimmt sowieso net frei, des is doch de Merder«, sagte der zweite Wärter.

»Er ist kein Mörder, und das wird sich weisen«, rief die Hure, nun nicht mehr süßlich, sondern keifend, und ging mit gerecktem Kinn davon. Ihr Satinkleid rauschte, ihr geschlossenes Schirmchen baumelte von ihrer Armbeuge herab. Von hinten sah sie wie eine Fürstentochter aus.

Christina wäre gern eine Weile für sich allein gewesen, hätte sich am liebsten in ihre Dachkammer verkrochen. Doch dafür blieb keine Zeit, sie musste das Abendbrot für die Henschels richten. Sie seufzte in sich hinein, gab sich einen Ruck. Da war noch vieles, was sich weisen würde. Und das konnte dauern.

Charivari

Das Häkelkränzchen war keines mehr. Nun war Nähen angesagt, und Luise hatte leichtes Spiel, die anderen zum Mitmachen zu bewegen. Die Arbeit mit Stoffen und Fäden entwickelte sich quasi über Nacht zur anerkannten revolutionären Tätigkeit. Überall herrschte rege Nachfrage nach schwarz-rot-goldenen Fahnen, mal kleine, mal große von zwei oder drei Ellen Breite. Bei Männern begehrt waren die französischen Kutscherblusen, oder vielmehr »die Blousen«, wie sie genannt wurden: einfache, weit geschnittene Hemden, die jedem passten, wenn man sie mit einem Gürtel in der Taille bändigte. Den größten Absatz fanden Kokarden in den deutschen Farben. Demokraten, Republikaner und Sozialisten, Frauen wie Männer, hefteten sie sich an Hüte, Kappen, Hemdkragen, Schals und Rockrevers. Gesinnung war kein Geheimnis mehr, im Gegenteil, man trug die kleinen bunten Anstecker mit dem gleichen Stolz wie der Adel seine Orden oder Goldbroschen.

Kokarden waren schnell zu nähen und binnen Minuten ausverkauft, wenn man sich damit auf den Marktplatz stellte. Der Erlös war keinesfalls für die eigene Tasche gedacht, er sollte den Hinterbliebenen der Opfer von Berlin zugutekommen. Ganz Deutschland trauerte um die mehr als zweihundertfünfzig Menschen, die am 18. März von den Truppen des Preußenkönigs erschossen worden waren, als sie gewagt hatten, ihre zivilen und sozialen Rechte einzufordern, die ihnen andernorts – zumindest vordergründig und einstweilen – zugestanden wurden. Hunderte hatten in Berlin Ehemänner, Söhne und Brüder verloren. Das rührte sogar einige Liberale und Konservative, die den Preis für die Kokarden gern bezahlten, ohne eine mitzunehmen.

Das Nähkränzchen nähte, nähte, nähte. Man tagte neuerdings jeden Sonntag. Indes wurde auch eifrig gelesen. Reihum trug eine von ihnen vor, was in den vielen neu entstandenen Zeitungen erschienen war, um die Freundinnen bei der Arbeit zu unterhalten. Gefragt waren besonders Artikel über die Rechte der Frauen, ihre Unabhängigkeit, ihr Wahlrecht, ihren Anspruch auf angemessenen Lohn und überhaupt.

Luise fand, es sei an der Zeit, die Fühler auszustrecken und mit anderen Frauengruppen Kontakt aufzunehmen. Sie wollte Henriette Zobel kennenlernen, die Frankfurterin, von deren »Demokratinnen-Kränzchen« sie gehört hatte. Es stellte sich heraus, dass Henriette und Bärbel, Dienstmädchen bei Lukretias Familie, früher Kolleginnen gewesen waren. Beide hatten vor über einem Jahrzehnt altenpflegerische Dienste bei hochherrschaftlichen Leuten übernommen, gleichzeitig Handarbeiten gegen Bezahlung angeboten, um ihren Lohn aufzubessern, und sich dabei kennengelernt.

Henriette hatte es geschafft, dem Gesindedasein zu entkommen, und einen Lithografen geheiratet, in dessen Werkstatt sie mitarbeitete. Erst kürzlich war der Betrieb nach Bornheim umgezogen, einem der feineren Vororte von Frankfurt. Und das nachdem Henriette – früh Vollwaise geworden – sich eines räuberischen Vormunds entledigt, ihre erste und unglückliche Ehe annulliert und sich über Jahre hinweg allein versorgt hatte.

Luise schrieb ihr einen Brief, in dem sie sich und ihren »Nähzirkel« vorstellte. Postwendend erhielt sie als Antwort eine Einladung. Das Programm war ehrgeizig: Abendessen bei Henriette, eine kleine Führung durch Bornheim, anschließend Nachtquartier, teils bei Henriette, teils bei deren Freundinnen. Am folgenden Montagmorgen geschlossener Marsch zur Paulskirche. Sie werde Einlasskarten für alle besorgen.

Luise konnte nur für sich und drei Freundinnen zusagen: Lukretia, Christina und Bärbel. Denn Mathilde war an Schnupfen erkrankt, Cornelia und Cordula hatten von ihren Ehemännern keine Erlaubnis dafür bekommen. Treffen mit Frauen war ihnen gestattet, aber nicht über Nacht. Und ein Besuch in der Paulskirche schon gar nicht, da man vorher nie wissen könne, was dort geschehen würde. Die Schwestern waren wütend, und Luise sah sich einmal mehr darin bestätigt, dass eine Frau mit eigenem Kopf niemals heiraten sollte.

An einem Sonntagnachmittag Mitte Mai trafen sie ein. Luise war kein bisschen überrascht, als ihr eine resolut wirkende Frau Mitte bis Ende dreißig mit harten Gesichtszügen gegenübertrat. Wen das Leben derart herausforderte, der musste sich eine Rüstung zulegen. Luise, die ihr verwachsener Rücken zeitlebens zur Außenseiterin gemacht hatte, konnte ein Lied davon singen. Wobei sie im Gegensatz zu Henriette immer eine liebevolle Familie und eine gesicherte Existenz im Hintergrund gehabt hatte.

Luise reichte Henriette ehrerbietig die Hand. »Ich freue mich außerordentlich, dich kennenzulernen.«

»Die Freude ist ganz meinerseits«, sagte Henriette. Was eine höfliche Lüge war. Wie sollte sie je von Luise gehört haben? Aber es klang, als sei es genau so gemeint.

Henriette war kräftig gebaut, ohne dick zu sein. Ihr dunkles Haar war schütter und leicht ölig, aber sorgfältig gescheitelt und zu einem Dutt auf dem Oberkopf zusammengerollt. Auf Schläfenlocken verzichtete sie. Ihre Kleidung war schlicht, nur die Haarspangen und ein Goldkettchen zeugten von ihrer gutbürgerlichen Stellung. Ihre Art hatte etwas Mütterliches, trotz oder vielleicht auch wegen ihrer Kinderlosigkeit.

Luise staunte, denn Henriettes Kränzchen bestand aus mehr als einem Dutzend Frauen, jungen und alten. Vier davon waren sichtlich schwanger, eine hatte ein lahmes Bein, eine weitere einen schiefen Rücken – ähnlich wie Luise. Sie saßen gemeinsam um zwei aneinandergestellte Tische im Salon. Geboten wurde ein schlichtes Abendessen mit Brot, Pastete, eingelegten Gurken und Kürbisecken, dazu Apfelwein. Zum Nachtisch gab es Zwetschenkuchen, Likör und eine Unterweisung in weiblicher Teilnahme am Revolutionsgeschehen.

Henriette schwärmte von Frauen wie Emma Herwegh, Louise Aston und Amalie Struve, die wie ihre Männer in den bewaffneten Kampf zogen, die mit Gewehren, Pistolen und Messern für die Revolution stritten, dabei nicht nur ihre persönliche Freiheit, sondern sogar ihr Leben riskierten. Sie bedauerte, wegen eines Rückenleidens nicht dabei sein zu können, und sah sich in der Runde provozierend um. Christinas Augen flackerten, Lukretia und Bärbel blickten betreten zu Boden. Luise konnte aufatmen, mit ihrem Buckel war sie wenigstens in dieser Situation fein raus.

»Aber auch Frauen, die sich dazu außerstande sehen«, sagte Henriette, »können die Revolution mit Herz und Hand unterstützen. Nicht nur durch Nähen von Fahnen und Kokarden, das mag eine vornehme Sache sein, doch es reicht nicht. Wir müssen den biederen Bürgerstand entschieden erwecken und ihn für die neue Zeit begeistern.«

Was sie damit meinte, zeigte sich bei der anschließenden »Stadtbesichtigung«. Sie stattete ihre Gäste mit Mundharmonikas, Flöten und Trommeln aus, griff selbst zu zwei altertümlichen Taktstöcken.

Christina betrachtete ihre Blockflöte. »Ich kann nicht damit spielen«, sagte sie und wurde ausgelacht.

»Als ob das wichtig wäre!«

Luise ahnte, was kam: Charivari, häufig Katzenmusik genannt. Die badischen Revolutionäre hatten eine alte Tradition wiederentdeckt, und sie verbreitete sich rasch in den deutschen Ländern.

Angeführt von der taktstockschwingenden Henriette zogen siebzehn Frauen schaurig atonal musizierend durch die Gassen von Bornheim. Zu Luises Überraschung beschwerte sich kaum jemand, vielmehr gesellten sich Anwohner dazu. Männer, Burschen, sogar Kinder – vor allem jedoch Frauen jeden Alters, und sie brachten ihre Musikinstrumente mit: Posaunen, Trommeln, Rasseln, Glocken, Ratschen, Schellen …

Christina zeigte sich begeistert: »Die Odenwälder machen das so ähnlich, allerdings mit Kochgeschirr und Dreschflegeln.«

Mathilde hätte sicher gerne Reißaus genommen, aber Luise fand diese Art der Demonstration sei im Prinzip nichts Verkehrtes. Also blies sie beherzt in ihre Klarinette und hatte endlich, wie die Frauen von Henriettes Zirkel, Spaß an der Sache.

Der Spaß verging ihr freilich, als die Musikantenschar zu fortgeschrittener Stunde, sogar in die Nachtruhe hinein, vor ausgesuchten hochherrschaftlichen Häusern stehen blieb und ihr Ständchen mit lautstarkem Gesang und lodernden Fackeln untermalte:

Es wird geschehn, es wird geschehn,
Die Zeit ist nicht mehr fern,
Da werden all die hohen Herrn
Gehangen an die Latern …

Begriff die Menge, was sie da sang? Hier wurde nicht
»erweckt«, hier wurde geschmäht, gedroht. Menschen von
hohem Stand, was immer das heißen mochte, wurde der Tod
in Aussicht gestellt. Luise hätte am liebsten ihr Kränzchen
eingesammelt und die Eisenbahn nach Hause genommen.
Doch der Abendzug war bereits abgefahren. Und morgen
früh stand die Paulskirche auf dem Plan. Was würde diese
Henriette Zobel dort anrichten?

Seit 8 Tagen hat das früher hier fremde Wesen
der Katzenmusiken sich Eingang verschafft. Es ist
ebenso auffallend als traurig, dass mit dem Ein-
treffen der Volksvertreter dieser Moment ein-
getreten ist, da hierdurch nicht nur Ihnen ein
unerwartetes und unerfreuliches Bild der hiesigen
Zustände sich darbieten muss, sondern dass man
auch in den Provinzen leicht und natürlich zu
dem Glauben veranlasst werden kann, dass die-
ses Zusammentreffen kein bloß zufälliges ist. (…)
Niemand hat daran gedacht, die in jüngster Zeit
erfolgten Demonstrationen zu hindern, niemand
würde also auch auf Katzenmusiken einen sol-
chen Wert gelegt haben, um sie zu hemmen, wenn
die natürliche Annahme sich bestätigt hätte, dass
dies eben nur Knaben-Vergnügungen seien, wel-
che, durch Neugierige begleitet, einige Male statt-
finden und dann wie alles Neue ebenso schnell
wieder vergessen werden. Es ist aber anders

gekommen, es fängt dieses Gebaren an, sich ein-
zunisten, und solches Einnisten, in dessen Unfug
und Blutvergießen droht, kann und darf gewiss
von niemand geduldet werden. (…)
Dulde keiner, der es redlich meint mit dem
Vaterlande und der Stadt und ihren Einwoh-
nern, noch länger den gefährlich werdenden
Unfug von Demonstrationen und Katzenmusi-
ken, namentlich während der Dauer der Bera-
tungen der Volksvertreter! Jede Wirkung kräf-
tig und friedlich dahin, dass sie aufhören, ohne
dass sie erst durch Gesetze und deren Mittel ver-
bannt werden müssen!!!
Aus einem in Berlin verteilten Flugblatt, ohne
Datum, archiviert von der Universitätsbiblio-
thek der Humboldt-Universität zu Berlin, His-
torische Sammlungen: FLUG-C-96.

Unter der Käseglocke

Christina fand die schlichten, rundkuppeligen Gotteshäu-
ser, wie sie jetzt modern wurden, nicht gerade schön. Dafür
witzig. Und sie war nicht die Einzige. »Unser Käsglock«, so
nannten die Darmstädter ihre St.-Ludwigskirche am Wil-

helminenplatz, was in den Ohren der Pfarrer und Gemeindeoberen gewiss gotteslästerlich klang, doch die beklagten sich nicht. Sie wäre nach dem Vorbild des Pantheons in Rom erbaut worden, schrieben die Zeitungen, ernteten jedoch nur Spott. Um mit dem Pantheon verglichen zu werden, dafür fehlte einiges an Eleganz.

Die Frankfurter Paulskirche sah ähnlich wie St. Ludwig aus, war allerdings höher und pompöser. Außerdem hatten die Erbauer – wohl als Tribut an alte Traditionen – einen ordentlich hohen Glockenturm direkt danebengestellt – wie die Flasche Wein zum Käse.

Was St. Ludwig nicht hatte und als katholische Kirche wohl auch nie bekommen würde, war der Fahnenschmuck drum herum. Schwarz-Rot-Gold oder Schwarz-Gold-Rot, man schien es in Frankfurt mit der Anordnung der Farben nicht allzu genau zu nehmen. Auch dass sich eine größere Menschenmenge auf dem Vorplatz versammeln konnte, war in Darmstadt nicht vorgesehen.

Heute, am achtzehnten Tag, an dem das erste gesamtdeutsche Parlament in Frankfurt tagte, warteten an die dreihundert Besucher auf Einlass, darunter auffallend viele Frauen. Henriette hatte auf Umwegen Karten bekommen, und Christina war gespannt, was sie zu sehen und zu hören bekämen. Anfangs war sie skeptisch gewesen. Es hatte sich herumgesprochen, dass die Paulskirchensitzungen ausgesprochen langweilig seien, weil die Herren Delegierten sich kaum über die Tagesordnung einigen konnten, geschweige denn über die wirklich wichtigen Vorhaben. Luise war trotzdem wild entschlossen gewesen. »Wenn Frauen als Deputierte nicht infrage kommen, ja nicht einmal wählen sollen, dann müssen wir den Herrschaften wenigstens demonstrieren, dass wir uns mit der Rolle der drinnen waltenden züchtigen Hausfrau nicht zufriedengeben«, hatte sie erklärt. Seit gestern Nacht allerdings war Luise seltsam einsilbig, hatte wieder einmal ihre gefürchtete skeptische Miene aufgesetzt, reihte sich aber, wie erwartet, hinter Henriettes Gefolgschaft in die Warteschlange ein.

Am Rand des Paulsplatzes hockten junge Handwerker, Studenten, Turner und Sänger, als zusammengehörig an ihrer jeweiligen Tracht zu erkennen, wie aufgereiht auf Treppen, Mauervorsprüngen und Bordsteinkanten. Sie trugen Kokarden an den Mützen und Hüten, schwenkten Papierfahnen und -wimpel, begutachteten die Abgeordneten, die nach und nach per Droschke eintrafen, und – von berittener Stadtpolizei eskortiert – zum Haupteingang schritten. Manche empfingen sie mit Hoch- und Vivatrufen, andere buhten sie aus.

Es waren berühmte Leute unter den Delegierten. Das hatten sie aus den Zeitungen erfahren. Henriette zählte sie auf: Ernst Moritz Arndt, Jacob Grimm, Friedrich Jahn, »der Turnvater« … Doch kaum jemand wusste, wie sie aussahen. Nur Lukretia kannte die ein- oder andere Abbildung. So blieb es ein Ratespiel, die Männer zu erkennen, wie sie teils winkend, teils gedankenversunken, teils mit mürrischer Miene an den Wartenden vorbeieilten und im Portal der Paulskirche verschwanden.

Luises Aufmerksamkeit galt besonders den Kampfgefährten ihres toten Bruders. Sie glaubte, Louis Bogen und Wilhelm Schulz zu erkennen, die unterdessen aus dem Exil zurückgekehrt sein mussten. »Ob Georg heute auch dabei wäre?«, sprach sie wehmütig wie zu sich selbst.

»Natürlich wäre er dabei, ganz sicher«, sagte Lukretia und nahm sie in den Arm.

»Wäre er nicht«, sagte Henriette. »Genauso wenig wie die anderen radikalen Köpfe. Der von Gagern ist hinterhältig genug, nur eine kleine Fraktion aufrechter Demokraten in dieser Versammlung zuzulassen. Wenn sogar der Hecker und der Struve fehlen!« Sie hatte einen mächtigen Stockschirm mit Metallknauf bei sich und schwang ihn drohend. Mit dem Gerät hatte sie einmal einen Taschendieb derart heftig malträtiert, dass er ins Spital eingeliefert worden war – so erzählte Bärbel hinter vorgehaltener Hand.

Luise schien schlecht gelaunt, machte den Mund auf, machte ihn wieder zu, was sonst gar nicht ihre Art war. Christina war irritiert, hielt sich dicht bei Henriette, die beim Passieren des Paulskirchenportals einem Saaldiener unmissverständlich zu verstehen gab, wo sie und die Ihren ihren Platz finden sollten: »In der ersten Reihe der sogenannten Damengalerie, ganz weit vorne, wenigstens das.« Denn wie bereits bekannt, hatte die Stadt Frankfurt dem belächelten und wenig willkommenen weiblichen Teil der Zuhörerschaft einen eigenen Pferch am Rand der Empore zugewiesen.

Allerdings hatten die Veranstalter auch die rund sechshundert Abgeordneten penibel sortiert und im weiten Halbkreis um die Rednertribüne herum gruppiert, je nach politischer Gesinnung. Henriettes Erklärung war kurz und bündig: »Links sitzen die Wühler, rechts die Heuler, dazwischen die Liberalen und die, die sich nicht entscheiden können.«

In weiser Voraussicht hatte man die Gruppierungen durch Gänge voneinander getrennt. Sonst wären sie womöglich handgreiflich geworden, so aufgeheizt, wie die Stimmung von Anbeginn an war. Schon bei den ersten Reden, jeweils gehalten vor einem monströsen, lorbeerbekränzten Germania-Bildnis mit Deutschlandfahne, gärte es unter der Käseglocke. Und der Geruch war nicht angenehm.

Ein Deputierter nach dem anderen donnerte vom Rednerpult herunter, mit erhobenem Kinn, stolzgeschwellter

Brust, trug seine Meinung mit einer Selbstherrlichkeit vor, als könne und dürfe es keine davon abweichende geben. Kaum einer schien geneigt, den Vertretern einer anderen Fraktion auch nur zuzuhören, mit ihnen Argumente auszutauschen und einen Konsens zu finden. Lieber beharkte man sich wechselseitig, unterstellte einander die finstersten Absichten.

»Die, die rechts außen sitzen, dürften überhaupt nicht dabei sein. Das sind die Fürsten, die um ihre Pfründe bangen. Es ist absurd, sie in einer Volksvertretung mit abstimmen zu lassen«, erklärte Henriette. Sie stöhnte regelmäßig wie unter starken Schmerzen, wenn ein Vertreter dieser Riege an der Reihe war zu sprechen. Besonders heftig reagierte sie, als ein gertenschlanker junger Mann zur Tribüne stolzierte und die Treppe mit eleganten Sätzen hinaufsprang.

»Fürst Felix von Lichnowsky, Graf von Werdenberg«, verkündete Heinrich von Gagern, der den Parlamentsvorsitz innehatte. Aus der linken Saalecke buhte es, während die rechte heftig applaudierte. Verblüffend war das Verhalten eines Großteils der weiblichen Zuschauer. Ihre Blicke klebten an diesem Mann, sie kicherten und tuschelten wie die Backfische. Und als er zu sprechen begann, wurde es ehrfurchtsvoll still auf der Frauengalerie.

»Meine Herren Abgeordneten, ich grüße Sie …« Seine Stimme tönte so hell und sonor, als könnte er bei Bedarf auch Opern-Arien singen.

»Wer ist das?«, fragte Christina eine der älteren Frauen aus Henriettes Gefolgschaft, die neben ihr saß.

»Der Lichnowsky – ein stockkonservativer Delegierter aus Schlesien.«

»Und was ist mit dem?«

»Guck halt mal hin, meine Liebe.«

»Bin ein bisschen kurzsichtig.«

Die Frau reichte ihr, nachsichtig lächelnd, ihr Lorgnon. Christina hielt sich die Sehhilfe erst vors rechte Auge, dann vors linke und gab sie schließlich wortlos zurück. Alles klar. Der Mann hatte ein Gesicht wie die papiernen Jesusbildnisse, die der Pfarrer verteilte, dazu volles Haar, leuchtend blaue Augen, einen sorgfältig getrimmten und an den Enden aufwärts gezwirbelten Schnurrbart. Kerzengerade stand er da und dennoch entspannt, die Brust zierte ein rotgolden blinkender Orden. Die Germania an der Wand hinter ihm schien zu schrumpfen. – Christina staunte. Johann, der eitle Stenz, wäre blass vor Neid, wenn er ihn sähe.

Und Charme hatte dieser Herr von Lichnowsky obendrein, grüßte mit elegant ausgeführtem Kratzfuß die »entzückenden Damen auf der Empore«, deren Anwesenheit ihm die strapaziöse Reise nach Frankfurt stets »versüße«. Eine sei immer hübscher als die andere, schwärmte er, und er könne sich gar nicht sattsehen.

Das Kichern und das Seufzen setzten erneut ein. Henriette dagegen schnellte von ihrem Sitz hoch. »Hören Sie endlich auf. Es ist schamlos, wie Sie hier herumpoussieren. Kommen Sie zur Sache.«

»Beruhigen Sie sich, Madame. Wenn ich Sie mir so anschaue, waren Sie gar nicht gemeint.«

Ein Satz wie ein vergifteter Pfeil. Von der Männergalerie – doppelt so geräumig wie die der Frauen, aber nur halb so dicht besetzt – erklang höhnisches Gelächter.

Henriette entließ ein unwilliges »Tsss!« und ließ sich auf die Bank zurückfallen. Christina nahm ihre Hand, tätschelte sie. Luise und Lukretia blickten himmelwärts.

Dann kam Lichnowsky tatsächlich »zur Sache«, erzählte von Ereignissen in seiner Heimat. Dort würden Polizisten, die lediglich ihre Arbeit taten, von Wühlern und Revoluzzern mit dem Tode bedroht, sogar deren Frauen und Kinder würden eingeschüchtert. Vor wenigen Tagen wäre ein kleines Mädchen aus Angst vor einem wütenden Mob geflohen und in einem Teich ertrunken.

»Lüge«, tönte es von der linken Seite des Plenums.

Ein klein gewachsener Mann mit Knollennase und rotbraunem Rauschebart erhob sich. »Ich lese täglich mehrere Zeitungen, auch solche aus Schlesien. Nichts davon wurde berichtet.«

»Dann lesen Sie wohl nur die Wühler-Gazetten, Herr Blum.«

Tumult setzte ein, von Gagern betätigte eine Glocke, was nichts half. »Lüge, Lüge, Lüge«, schallte es von der Männergalerie.

»Lüge«, schrie auch Henriette und richtete drohend ihren Schirmknauf in Richtung der Rednertribüne. Christina wurde klar, wozu sie den Schirm trotz des schönen Wetters mitgebracht hatte.

Felix von Lichnowsky gab sich amüsiert, konnte aber keinen einzigen Satz mehr loswerden.

Von Gagern hatte genug. Mit einem Wink ließ er die Zuschauergalerie räumen. Anscheinend nicht zum ersten Mal. Die stockschwingenden Saaldiener hatten leichtes Spiel, das Publikum verließ murrend die Paulskirche. Auf dem Vorplatz sammelten sich nach und nach an die hundert Männer und Frauen, lachten einander zu. »Dem Lichnowsky haben wir's heute gezeigt«, rief jemand und wurde mit Applaus belohnt.

Luise blieb ernst. Stellte mit Blick auf die Kirchturmuhr fest, dass die nächste Eisenbahn schon in einer halben Stunde fuhr. Die Darmstädterinnen verabschiedeten sich teils herzlich, teils weniger herzlich von Henriette und ihren Freundinnen. Christina empfand eine deutliche Missstimmung, wusste aber nicht recht, woher sie rührte, und winkte beim Davongehen. »Wiedersehen, ihr Lieben. Bis hoffentlich bald.«

Exhumierung

In diesem Land hatte ein wehrhafter Demokrat nicht einmal dann Ruhe, wenn er auf dem Hauptfriedhof lag. Luise, Alexander und Ludwig Büchner standen nicht zum ersten Mal kopfschüttelnd am mutwillig verunstalteten Grab eines Freundes und Mitstreiters ihres großen Bruders. Friedrich Ludwig Weidig lag hier begraben, der 1835 wegen Landesverrats festgesetzt worden war. Nach zwei Jahren Haft im Darmstädter Arresthaus hatte er sich in seiner Zelle die Pulsadern aufgeschnitten. So hieß es offiziell, doch niemand wusste Genaues. Die Umstände seines Todes waren mysteriös, denn neben weiteren unerklärlichen Schnittwunden an Armen und Beinen, die er sich selbst beigebracht haben sollte, waren den untersuchenden Ärzten zufolge »deutliche Spuren von Misshandlungen« zu erkennen. Es gab einen Eklat, ausländische Zeitungen berichteten darüber. Doch das Hofgericht wischte – wie so oft – jede Anschuldigung gegen die Gefängnisleitung vom Tisch. Weidig wurde ohne viel Aufhebens beerdigt.

Der Grabstein bestand aus grauem Sandstein, ein eisernes Kreuz ragte aus einem würfelförmigen Sockel. Mehr Schmuck gab es nicht. Grotesk war, dass eine eingemeißelte Inschrift nachträglich mit Eisenkitt zugespachtelt worden war. »Dr. Friedrich Ludwig Weidig, Pfarrer zu Obergleen, gest. am 23. Februar 1837« – Punkt. Mehr war nicht lesbar.

Was um alles in der Welt sollte da verdeckt werden? Was sollen die Nachgeborenen nicht über Weidig wissen? Alexander und Ludwig waren damals zu klein gewesen, um ihn im Gedächtnis behalten zu haben. Nicht einmal Luise, die bei seiner Verhaftung vierzehn Jahre alt war, konnte sich an ihn erinnern.

Weidig galt als Landesverräter. Er sollte ein Flugblatt verfasst haben, das die hessischen Bauern zur Revolution aufrief. Den zweiten Verfasser hatten die Justizbehörden bislang nicht ermitteln können, aber alle Büchners ahnten es. Vater hatte seinerzeit verfügt, dass die Familie jedweden Besuch von Weidigs letzter Ruhestätte vermeiden sollte, um Georg keine zusätzlichen Schwierigkeiten zu machen.

Nun mochte Vater verfügen, was er wollte, seine Kinder taten, was sie für richtig hielten. Notfalls heimlich. Seit Wochen schmückten sie Weidigs Grab mit Blumen, beseitigten Unkraut und kratzten Moos vom Sandstein. Wenn sie schon nicht das Grab ihres Bruders Georg in Zürich besuchen konnten, so sollte wenigstens das seines Mitstreiters gepflegt aussehen.

Heute aber ging es um mehr. Die stille Revolution in Darmstadt und die Umgestaltung des Landesparlaments hatten sie ermuntert, mit Hammer und Meißel anzurücken, um den Eisenkitt von der Inschrift zu entfernen. Also machten sie sich zu dritt an die Arbeit. Alexander setzte die mitgebrachten Werkzeuge ein, Ludwig arbeitete mit einer Drahtbürste und einem Reibeisen nach, und Luise hielt Wache, für den Fall, dass der Lärm die Aufmerksamkeit der Friedhofsgärtner weckte.

Nach einer Stunde waren sie fertig. Auf der Tafel erschien ein Text, der ihnen die Tränen in die Augen trieb:

Du starbst nach langer Kerkerhaft
Als heiliger Streiter,
Dein freier Geist sucht in gestirnter Höh'
des Lichtes Urquell.

»Wie schön!«, sagte Luise. »Und nun kann es jeder lesen.«

Sie wollten gerade zusammenpacken, da schwoll unweit von Weidigs Grabstätte ein für Friedhöfe unziemlicher Lärm an: Rumpeln, Scharren, laute Stimmen. Luise drückte mit Daumen und Zeigefinger die Zweige einer Buchenhecke auseinander, die ihnen die Sicht versperrte.

»Da wird gerade ein Grab ausgehoben. Die hantieren mit Schaufeln und Spitzhacken. Dabei liegt an der Stelle schon jemand begraben«, sagte sie, verließ ihren Posten und ging nachsehen.

Armwedelnd kam sie zurück. »Die Gräfin Görlitz wird ausgebuddelt. Kommt gucken.«

Alexander und Ludwig ließen ihr Werkzeug fallen und folgten Luise. Unauffällig mischten sich die Geschwister unter eine Gruppe schaulustiger Friedhofsbesucher, die sich, vom Lärm angelockt, hinter einer Bretterbarriere sammelten. Beim bereits halb ausgehobenen Familiengrab der Görlitzens standen – die Geschwister erschraken – vier Medizinalräte, die sie kannten, einen davon besonders gut: ihren Vater. Eilig duckten sie sich hinter der Traube der anderen Beobachter. Es würde schwierig werden, ihm zu erklären, was sie hier trieben.

»Jetzt wird die Leiche der Gräfin doch noch obduziert«, flüsterte Alexander.

Ludwig schnaubte. »Reichlich spät, da wird wenig zu erkennen sein.«

Die vier Medizinalräte waren mit den emsig schaufelnden Totengräbern nicht allein. Erschienen waren außerdem – neben zwei Anwälten und zwei Gerichtsdienern, jeweils zu erkennen an ihren Roben – auch Graf Görlitz mit Zylinder und schwarzseidenem Rock sowie Johann Stauf mit Handschellen und in Gefängniskluft.

Oha! Was sollte das? Alexander rätselte. Vielleicht glaubten die Anwälte, dass angesichts dieses gewiss bedrückenden Vorgangs einer von beiden die Nerven verlöre. Johann Stauf als Beschuldigter, Graf Görlitz als insgeheim Verdächtiger. Den hatte man vermutlich unter einem Vorwand herbestellt, sonst stünde er nicht so ratlos am Grab seiner Gattin. Keine schlechte Idee, alle zwei zu dieser hässlichen Prozedur einzuladen. Viele Verbrecher brachen zusammen, wenn man sie mit den Folgen ihrer Tat konfrontierte, und gestanden, was sie zuvor vehement geleugnet hatten.

Alexander hielt die Luft an, beobachtete sie genau, als die Totengräber den erdverkrusteten, stellenweise angefaulten Sarg der Gräfin mit Seilen aus der Grube zogen, auf einen Karren hoben und mit schwarzen Tüchern verhängten. Was würde passieren?

Nichts. Graf von Görlitz faltete die Hände, als ob er betete, wischte sich anschließend die Augen mit einem Taschentüchlein aus Batist. Stauf stand kerzengerade wie immer und verzog keine Miene. Das Gefängnis hatte seinen Stolz augenscheinlich nicht gebrochen. Nur mager war er geworden und erschreckend blass.

Das Schauspiel war zu Ende. Die Friedhofsbediensteten

zogen den Karren mit dem Sarg zu einer der Allgemeinheit nicht zugänglichen Ecke des Friedhofs, die Medizinalräte inklusive Ernst Büchner im Gefolge. Stauf wurde von den Gerichtsdienern abgeführt. Und Graf von Görlitz? Der schritt stumm davon, als sei er beleidigt worden.

Alexander sah seinem Vater bedauernd nach. Wie er ihn kannte, würde er bis zu seiner offiziellen Befragung vor Gericht eisern über das Ergebnis der Obduktion schweigen. Er selbst würde sich ins Revolutionsgetümmel werfen, dort, wo gekämpft wurde: in Hanau, in Baden ... In Darmstadt eher nicht. Darmstadt war wie ein braver Säugling, es ließ sich füttern, schlief, pupste gelegentlich.

Ich möchte jetzt keinem Republikaner raten, die Haupt- und Residenzstadt des Großherzogtums Hessen zu besuchen. Er würde gewiss ins Darmstädter Gras beißen müssen. Darmstadt, das sonst so leer war wie ein Parlamentsvortrag von dem Märtyrer Eisenmann, Darmstadt, in dessen Straßen man sonst das Gräschen wachsen hörte, Darmstadt, wo sonst drei Menschen schon eine höchst bedenkliche Zusammenrottung bildeten, Darmstadt, wo die Pflastersteine aus lauter Langeweile unter dem Rasen schliefen: Darmstadt wimmelt jetzt von Demokratenfressern. Es klingt unglaublich, aber es ist dennoch wahr: Republikaner und Demokraten sind gegenwärtig die Lieblingsgerichte der Darmstädter. In den dortigen Gasthöfen kommt, außer vaterländischen Zwiebeln, gar keine andere Speise mehr auf die Tafeln. Démokrates à la tatáre, Républicains aux champignons sind die gesuchtesten Artikel auf den dortigen Speisekarten. Diese und ähnliche Zubereitungen zeugen indessen von Geschmack, und wir wünschen den Darmstädter Mägen aus vollem Herzen eine gesegnete Verdauung. Es gibt aber in Darmstadt zwei entsetzliche Kannibalen, die so weit zurück in der Zivilisation der Küche sind, dass sie die Demokraten und Republikaner ganz roh verzehren. Diese beiden Kannibalen sind die Redakteure der Darmstädter Zeitung* und des Darmstädter Journals*.

Aus der Zeitschrift »Der Demokrat« vom 2. Juli 1848.

* zwei konservative Zeitungen

Kapitel 4
Spätsommer und Herbst 1848

Flugblätter

Das Flugblatt zitterte in Peters Fingern. Er hatte in der Nacht zu viel getrunken. »Kommt massenhaft!«, stand da. »Sonntag ... Frankfurt, Pfingstweide ... große Volksversammlung ... Hoch die deutsche Einheit! Es lebe die Demokratie! Nieder mit der Aristokratenbrut!«

War es denn schon so weit? – Die »linke Fraktion«, so teilte das Flugblatt wortreich mit, habe das Paulskirchenparlament unter Protest verlassen. Nun wolle man sich neu formieren. Wolle sich nicht länger von einer künstlich geschaffenen »Mehrheit« von Liberalen auf der Nase herumtanzen lassen. – Endlich.

Es war kein Geheimnis mehr, dass das Parlament unter Heinrich von Gagerns Leitung die Erhaltung der Monarchie anstrebte. Eine sogenannte konstitutionelle Monarchie sollte es geben mit dem Preußenkönig als gesamtdeutschem Kaiser. Ausgerechnet mit dem Mann, der vor wenigen Monaten mehr als zweihundertfünfzig Aufständische hatte erschießen lassen. Und der das vorläufige demokratische Parlament in Schleswig-Holstein abgesetzt hatte, um sich das Land im hohen Norden mit dem Dänenkönig zu teilen. Ein Staatsstreich, den sie den »Frieden von Malmö« nannten. Die liberale Mehrheit im Paulskirchenparlament knickte ein, wie sie fortwährend einknickte, um die Adelsfraktion, reich an preußischen Vasallen, in sämtliche Entscheidungen einzubeziehen.

»Das ist Verrat! Das ist Betrug am deutschen Volk!«, schrie das Flugblatt. »Solidarität jetzt!« Bürger und Bauern, Handwerker, Händler und Lohnarbeiter sollten sich mit »den Brüdern im hohen Norden« solidarisch zeigen, sollten für sich und für alle Deutschen das Wahlrecht erkämpfen. »Kommt zuhauf! Kommt massenhaft! Bringt eure Freunde mit!!!« Peter wurde schwindelig von den vielen Ausrufezeichen.

Er hob den Kopf und sah sich um. Der da vorne, der Schuhputzer mit der Schiebermütze, musste es gewesen sein, der das Papier vor Peters Nase hatte fallen lassen. Der Bursche bog mit seiner Schubkarre um die Ecke, wollte just von der Frankfurter Zeil in die Schäfergasse verschwinden.

Peter rannte ihm hinterher. »Hee, Bruder! Woher hast du das?«

Der Schuhputzer drehte sich brüsk um, zog ein dummes Gesicht. »Is was?«

»Das Flugblatt.« Peter wedelte mit dem Papier.

»Kenn isch net.«

»Komm schon, wo hast du's her?«

»Isch waas von gar nix«, sagte der Bub. Kaum älter als siebzehn war er, gräuliche Haut, trübe Augen. Rosa Flecken begannen seinen mageren Hals zu überziehen.

»Du denkst, ich würde dich verpetzen, he? Und die Druckerei würde ich auch verpetzen? Sehe ich aus wie ein Reaktionär? Wenn ja, warum hast du mir den Schrieb vor die Füße geworfen?«

Der Bursche musterte ihn skeptisch.

Peter kämpfte mit der Wut, die ihm in die Brust kroch. War das nicht verrückt? Da log er mehr als ein Jahrzehnt lang, dass sich die Balken bogen, führte Freund und Feind hinters Licht. Und alle glaubten ihm, fast alle, die meisten gingen ihm in die Falle – sofern er es ernsthaft darauf anlegte. Und nun wollte er endlich er selbst sein, wollte geradeheraus seine Meinung vertreten, wahr und wahrhaftig für Freiheit, Gleichheit und die deutsche Einheit kämpfen, die er für sich und alle Welt herbeisehnte. Mitmachen wollte er bei der großen Revolution, die der Armut der Bauern und Lohnarbeiter ein Ende bereitete. Seinem eigenen Elend sowieso. Und so ein einfältiger Bub glaubte ihm nicht?

»Pass auf, Bruder, lass es uns anders machen: Du überlässt mir deinen Packen Flugblätter. Ich bringe sie in Darmstadt unter die Leute, das traut sich dort sonst keiner. Und du, du holst dir einfach Nachschub aus eurem Quartier. In Ordnung?«

Der Bursche überlegte, griff in ein verwittertes Felleisen, das er in seiner Schubkarre verstaut hatte, reichte Peter zwei mit graubrauner Banderole umwickelte Bündel Zeitungspapier und ging davon. Nach ein paar Schritten warf er einen Blick zurück über die Schulter, vergewisserte sich, dass Peter ihm nicht folgte.

Peter winkte ihm zu, lächelte so breit, dass der andere seine Zähne sehen musste, ließ sich auf eine steinerne Bank am Brunnen fallen und prüfte seine Beute. Etwa achtzig Exemplare waren es, zweiseitig beschrieben. Nicht viel, aber genug. Flugblätter waren weiterhin heiße Ware, die es rasch loszuwerden galt, falls sich der Inhalt gegen Adel und Obrigkeit richtete. Wer den Aufruf gelesen hatte und dafür war, reichte das Papier eilig weiter. War er dagegen, warf er es eilig weg, um nicht von Denunzianten damit erwischt zu werden. So war es seit den Dreißigerjahren bis heute.

Peter verstaute die Packen sorgfältig in seinem Ranzen. In einer halben Stunde fuhr die Eisenbahn nach Darmstadt. Die musste er erreichen. Er hatte viel verbrochen während seiner Zeit als du Thils Spitzel, nun wollte er endlich etwas wiedergutmachen.

Peter erreichte Darmstadt am Nachmittag und machte sich auf den Weg zum Luisenplatz. Es war ein lauer Tag im September. Das rund vierzig Meter hohe Ludwigsmonument warf lange Schatten, der Weiße Turm neben dem Marktplatz ebenso. Das diffuse Licht bot gute Voraussetzungen für sein Vorhaben. Die achtzig Flugblätter sollten an die richtigen Leute verteilt werden. Die zu erkennen, wollte gelernt sein.

»Woran erkennt man einen Wühler?« Die Frage hatte ihm Heinrich Hoffmann gestern gestellt.

»Das weißt du doch. Wühler sehen aus wie dein Struwwelpeter: wirres Haar, ungepflegte Hände, Kutscherblouse mit Ledergürtel um den Bauch.«

»Wie du also?«

Peter lachte laut auf. »Irgendwas Rotes muss er außerdem an sich haben. Und da er kein unartiges Kind mehr ist, sondern ein wilder Erwachsener, trägt er einen üppigen Bart, wirrer noch als das Haar. Den Demokratenbart in Reinform.«

»Wie du?«

»Wie ich.«

»Es gibt auch Wühler in Turnerkleidung, seit die Vereine wieder erlaubt sind, und es gibt Wühler in altdeutscher Tracht, die mit Schillerkragen, im Bauernkittel …«

»Nicht eindeutig genug. Wühler wollen einander auf Anhieb erkennen.«

»Oder sie haben eine Kokarde mit den deutschen Farben am Revers.«

»Die reicht nicht, ist alleine keine Garantie. Sogar manche Spitzel tragen Kokarden«, sagte Peter und versuchte, das unwohle Gefühl zu ignorieren, das ihm aus der Magengegend aufstieg. Seit er kein großherzoglicher Spion mehr war, fühlte er sich doppelt schuldig, einer gewesen zu sein.

»Spitzel? Sind die nicht arbeitslos derzeit?«

»Das weiß man nie. Sie können einem nicht allzu viel anhaben. Niemanden bringt mehr eine offen geäußerte Gesinnung in Arrest – eine sogenannte Unruhestiftung hingegen schon. Außerdem stellt sich der ein oder andere Spitzel gern neu in den Dienst der reaktionären Kräfte, die sehr wohl weiterexistieren und die Pläne der Demokraten vereiteln wollen. Manchen geht es nur darum, Namen zu sammeln und in eine Art schwarze Liste einzutragen für den Tag der Konterrevolution. Denk mal an die Restauration in Frankreich. Wenn die Ebbe zu der großen Flut kommt, dann gnade uns Gott.«

»Oje, mir auch?«

»Du bist ja nur ein Liberaler, die flutschen überall durch wie die Fische. Wie winzige Fische. Aber mir droht der Galgen. Mehr als zuvor. Mir bleibt nur die Flucht nach vorne, das Leben als Wühler.«

»Verstehe. Also, woran erkennt man zweifelsfrei einen Wühler?«

»Warum willst du das wissen?«

»Ich schreibe an einer Satire.«

»Oha.«

Peter hatte versprochen, darüber nachzudenken und sich im Beobachten zu üben. Heute Nachmittag hatte er die praktische Gelegenheit dazu.

Leinen! Steifleinen! Wams! Blouse! Heroisches Steifleinen hat die Kraft, selbst tapfere Gegner einzuschüchtern, wie es denn sogar den männlichen Falstaff mit einer Gänsehaut überzog. Das Leinenzeug kann nun auf doppelte Weise verarbeitet werden, entweder zum grauen Turn-

wams oder zur farbigen Blouse. Im ersteren Fall
eignet sich der Träger mehr zum Mitglied der
künftigen provisorischen Regierung, im letzteren tritt er mehr als kommunistischer Apos-
tel auf. Und diese Blousen kleiden recht artig.
Ich habe Blousenmänner gesehen mit zierlichen
Manschetten und Falten und Fältchen, so nett
und kokett, dass eine reiche Erbin sich sogleich
in den Kern der schmucken Hülse hätte verlieben und anbeißen können. (...)
Eines muss der Volksführer vor allem meiden.
Ein echter Freund des eiligen Fortschritts trägt
keine Hosenträger, sondern einen Riemen um
den Leib; grobes Rindsleder mit derber Schnalle.
Mit gegürteten Lenden muss er dastehen, ein
richtiger Kämpe. Frei muss die Brust sein, unbe-
engt, selbst ohne Elastik. Elastisch soll überhaupt
nichts am Volksfreund sein, sondern alles spröde,
starr und unnachgiebig. (...)
Wichtiger als das, was unter den Hut kommt, ist
das, was auf demselben getragen wird. Hier gilt
im Allgemeinen die Regel: Etwas Rotes muss
darauf! Die Straußenfeder ist schon zu aristokra-
tisch; am schönsten steht doch die grimme Hah-
nenfeder. Ein Kokärdchen, ein Stück Band oder
nur Papier tun ist auch; am besten alles miteinander zur gleichen Zeit, nur recht grimmig! (...)
Nun aber haben wir die wichtigste Toilettenfrage
des Wühlers vor uns, den Bart. Ein echter Kunst-
patriot muss möglichst Haare auf oder doch um
die Zähne haben. Der Mund ist die Schießscharte,
aus welcher das Kartätschenfeuer der Volksbe-

redsamkeit hervordonnert. Diese Schießscharte
sei angebracht in einer starken Haarbarrikade,
darüber als rote Blutfahne eine wein- oder wut-
glühende Nase, zwei funkelnde Augen als Mus-
ketenfeuer und ein struppiges dunkles Haupt-
haar wie ein schwerer Wetterwolkenhimmel
hoch darüber. So ist das Revolutionsgemälde fer-
tig. Fliehe, feiger Bourgeois, und verkrieche dich!
Aus »Handbüchlein für Wühler oder kurzge-
faßte Anleitung, in wenigen Tagen ein Volks-
mann zu werden«, von Heinrich Hoffmann
1848 unter dem Pseudonym Peter Struwwel ver-
öffentlicht (siehe Quellenverzeichnis).

Nach einer Stunde Verteilungsarbeit war nur ein Flugblatt-
exemplar übrig. Das behielt Peter für sich.

Unter den Darmstädter Kneipen gab es wie überall solche und solche. Er favorisierte, wie schon in den Dreißigern,
eine nahe dem Marktplatz mit dem ausgefallenen Namen
»Die Bockshaut«. Dort fand er sich am frühen Abend ein,
bestellte einen Apfelwein und ließ sich an einem Tisch nieder, an dem ein paar fröhliche Turner saßen und über das
»Professoren-Parlament« in Frankfurt spotteten. Was heißen sollte, dass die weitaus meisten Abgeordneten der aka-
demischen Klasse entstammten, der Rest dem vermögen-
den Bürgertum und natürlich dem Adel. Unter den rund
sechshundertfünfzig Männern gab es ganze vier Handwerker und drei Bauern. Recht hatten die Spötter. Wie konnte
so eine Versammlung für sich beanspruchen, die Interessen
sämtlicher Klassen zu vertreten? An den Tischen nebenan
wurde gelegentlich mitdiskutiert, zwischendurch Schafkopf gespielt und schoppenweise Bier gebechert.

Es dauerte keine zehn Minuten, da platzten zwei Männer mit Trara durch die Tür und wedelten ungeniert mit Peters Flugblatt. »Leute, wisst ihr schon Bescheid? Habt ihr's gehört? Morgen Mittag auf der Frankfurter Pfingstweide.«

Die Gäste der »Bockshaut« rissen sich das Papier gegenseitig aus der Hand. Lautes Palaver setzte ein. Die Turner riefen durcheinander, jubelten, skandierten revolutionäre Sprüche. Die Schafkopfrunde knallte ihre Karten auf den Tisch. Keiner mochte weiterspielen.

Alle, selbst wildfremde, prosteten sich zu, versprachen einander, dabei zu sein. Verabredungen für die gemeinsame Fahrt wurden getroffen. Die einen wollten mit der Eisenbahn fahren, andere hatten ein Pferd samt Wagen und kündigten an, gern jemanden mitzunehmen, wieder andere vereinbarten eine Postkutschenfahrt, koste es, was es wolle.

Peter schmunzelte vor sich hin, nahm einen tiefen Schluck aus seinem Glas, beäugte das herumgereichte zerknitterte Flugblatt, als sähe er es zum ersten Mal. Dann schloss er sich der vielköpfigen Eisenbahn-Gruppe an.

Frauen – der Hemmschuh der Revolution

Am späten Abend fand Peter, schwindelig von all dem Lärm und dem Zigarettenqualm in der Gaststube, angenehm ruhigen Unterschlupf in seinem Haus in der Mauerstraße, bekam von Roswitha ein Butterbrot und ein drittes Glas Apfelwein.

Die Kinder waren längst im Bett. Die Erwachsenen saßen, weil es Samstagabend war, in der guten Stube beisammen. Roswitha strickte an einer Kindermütze, Christina flickte ihre Riegelhaube und nähte eine dezent rote Borte dran, wie es jetzt Mode war.

Schwager Gernot holte sein Backgammonspiel aus dem Wandregal und warf Peter einen auffordernden Blick zu. »Magst du?«

Der zog statt einer Antwort sein Flugblatt aus der Hosentasche und reichte es ihm. »Magst *du*? Um 8:10 Uhr fährt der Zug nach Frankfurt. Demokratenversammlung.«

Gernot verneinte. »Ich hab Familie.«

»Das haben andere auch.«

Roswitha warf die Arme hoch. »Aber keine Stellung als Amtmann. Als kleiner Bediensteter in der großherzoglichen Registratur, den man jederzeit und aus bloßer Willkür auf die Straße setzen kann. – Verführ ihn nicht zu so was, Paul.«

»Ich komm mit«, sagte Christina.

»Du?« Der Schwager schnappte nach Luft.

Peter versuchte das peinliche Schweigen mit einem Scherz aufzulösen. »Gibt deine Herrschaft dir denn frei?«

Alle lachten befreit auf, schließlich war Christina nicht bei den Henschels »in Stellung«. Sie erhielt Kost und Logis als Gegenleistung für ihre Hilfe. Was sie sonst zum Leben brauchte, verdiente sie sich mit Näh- und Flickarbeiten für vornehme Leute dazu. Und das war nicht wenig.

»Nein, im Ernst«, sagte Peter. »Das ist nichts für Frauen.«

»Warum? Den Frauen gehört die Hälfte der Welt, sagt Luise. Und wir entscheiden selbst, was wir uns zutrauen.«

»Vergiss es, Christina«, sagte Peter. Es klang barscher, als es gemeint war.

Christina nähte stumm weiter, würdigte ihn keines Blicks mehr.

Peter wandte sich dem Backgammonspiel zu, legte seine Steine. Längst hatte er über die Rolle der Frauen bei der Revolution nachgedacht und das Thema mit klugen Männern wie Friedrich Hecker und Robert Blum diskutiert. Natürlich waren sie dafür, den Frauen in der neuen Republik mehr Rechte einzuräumen. Sie sollten zum Beispiel wählen dürfen – sofern sie lesen und schreiben gelernt hatten und klug genug waren, um zu verstehen, um was es ging. Denn die Materie war ja nun mal recht kompliziert.

Frauen sollten künftig keinesfalls mehr zwangsverheiratet werden, sondern durften sich ihre Ehemänner selbst aussuchen. Sie sollten sogar die Scheidung einreichen dürfen, wenn sie von ihren Ehemännern geschlagen wurden – beziehungsweise wenn sie öfter als notwendig geschlagen wurden. Das alles verstand sich von selbst, gehörte sozusagen zu den Menschenrechten. Und Frauen waren auch Menschen. Zumindest fast.

Auch sollten Frauen öffentlich das Wort ergreifen dürfen, um ihre Rechte einzufordern. In Versammlungen, in Zeitungen, sogar im Parlament. Zumal einige von ihnen tatsächlich etwas klüger waren als mancher Mann. Aber aus den politischen Auseinandersetzungen hatten Frauen sich herauszuhalten, sowohl bei den rednerischen wie den bewaffneten. Frauen waren einfach zu zart, zu empfindlich, glaubte Peter, sie weinten immer gleich oder fielen in Ohnmacht.

Peter würfelte. Pasch! Er rückte vier mal fünf Felder vor.

Insbesondere bei Aufständen und Aufmärschen, bei Straßenkämpfen standen Frauen nur sperrig im Weg herum mit ihren langen weiten Röcken. Wie wollten sie damit davonrennen, wenn es brenzlig wurde? Oder gar auf eine Barrikade klettern? Alle vier Wochen waren Frauen unpässlich, bluteten aus dem Unterleib, brauchten Wattekissen zwischen den Beinen, die sie fortwährend erneuern mussten. Aus gutem Grund wurden sie aus den Turnvereinen ausgeschlossen.

Frauen und Waffen? Das passte gar nicht zusammen. Die Gewehrkolben würden sich in ihren Zöpfen, in den Bändern und Rüschen ihrer Hüte verheddern. So wären Frauen leichte Beute für die gegnerische Seite. Und wie sollte ein Mann kühn kämpfen, wenn er dauernd Angst um seine Begleiterin hatte? Nein, Frauen waren der reinste Hemmschuh der Revolution.

Wenn Frauen unbedingt mit in den Kampf wollten, müssten sie Männerkleidung tragen. So wie Emma Herwegh. Alle Welt wusste, dass Emma ihren tapferen Mann und Freiheitskämpfer nicht allein ließ. Sie wurde landauf, landab dafür gefeiert. Doch derlei Kleidung war unpraktikabel für Frauen, da war er sich mit Hecker und Blum einig gewesen. Um auszutreten, müssten Frauen jedes Mal ihren Allerwertesten blankziehen. In aller Öffentlichkeit! Nein, die Revolution sollte den Frauen mehr Rechte bringen, das ja. Aber die Männer hatten es zu richten.

Wo wieder aber ward der Ruf vernommen:
»Für alle Freiheit!«, klang es fast wie Hohn,
Denn für die Männer nur war er gekommen
Im Wettersturm der Revolution.
Denn schien auch Joch auf Joch hinweggenom-
men,
Und stürzte auch in Trümmer Thron um Thron:
Dem Männerrecht nur galt das neue Ringen,
Das Frauenrecht blieb in den alten Schlingen.

Wohl grüßten freie Männer sich als Brüder,
Nur Bürger gab es, nicht mehr Herr und Knecht;
Wohl sangen sie der Liebe Bundeslieder
Und fühlten sich als ein erneut' Geschlecht.
Doch auf die Schwestern blickten stolz sie nieder,
Der Menschheit Hälfte blieb noch ohne Recht,
Blieb von dem Ruf »für alle!« ausgenommen -
Ihr muss erst noch der Tag des Rechtes kommen.
Aus dem Gedicht »Freiheit für alle« von Louise
Otto-Peters (Erscheinungsdatum ungewiss).

All solche Argumente fielen Peter jetzt ein, doch er mochte sie nicht vorbringen, fürchtete, Roswitha und besonders Christina könnten ihn auslachen. Obwohl er natürlich recht hatte. Zack! Er warf einen von Gernots schwarzen Steinen vom Spielfeld.

Und noch einen Grund gab es für seine schroffe Zurückweisung an Christina. Es würde möglicherweise heiß hergehen in Frankfurt, und er sorgte sich um sie. Verdammt, er mochte sie. Deshalb konnte er nun nicht mitansehen, wie sie so zusammengesunken dasaß. Er nahm zwei, drei Schluck aus seinem Becher.

»Ihr Frauen könnt der Revolution dienen, wenn ihr schön Fahnen und Kokarden näht. Ihr könnt der Einheit der Deutschen dienen, wenn ihr mit dem Klingelbeutel umhergeht und Spenden für die deutsche Flotte sammelt. Ihr könnt auch für die Hinterbliebenen der Toten von Berlin stricken und nähen. Das ist ganz, ganz großartig und … äh … ausreichend, kaum ein Mann wird euch ins Handwerk pfuschen. Aber überlasst das Streiten und Kämpfen besser den Männern«, sagte Peter und glaubte, damit seine Zurückweisung wettzumachen.

Er irrte sich.

»Du musst mich nicht mitnehmen«, sagte Christina. »Ich geh mit Lukretia. Und mit Luise. Vielleicht kommen noch mehr Frauen mit. Morgen früh lauf ich los und trommele unser Kränzchen zusammen. Wir fahren wie du mit der Eisenbahn.«

»Bis ihr Weibsleute eure Korsetts geschnürt habt, ist der Zug abgefahren.«

»Wir tragen keine Korsetts, keine von uns. Pünktlich um 8:10 Uhr sind wir am Bahnhof.«

»Ihr kennt euch in Frankfurt doch gar nicht aus.«

»Wir folgen euch einfach, dir und den vielen anderen, die zur Pfingstweide wollen. Oder wir fragen nach dem Weg. Ist ja keine Kunst. Kann uns auch niemand dran hindern.«

Peter stutzte, blickte ihr ins Gesicht. War das dieselbe schüchterne Frau, auf die er vor etwas mehr als einem Jahr fußverletzt vor dem Anwesen von Graf Görlitz getroffen war? Ihre Augen glänzten im Schein der Kerzen wie die einer Wilden, einer Revoluzzerin. Seit ihr Lohn vor allem aus ordentlichen Mahlzeiten bestand, waren ihre Wangen praller. Und unter dem Tuchkram war ein Busen zu erahnen. Rasch sah er weg.

Warum wollte sie unbedingt mit ihm nach Frankfurt? Gar zu gern hätte er geglaubt, dass sie bei ihm sein wollte. Dass sie ihn mochte, ein bisschen wenigstens. – Unsinn, er schüttelte den Gedanken ab. Sie wollte sich keineswegs seinetwegen in Gefahr begeben. Es ging ihr gar nicht um die Republik, nicht um ein geeintes Deutschland, nicht um die Rechte der Frauen. Sie unterstützte die Revolution, weil sie hoffte, dass die neuen Gesetze ihrem Liebsten aus dem Gefängnis halfen. Ihrem Verlobten, der seit nunmehr fast zehn Monaten eingesperrt war und dem eine lebenslange Haft oder gar die Todesstrafe drohte, falls man ihn für schuldig befand.

Oder? Sie wirkte nicht verzweifelt. Eher fröhlich. Er hätte zu gern gewusst, was hinter ihrer Stirn vorging. Was sah sie in ihm? Einen Wohltäter? Einen brüderlichen, wenn nicht väterlichen Freund? Schließlich war er fast zehn Jahre älter als sie.

»Ha«, rief Gernot und schubste zwei weiße Steine vom Spielfeld. »Gleich verlierst du.«

Peter schluckte schwer an dem schalen, warm gewordenen Rest in seinem Becher. Ja, er würde verlieren – falls es ihm einfiele, um Christina zu werben. Sie liebte den Vater ihres Kindes, das musste sie, das sollte sie. Und Peter hatte für immer zu entsagen wie die edlen Ritter des Mittelalters, die verheiratete Frauen besangen, große Gefühle für sie hegten, ohne sie je im Arm halten zu dürfen. Geschweige denn mehr. Und außerdem sollte er heute Abend nichts mehr trinken. Nur noch den einen Schluck nahm er, der der Korken für diese Erkenntnis sein sollte.

»Du hast gewonnen, Gernot«, sagte er tapfer, wischte seine Steine vom Brett und wandte sich an Christina: »Na gut, ich nehm dich mit. Spendiere dir sogar die Eisenbahnfahrt. Aber lass deine Freundinnen daheim. Ich will kein ganzes Damenkränzchen am Hals haben. Außerdem musst du mir hoch und heilig versprechen, an meiner Seite zu bleiben, dich nicht in Gefahr zu begeben und am frühen Abend wieder nach Hause zu fahren, wie es sich für eine junge Frau schickt.«

Christina lächelte zuckersüß. »Na gut, ich schwöre es.«

Auf der Pfingstweide

Das also war die Pfingstweide, wo die Frankfurter jährlich am Dienstag nach Pfingsten ihr spezielles Volksfest abhielten. Wo sie sich selbst einen dritten Feiertag schenkten, indem sie die Arbeit niederlegten, die Speisekammern ausräumten, die Handwagen mit Wurst, Schinken und Wein beluden und loszogen. Christina sah sich um. Sie hatte vermutet, es handele sich um eine Art öffentlichen Garten mitten in Frankfurt. Doch dies war ein Stück Brachland im Nordosten der Stadt, bewachsen mit niedrigem Gras, umgeben von Gestein und lichtem Wald. Auf einem Hügel mittendrin sprudelte ein Quellbrunnen.

Heute war nicht der Tag nach Pfingsten, sondern ein Sonntag Mitte September. Nicht vorstellbar, dass an anderen Tagen mehr los sein sollte. Das Gelände wurde beschienen von einer warmen, nicht zu grellen Sonne, die es gut zu meinen schien mit den Demokraten, Republikanern, Sozialisten und Kommunisten, die sich hier trafen. Sonst hätten derart viele von ihnen – gewiss waren es mehr als zweitausend – nicht hergefunden. Die meisten waren Männer, vor allem junge. Die Frauen und Mädchen machten höchstens ein Zehntel aus, doch immerhin.

»Siehst du, ich bin nicht die einzige Frau«, sagte sie zu Paul.

»Aber die frechste.«

»Ich? Frech?« Christina prustete. »Das hat mir noch niemand gesagt.«

»Dann wurd's Zeit.«

Nun lachten beide.

Christina betrachtete die Kulleraugen, in denen wie so oft der Schalk saß. Dazu das Grübchen der linken Wange, das der Bart kaum verdeckte. Sie spürte, dass sie rot wurde, tat, als müsste sie sich ausführlich umsehen. »Wo wollen wir sitzen?«

Mitten auf der Grasfläche hatten die Veranstalter ein Podium mit Redepult gezimmert. Es war eng umlagert, um nicht zu sagen umkämpft. Wollten diese vielen Männer selbst sprechen? Dann würde die Versammlung ewig dauern.

»Wir setzen uns da vorn ins Wäldchen«, sagte Paul und deutete auf eine halbschattige Stelle unterhalb des Brunnens.

»Aber dann hören wir nicht, was auf der Tribüne gesagt wird.«

»Keine Widerrede.«

Christina wollte nicht schon wieder »frech« sein und folgte ihm. Er war mit Sack und Pack beladen, darin Proviant für sie beide, sie trug einen Korb mit Tischtuch, Blechgeschirr und Holzlöffeln. Nur ihretwegen, weil sie sich ihm aufgedrängt hatte, verzichtete er darauf, sich nahe der Rednerbühne aufzuhalten? Sie schämte sich und suchte ein Plätzchen aus, das wenigstens freie Sicht aufs Podium bot, breitete, wie die anderen »mitgebrachten« Frauen es taten, eine Decke aus, stellte einen Teller mit Butterbroten und Käsehappen, einen weiteren mit Pflaumen und Mirabellen drauf. Paul platzierte eine kleine Schraubflasche mit Branntwein daneben. Es war ein vergleichsweise bescheidenes Mahl. Die meisten Pfingstweidenbesucher hatten ganze Kiepen voller Wurst und Schinken, Brezeln und Kuchen dabei.

»Glaub mir«, sagte Paul, »wir verpassen nichts. Zumindest diese Abgeordneten reden immer dasselbe.«

Christina nahm ihm so viel Gleichgültigkeit nicht ab. Wenn sie das Flugblatt richtig verstanden hatte, ging es hier um mehr als den üblichen Parlamentsstreit. Heute ging es um ordentlich was: die Einheit der Republik und die Gleichstellung aller Länder. Und die Forderung nach einer völligen Entmachtung des Adels stand drohend im Raum.

Fürsten zum Land hinaus, nun kommt der Völkerschmaus.
Raus! Raus! Raus! Raus!

So intonierten einige Männer, die in der Nähe im Gras saßen. Und Paul sang mit.

Christina hatte verstanden: Paul war einer von denen, die es bitterernst meinten. Wie Henriette. Und ihr – wenn sie es recht bedachte – war es auch bitterernst. Sie hatte oft genug in ihrem Leben mitbekommen, dass der Adel machte, was er wollte, sich nahm und besudelte, was er wollte, und auch noch recht bekam. Nun hatte es Johann getroffen – und damit zum ersten Mal sie selbst. Entschlossen fiel sie mit ein:

Jagt die vermeintlichen, bürgerlich Freundlichen.
Weg! Weg! Weg! Weg!

Um die Tribüne herum waren die Männer in Bewegung geraten, sie stritten laut und mit Körpereinsatz. Es dauerte eine Weile, bis die Reihenfolge der Redner feststand. Den Anfang machte ein kleiner Mann mit imposantem Bauchumfang, rotbrauner Mähne und rotbraunem Bart. Christina glaubte, ihn zu erkennen. Es war der, der den schönen Fürsten Lichnowsky in der Paulskirche der Lüge bezichtigt hatte.

»Das ist Robert Blum«, sagte Paul. »Den kenn ich aus dem Deutschen Hof. Kluger Mann.«

Blum erkletterte ungelenk die Tribüne, fiel beinahe hin, erntete Gelächter, aber noch mehr Begrüßungsapplaus, musste mehrmals ansetzen, ehe sich der Begeisterungssturm legte. Seine Stimme klang wie Gewittergrollen. Dass er immer wieder seinen Zeigefinger in die Luft warf, verlieh ihm etwas Lehrerhaftes. Ab und an fiel ein derbes Wort, das in Gejohle und Gekecker unterging.

Merkwürdigerweise zeigten die Redner, die ihm folgten, die gleichen Attitüden. Außerdem sahen sie ihm ähnlich, was keine Überraschung war. Denn genauer betrachtet sahen sie alle mehr oder weniger Paul ähnlich, sofern nicht ein früh einsetzender Haarausfall oder ein jugendlich schütterer Bartwuchs oder mehr Leibesfülle für einen Unterschied sorgten.

»Dass ihr Wühler und Revoluzzer euch eine eigene Tracht zugelegt habt, ist mir schon mal aufgefallen. Kann es sein, dass auch eure Gesten und Mienen einem Vorbild folgen?«

Paul grinste schief. »Danke, Christina, du bringst mich auf eine Idee.« Er zog eine kleine Kladde und einen gespitzten Bleistift aus seinem Gepäck, machte sich Notizen.

»Was schreibst du da? Verstehst du etwa, was da drüben gesprochen wird?

»Ich notiere mir die Tonlage, die Schimpfwörter, die Gesten und so gut es geht auch die Mienen. Ich will einem guten Freund helfen, der ein Buch schreibt und ein paar Beobachtungen zusätzlich braucht.«

»Was für ein Buch?«

»Darf ich dir nicht sagen, aber da ich meinen Text ohnehin bald in Reinschrift übertrage, kannst du ihn lesen, sobald er so weit ist.«

> *Die Rede sei durchweg derb! Alle Aussprüche seien vierschrötig, grobknochig! Gedrungene Sätze, sodass den Zuhörern ein Gefühl von Pflastersteinen, Sensen, Dreschflegeln und von anderem Freiheitsprügelmaterial anwandelt, und zwar aktiv oder passiv, je nachdem. (...)*
> *Wo etwa Begeisterung nötig ist, suche der Redner in Wut zu geraten. Der Wein der Begeisterung tut es nicht mehr, man muss zum Schnaps des Fanatismus greifen.*
> *Eigentliche Titulaturen fallen ganz weg. Dies versteht sich eigentlich von selbst, als mit dem Begriff der Grobheit unvereinbar. Man muss aber konsequent dabei sein; so ist die Anrede »meine Herren« ganz zensurwidrig und mit der Brüderlichkeit und Gleichheit unverträglich. Man sagt »Freunde« oder »Mitbürger« oder »deutsche Männer« oder noch besser gar nichts; die Leute wissen doch, was sie sind. Das Wörtchen »ihr« ist besser als »Sie«. Jenes ist mehr proletarisches Eichenholz, dieses aristokratisch poliertes Mahagoni. Ferner sage man z. B. nicht: »Herr Torschreiber Eppelmeier«, sondern nach*

*Vorgang der Franzosen »Citoyen Eppelmeier«,
zu Deutsch »Bürger Eppelmeier«. Herren werden nun ein für alle Mal nirgends mehr geduldet. (…)*
*Aus »Handbüchlein für Wühler oder kurzge-
faßte Anleitung, in wenigen Tagen ein Volksmann zu werden«, von Heinrich Hoffmann
1848 unter dem Pseudonym Peter Struwwel veröffentlicht (siehe Quellenverzeichnis).*

Kein Friede

Der Proviant war aufgegessen, das Fläschchen Branntwein
fast leer. Christina hatte nur daran genippt, dennoch strahlten
ihre Augen, glühten ihre Wangen, und Peter vermied es, sie
anzusehen. Vor allem bemühte er sich, sie nicht zu berühren.
Keine Frage, seine Fingerkuppen würden sonst Feuer fangen.

Es bedurfte eines Gewaltakts, sich von ihr zu lösen. »Darf
ich dich kurz allein lassen, Christina? Da vorn ist der Friedrich Jucho, ein Freund von mir. Lange nicht gesehen. Will
ihm mal eben die Hand schütteln.«

»Natürlich«, sagte Christina. »Lass dir Zeit.«

Das mit dem Jucho war vorgeschoben. Er war ein Frankfurter Abgeordneter mit langer revolutionärer Vita, – Teil-

nehmer des Hambacher Fests und des Frankfurter Wachensturms –, und wie immer war er umlagert von Bewunderern. Er würde kaum einen Blick, noch weniger ein Wort für Peter übrighaben.

Nein, er brauchte die Minuten abseits, um sich die Beine zu vertreten, um zu verschnaufen, um etwas Abstand zwischen sich und Christina zu bringen, vor allem, um die Erektion in seiner Hose loszuwerden. Christina gehörte einem anderen, verdammt! Also musste er seine Begierde bezähmen, sich begnügen. Was für ein Dummkopf er war, sie mitzunehmen! Als hätte er nicht geahnt, wie eng sie zusammenhocken würden, wie prickelnd ihre Nähe sein würde.

Peter wühlte sich durch den dichten Pulk rund um die Tribüne, guckte nicht rechts, nicht links, hörte nicht hin, atmete tief, redete sich Tapferkeit ein, feierte die Genugtuung, die in erfolgreicher Entsagung lag, es klappte halbwegs. Er wollte wieder umkehren, da passierte es.

Nein, es *war* schon passiert. Die auf Einigkeit und Brüderlichkeit Eingeschworenen waren miteinander in Streit geraten. Es hagelte Schimpfwörter: »Ihr Memmen!«, »Ihr Feiglinge!«, »Ihr Arschlöcher!«. Vereinzelt drohten sie einander Prügel an. Peter lauschte, fragte sich durch und begriff allmählich: Ein Großteil der Linksfraktion wollte morgen früh ins Parlament zurückzukehren, um durchzusetzen, was durchzusetzen war. Sie wollten sich damit begnügen, einen Schritt nach dem anderen zu setzen. Wollten einerseits konsequent und vehement für freie und gleiche Wahlen kämpfen, für die Volksbewaffnung, für die Geschworenengerichte. Wollten andererseits den sogenannten Frieden von Malmö aussitzen. Weil er für den Preußenkönig unverhandelbar war. In ihren Augen schien der Kompromiss nötig. Ohne Preußen konnte es kein geeintes Deutschland geben.

Für einen kleineren Teil der Versammelten war dies ein fauler Kompromiss. Wenn Demokraten und Kommunisten jetzt einbrachen, jetzt Zugeständnisse machten, so glaubten sie, würden sie es weiterhin tun und Deutschland würde zu einer Nation unter der Fuchtel der Preußen werden. Was sie in Teilen ohnehin schon war, aber nicht bleiben sollte.

Entsprechend heftig tobte die Auseinandersetzung. Die Diskussion schien Peter beliebig, beide Positionen hatten gute Argumente. Statt sich zu streiten, sollten sie besser eine langfristige gemeinsame Strategie aushandeln und Einigkeit demonstrieren. So weit waren sie nicht voneinander entfernt. Doch wie so oft schoben sich die Fanatiker in den Vordergrund und fachten den Streit an.

»Reaktionäre!«

»Memmen!«

»Idioten!«

Zwei Kerle waren besonders eifrig dabei, beide mit feuerroten Blousen und Schiebermützen. Sie erklommen unangemeldet die Tribüne, pochten mit dem Schaft einer monströsen Deutschlandfahne auf die Bretter und überzogen, sobald sie Gehör fanden, ihre Gegner mit harschen Vorwürfen. »Der Friede von Malmö ist kein Friede, sondern Volksverrat. – Wer dem Frieden von Malmö zustimmt, ist ein verkappter Reaktionär – Ihr seid keine Demokraten, ihr seid Preußenhuren!« Sie überboten sich gegenseitig mit Schimpfkanonaden, ihre Stimmen überschlugen sich, die Menge johlte. »Verräter, Verräter, hängt die Verräter!« Da mussten manche noch mehr getrunken haben als Peter.

Er wandte sich kopfschüttelnd ab, wollte zu Christina und dem lauschigen Eckchen am Brunnen zurückkehren. Da drang es schrill an sein Ohr. »Kommt alle morgen Mittag zum Roßmarkt, bewaffnet. Bringt mit, was ihr habt:

Pistolen, Flinten, Messer, Sensen. Dann ziehen wir zur Paulskirche und stürmen sie.« Peter drehte sich um, es war einer der zwei Rotblousen, der da sprach. Beide standen sie da wie Schauspieler, allzu selbstbewusst, allzu heroisch. Synchron erhoben sie ihre geballten rechten Fäuste … Peter kniff die Augen zusammen, um deutlicher zu sehen. Und erschrak. Er kannte die Männer. Sie waren vom Frankfurter Geheimdienst, Lockspitzel. Söhne eines Metzgermeisters aus Mainz, den Namen hatte Peter vergessen. Aber nicht die Gesichter. Im Umerziehungslager hatte er sie getroffen und war auf Abstand gegangen. Sie hatten ein Feuer an den Tag gelegt, das ihm fremd war. Hatte man sie erpresst – so wie ihn? Waren sie inzwischen übergelaufen – wie er? Nein, es war allzu deutlich, dass die beiden als Provokateure auftraten. Sie riefen zur Gewalt auf, damit die Stadtpolizei, wenn nicht die preußische Schutzpolizei, morgen Mittag Gelegenheit bekam, all die Dummen zu verhaften, die auf das Schauspiel hereinfielen. Der Auftritt erschien Peter als ein sicheres Zeichen, dass die Geheimdienste neu erwacht waren. Ohne Metternich. Ohne du Thil. Mit einer zweiten Garnitur. Und Peter war erneut in Gefahr.

Insbesondere, wenn die zwei Krawallmacher da vorn ihn ihrerseits erkannten … oder schon erkannt hatten. Garantiert waren noch mehr von ihnen hier. Panik ergriff ihn. Er drängelte sich durch die jubelnden Massen, rannte zum Brunnen, suchte Christina … ihren Lagerplatz … Das Tischtuch, der Korb, das Blechgeschirr. Alles war noch da, aber Christina war weg.

Peter rannte umher, rief ihren Namen … Sie hatten ihn gesehen, sie hatten Christina gesehen, sie hatten ihr etwas angetan.

Verstecken

Christina klopfte sich das Laub vom Kleid, ging gemächlich zurück zu ihrem Lagerplatz und fand Paul im Gras kauernd, die Hände vors Gesicht geschlagen. »Was ist denn mit dir los? War der Jucho nicht nett zu dir?«

Er sprang auf. »Wo warst du?« Es klang, als fragte ein strenger Vater sein zum Abendessen verspätetes Kind.

Christine warf die Arme hoch. »Austreten. Darf ich das nicht?«

»Lass uns verschwinden.«

»Warum denn?«

»Es gibt Streit.«

»Hab's gesehen. Sogar gehört. Gut so, dann wird's spannender.«

»Wir müssen zum Bahnhof.«

»Jetzt schon?« Christine besah sich den Himmel. Er hatte sich griesegrau zugezogen, sodass kein Sonnenstand erkennbar war. Aber es mochte stimmen, Paul hatte eine Uhr in der Tasche und den Fahrplan der Eisenbahn im Kopf. »Schade«, sagte sie und half einpacken.

Er hetzte mit dem Rucksack voran, Christine eilte mit dem Korb hinterher, wunderte sich, dass der Pfad, dem sie folgten, schmaler und steiler war als der auf dem Herweg, sagte jedoch nichts. Paul keuchte, seine Augen suchten die Gegend ab. Ruhiger wirkte er erst, als sie eine Anhöhe erklommen hatten, von der aus sie das Treiben auf der Pfingstweide beobachten konnten.

Tatsächlich war die Unruhe weiter angewachsen, vereinzelt prügelten sich einige, andere feuerten sie an. »Deine Demokraten sind wie kleine Buben«, sagte Christine.

Paul schien nicht hinzuhören. »Gleich regnet's«, sagte er.

»Tut es bereits.« Christine spürte die ersten Tropfen auf der Nase. »Und ich hab keinen Schirm dabei.«

Es war ein feiner ergiebiger Landregen. Unter Bäumen kamen sie anfangs geschützt voran, doch nach einer halben Meile war Christines Haube durchnässt. »Wie weit ist es noch?«

»Guck mal, da vorn gibt's einen Jägerhochsitz. Kletter rauf, bis der Regen nachlässt.«

»Und die Eisenbahn?«

»Bisschen Zeit haben wir noch.«

Merkwürdig, bis eben war dieser Mann gerannt, als wäre der Teufel hinter ihm her. Plötzlich sollte genug Zeit sein. Wenigstens war er wieder guter Laune. Kopfschüttelnd stieg Christine die Leiter hinauf, betrat eine Plattform aus rohen Brettern, die nicht nur überdacht, sondern zudem seitlich halbhoch geschützt war und auf der sich eine Bank, höchstens zwei Ellen breit, befand. Sie setzte sich, nahm ihre Riegelhaube ab und schüttelte sie aus.

»Wo bleibst du, Paul?«

»Bin hier.«

Sie spähte durch die Bodenritzen. »Komm rauf, da ist noch Platz, ich mach mich ganz dünn.«

»Nein, ich warte unten.«

»Willst du den starken Mann spielen, dem der Regen nichts ausmacht? Du tropfst aus dem Bart. Und guck dir mal deine komische Blouse an, die klebt an der Hose. Lass den Rucksack und den Korb stehen und komm rauf.«

Er gehorchte. Und wollte gleich wieder absteigen. »Die Bank ist für ein einziges Jägerhinterteil gedacht.«

»Ich rück ein Stück. Oder ich nehm dich auf den Schoß.«

»Du mich?«

»Na gut, dann umgekehrt.«

»Das geht nicht, Christina.«

»Jetzt sag ich mal: Keine Widerrede!«

Er behielt recht, so dicht beisammen war keine gute Idee. Christina auf seinem Schoß war eine ganz schlechte Idee. Wenige Minuten vergingen, da wuchs etwas mit Macht in ihrem Unterleib. Drückte, drängte, löste ein Sehnen, ein Verlangen aus, einen lange nicht mehr gefühlten süßen Schmerz, der sich entzündete, wie Feuer loderte.

Nein, bloß das nicht, dachte sie. Doch ihre Hände machten sich selbstständig, fuhren Paul durch die Haare, den Bart. Mit dem kleinen Finger zeichnete sie den Bogen seiner Nase nach, die Kurven seiner Ohrmuscheln. Was für hübsche Ohrmuscheln er hatte! Die waren bislang unter all den Flusen unsichtbar gewesen. Sie biss hinein.

»Christina«, stöhnte er leise, drückte sie an sich, küsste ihre Lippen, ihren Hals, ihre Brust, warf den Kopf in den Nacken. »Lass uns absteigen und weitergehen.«

»Ja, gleich …«

Der Regen hörte auf. Paul nicht. Christina auch nicht.

»Was macht ihr da?«, rief es barsch von unten. Ein dicklicher Förster stand wie aus der Laubdecke gewachsen vor dem Hochsitz, ganz in Grün, eine alberne Kappe auf dem Kopf, eine Flinte geschultert. »Verdammtes Gesinde, habt ihr kein Bett?«

Christina fasste sich. »Man soll nicht fluchen, guter Mann«, sagte sie. »Das bringt kein Glück und keinen Segen.« Sie ordnete ihr Kleid, zog ihre feuchte Haube über das zerwühlte Haar und stieg die Leiter nach unten.

Paul richtete sich Hemd und Hose und folgte ihr. Sie

ergriffen ihr Gepäck und spazierten davon, als wäre nichts gewesen. »Einen schönen Abend noch, Herr Förster.«

Paul blieb stehen, sah auf seine Taschenuhr. »Der Zug ist abgefahren.« Es klang zerknirscht.

Christine zuckte die Achseln. »Übernachte ich halt bei dir, ist jetzt auch egal.«

»Kommt nicht infrage. Du glaubst es vielleicht nicht, aber sogar in Frankfurt gibt es überkommene Sittlichkeitsregeln.«

Paul brachte sie zu einer Wirtin, die in seiner Nachbarschaft wohnte und die ihm regelmäßig die Wäsche besorgte. »Witwe Kannegießer«, stellte er sie vor.

Die Frau hatte graues Haar, blaue Augen und einen kleinen Klecks Nase mitten in ihrem gutmütigen Gesicht. Sie nahm Christina ebenso freundlich wie umstandslos in Empfang.

»Bis morgen früh, Fräulein Born«, sagte Paul. »Wir treffen uns um halb neun vor der Katharinenkirche, dann bringe ich Sie zum Bahnhof, in Ordnung?«

»In Ordnung. Und vielen Dank auch, Herr Mink«, sagte Christine.

Die Witwe Kannegießer zupfte ein Fädchen Moos aus dem Geflecht von Christinas Korb, ließ es unter ihrem Rock verschwinden und lächelte wie eine Sphinx.

Barrikaden

In Frankfurt hatten sie was vor. Aber was? Christina schlenderte durch die Straßen der Innenstadt zum Römerberg. Die Glocke der Katharinenkirche schlug acht. Sie hatte Zeit, war erst in einer halben Stunde mit Paul verabredet.

Sie sah sich um und wunderte sich. An diesem nebligen Montagmorgen waren unglaublich viele Menschen auf den Beinen: Männer, Frauen, Junge, Alte. Es fehlten diejenigen, die man um diese Zeit in Darmstadt antraf: Milchmädchen, Schuhputzer, Markthändler. Stattdessen rollten Männergruppen Unmengen von Fässern übers Straßenpflaster. Frauen und Kinder zogen Leiterwagen beladen mit Holzkisten und losen Brettern, kaputten Stühlen und Tischen, Wagenrädern, sogar mit verwitterten Dachlatten durch die Gassen. Ein Radau war das! Fast wie Katzenmusik. Im Gegensatz dazu gaben sich andere Bürger buchstäblich verschlossen, hielten Fensterläden ihrer Häuser zu, die Rollläden ihrer Geschäfte blickdicht heruntergelassen. Dabei war es längst hell.

Am Römerberg ging es noch seltsamer zu. Dort luden Anwohner ihre Fässer ab, bugsierten sie mit »Hau-ruck« und »Zu-gleich« in eine Reihe, hievten sie aufrecht, sodass sie lückenlos beieinanderstanden. Obendrauf wurden Bretter und Kisten gestapelt, genagelt, mit Seilen aneinandergebunden.

»Was macht ihr da?«, fragte Christina einen Buben, der einen Eimer mit Erde über den Platz schleppte.

»Wir bauen Barrikaden.«

214

»Aha, Ba…«

»Barrikaden! Weil, was die Franzosen können, können wir sowieso.« Er reckte sein Näschen.

Christina nickte, als habe sie daran keinen Zweifel. »Aber warum tut ihr das?«

»Weil die Preußen kommen.«

»Aha«, sagte Christina wieder und besah sich den Knaben genauer. Höchstens zwölf Jahre war er alt, trug ein steifes Leinenhemd über der Hose wie der Struwwelpeter. Anders als beim Struwwelpeter waren seine Fingernägel jedoch geschnitten und sauber. Und er sprach Hochdeutsch, zweifellos kein Gassenbub, sondern ein Bildungsbürgerkind. Auskunftsfreudig war das Kerlchen außerdem. »Der Preußenkönig will nämlich ganz Deutschland besetzen.«

Christina fühlte sich gemüßigt, zu widersprechen. »Schleswig-Holstein zumindest will er nicht ganz, überlässt dem Dänenkönig die Hälfte.«

»Nur weil es ihm dort zu kalt und zu nass ist.«

Aber Preußen ist doch auch kalt und nass, wollte Christina einwenden, als eine weibliche Stimme »Tillman!« über den Platz rief. Hinter einem der Fässer tauchte eine Frau auf, offenbar die Mutter des Knaben. Keine Kopfbedeckung, wirres, verschwitztes Haar, gerötete Wangen, Hammer und Säge in den Händen. »Wo bleibst du?«

Der Bub sagte artig: »Wiedersehen«, und rannte zu der Frau hinüber, der Eimer schlenkerte ihm um die Waden. Eine Frau, die Barrikaden baute! Luise wäre beeindruckt, wenn sie es sähe. Henriette erst recht.

Die Katharinenkirchenuhr schlug Viertel, da bog Paul um die Ecke und winkte, als habe er es schon wieder furchtbar eilig. Er begrüßte sie mit einem flüchtigen Kuss auf die

Stirn. »Los, ich bring dich zum Bahnhof und setz dich in die Eisenbahn nach Darmstadt.«

»Danke, ich bin es gewohnt, mich alleine zu setzen, wenn ich es möchte.«

»Du weißt, was ich meine.«

»Kommst du nicht mit?«

»Muss ins Institut. Ist Werktag.«

»Dann bleib ich auch ein paar Stunden länger in Frankfurt. Ich werde meine neue Freundin Henriette besuchen. Eine sehr imposante Frau. Die wohnt in Bornheim, dahin kann ich laufen.«

»Ein andermal, Christina.«

»Pass auf, mein Lieber, du bist weder mein Vater noch mein Bruder noch mein Ehemann. Nur weil wir ein bisschen geschmust haben, hast du mir nix zu befehlen. Auch nicht, weil du mir die Fahrt spendiert hast. Ich zahle dir dein Geld zurück, aber ich fahre heim, wann es mir gefällt. Und jetzt will ich erst mal gucken, was die Frankfurter mit den vielen Fässern und kaputten Möbeln anstellen.«

»Ich glaube nicht, dass dir das gefallen wird.«

Christina berichtete, was sie gelernt hatte: »Sie wollen Barrikaden bauen. Wie die Franzosen.«

»Genau«, sagte Paul. »Also nichts wie weg.«

»Ich mach ja nicht mit, ich guck nur zu.«

»Zugucken ist ebenfalls gefährlich.«

»Was ist in dich gefahren? Das ist die Revolution. Das ist doch dein Element, soweit ich dich verstanden habe. Und ich will sie selber, die Republik, komplett, mit freien und gleichen Wahlen, mit guten Gesetzen für alle. Sogar für Frauen wie mich. Sogar für Dienstmädchen wie mich. Stell dir das mal vor!«

»Heute – das wird ein sinnloser Aufstand. Von vornherein zum Scheitern verurteilt. Es kann Tote und Verletzte geben. Wie in Berlin. Wie in Baden.«

»Ach, und wie bringst du dich selbst in Sicherheit? Hast du Fensterläden, die du rappeldicht schließen kannst, wie manche der Anwohner?«

»Das Institut tastet keiner an. Mach dir um mich keine Sorgen. Und nun komm endlich.«

Christina gab klein bei, hakte sich bei Paul ein. Revolution gut und schön, aber bei Straßenkämpfen zu sterben, das musste nicht sein. Zumal wenn sie sinnlos waren, wie Paul behauptete. Sie hatte Mühe, mit ihm Schritt zu halten. Mit verkniffener Miene starrte er geradeaus. Tsss, so ein Angsthase! Sie hatte ihn falsch eingeschätzt.

»Die Frankfurter bauen Barrikaden, weil die Preußen einmarschieren. Das hat mir vorhin ein Dreikäsehoch erklärt«, sagte Christina und lachte laut, erwartete, dass Paul sich darüber ebenso amüsierte wie sie.

»Tja«, sagte er, ohne seinen Schritt zu verlangsamen.

»Du hältst mich für dumm, wie?«

»Man muss nicht dumm sein, wenn man etwas nicht versteht. Und manches, was der Preußenkönig anordnet, versteht niemand. Es ist allzu absurd.«

»Also, ich versteh zum Beispiel nicht, wie die Preußen so schnell hier sein können, wenn sie das denn überhaupt wollen.«

»Ein paar Militäreinheiten sind bei Mainz stationiert. Mit der Eisenbahn sind die in einer Stunde da.«

»Und was können die Barrikaden gegen die Preußen ausrichten?«

»Nichts, das ist es ja.« Paul stöhnte. »Die Deutschen haben sich von den Franzosen das Prinzip des Barrikadenbaus abgeguckt. Das hat dort eine lange Tradition. Es gibt Bücher mit Abbildungen und Anleitungen. Allerdings haben die Deutschen noch nicht gelernt, wann Barrikaden sinnvoll sind und wann nicht.«

»Aber du hast das gelernt? Verrat es mir, ich möchte mich bilden, weißt du.«

Nun lachte Paul doch, zumindest gluckste er leise. »Mit Barrikaden haben sich die Pariser schon im vorigen Jahrhundert vor dem Zugriff der Obrigkeit geschützt, sie haben ihre engen Wohnstraßen verschlossen, um die königlichen Soldaten zu behindern, um sie einzukesseln und aus dem Hinterhalt zu erschießen.«

»Oha!«

»Für einen Angriff, auf einen Regierungssitz zum Beispiel, taugen Barrikaden nur bedingt. Wenn man es falsch anfängt, sitzt man selbst in der Falle. Und ohne Gewehre geht sowieso nichts.«

Er deutete auf ein paar Halbwüchsige, die Pflastersteine aus dem Bürgersteig lösten. »Mit Steinwürfen kann man vielleicht Steuereintreiber, Gerichtsvollzieher, Stadtpolizisten und irgendwelche Leuteschinder verscheuchen, aber kein Militär. Man stürmt damit auch kein Gefängnis. Dazu braucht es Schusswaffen und die Übung, sie zu nutzen.«

»Verstehe«, sagte Christina und ging den Rest des Wegs schweigend an Pauls Arm. Alles, was recht war, Schusswaffen waren nicht ihre Sache.

Bei der Eisenbahnbrücke hielt Paul abrupt an. »Zu spät, verdammt!«

In der Falle

Ja, es war zu spät. Keine Lok auf den Gleisen, keine Schaffner, keine Reisenden auf den Bahnsteigen. Stattdessen war das Gelände weiträumig umlagert, überall Tschakos und blinkende Bajonettspitzen. Sie waren schon da, die Preußen. Standen stramm in Reih und Glied, als gelte es, sich zur Parade zu formieren. Gegenüber erhob sich eine Barrikade aus mindestens zehn alten Fässern, eine so hohe hatte Peter nie zuvor gesehen. Sie wurde von rund hundert Männern in Turnertracht bewacht. Abseits hockte eine kleine Gruppe von Händlern mit Koffern, Körben, hängenden Schultern und ratlosen Gesichtern im Gras.

»Die lassen niemanden durch, wie es scheint«, sagte Christina.

Peter gab nicht auf, ging mit Christina an der Hand auf die Reihe der Preußen zu, trat an einen Schnauzbart heran, der den Eindruck machte, als hätte er das Kommando. »Diese junge Frau ist meine Cousine. Sie muss dringend nach Darmstadt. Eine Familienangelegenheit.«

Er stupste Christina an, die brav knickste und den Blick senkte wie die Unschuld persönlich. Und damit sicher einer strikten Anweisung von Luise Büchners Kränzchen zuwiderhandelte.

Der Schnauzbärtige schien gerührt von so viel Anmut. Oder Demut. »Es tut mir leid, aber hier fährt heute keine Eisenbahn.«

»Den ganzen Tag nicht?«

»Keine rein, keine raus. Nehmen Sie die Postkutsche.«

»Vielen Dank für den Rat.« Peter deutete eine Verbeugung an, nahm Christina wieder an der Hand, zog sie hinter sich her. Kaum außer Sicht der Preußen sträubte sie sich, zeterte laut, er würde ihr den Arm abreißen. – Was tut man nicht für ein Weib, für das man Verantwortung verspürt? Auch wenn es glaubt, diese Fürsorge nicht nötig zu haben. Eine Postkutsche nach Darmstadt? Würde er glatt bezahlen, um das Mädel in Sicherheit zu wissen und sich nicht mehr weiter kümmern zu müssen. Doch so eine Fahrt ginge über seine aktuellen Verhältnisse. Seit ihm die Zuwendungen des Geheimdienstes fehlten, musste er sparen. Es ging nicht anders, er musste Christina eine weitere Nacht bei Frau Kannegießer unterbringen. Also zurück durch die Nebenstraßen der Stadt, denn die Zeil war ein einziger Barrikadenhaufen.

Sobald Christina in Sicherheit war, würde er sich zu den Turnern auf ihre Barrikade am Bahnhof begeben. Die Straßensperre hatten sie nach allen Regeln der Kunst gebaut, und sie war an dieser Stelle durchaus sinnvoll. Mochten die Preußen den Bahnhof abschirmen, diese Barrikade schirmte die Preußen ab, vorerst. Pflastersteine aus dieser Höhe waren erfolgversprechend. Und er hatte heute in der Frühe seine Pistole eingepackt – für den Fall der Fälle.

Sie hatten die Hauptwache erreicht, da drang Geschrei aus Richtung der Paulskirche. An die hundert Menschen strömten auf den Platz und trieben zwei Gestalten vor sich her, verfolgten sie mit Steinwürfen: zwei Männer in fremdländischen Militäruniformen. Die beiden preschten zum Hauptwachengebäude, verschwanden im Arkadengang. Gleichzeitig rückte die bewaffnete Stadtpolizei heraus, postierte sich vorm Portal des trutzigen alten Bauwerks. Weitere Polizei riegelte im Nu den Platz ab.

»Fürsten zum Land hinaus …«, schmetterte die Menge. Es waren Frauen dabei, die mit Kochtöpfen und -löffeln, mit Dreschflegeln und Ratschen zu einer Katzenmusik anhoben. Katzenmusik vor der Hauptwache, dem zentralen Sitz der Frankfurter Stadtpolizei? Das war eher komisch als bedrohlich.

Trotzdem entschied sich Peter, eine Seitenstraße anzusteuern. »Christina, dort entlang.« Er wollte ihre Hand nehmen, da drehte das Mädel sich weg.

»Henriette!« Sie rannte auf eine Walküre mit Strohhut und auffallend buntem Schal zu. Die Frau breitete die Arme aus, Christina verschwand fast darin.

Peter blieb nichts anderes übrig, als zu folgen.

»Heute ist was los in Frankfurt, wie?«, sagte die Walküre und lachte, dass eine Reihe enorm großer Zähne sichtbar wurde – inklusive Zahnlücke.

»Wie kommst du hierher, Henriette?«

»Mein Mann und ich waren unterwegs, um eine bestellte Lithographie-Arbeit abzuliefern, da rannte uns der Lichnowsky beinahe über den Haufen. Der hockt jetzt da drin und weint.« Sie deutete mit dem Knauf ihres Regenschirms zur Hauptwache. »Aber sein Freund General von Auerswald, der Preußenpudel, ist bei ihm und tröstet ihn.«

Christina machte Anstalten, Peter und Henriette einander vorzustellen. »Frau Zobel, meine Freundin aus …«

»Bürgerin Zobel«, korrigierte die Walküre. »Aus Bornheim.«

»Bürger Mink«, sagte Peter flüchtig und zupfte Christina am Ärmel. »Erfreut, Sie kennenzulernen, Bürgerin Zobel, aber wir müssen weiter.«

»Was hast du gesagt, Bürger Mink?« Die Walküre legte eine Hand hinter die Ohrmuschel.

»Wir mü-ssen wei-ter«, schrie Peter und nahm Christinas Arm.

Die Walküre verstand nichts, was nicht verwunderlich war. Die Menge vor der Hauptwache lärmte immer lauter, Steine flogen durch die Fenster, es klirrte und schepperte, was Begeisterungsgeschrei auslöste.

Es mochte sein, dass Lichnowsky und Auerswald sich trotz Polizeiabsperrung unsicher fühlten. Es mochte auch sein, dass sie die Abenteuerlust gepackt hatte. Urplötzlich preschten sie an der Rückseite der Hauptwache auf Pferden davon, Lichnowsky schoss mit einer Pistole ein paarmal in die Luft, ehe er, von Auerswald im Rücken, in die Bleichstraße verschwand.

Das Gros der Meute, die die beiden verfolgt hatte, murrte und ließ von ihnen ab, zerstreute sich, zog zurück zur Paulskirche, sang eine neue Variante des Heckerlieds, die es in sich hatte.

> *Schmiert die Guillotine*
> *Mit Tyrannenfett.*
> *Reißt die Konkubine*
> *Aus des Fürsten Bett.*
> *Ja, dreiunddreißig Jahre*
> *Währt die Knechtschaft schon.*
> *Nieder mit den Hunden*
> *Von der Reaktion!*
> *(...)*
> *Fürstenblut muss fließen,*
> *Fließen stiefeldick.*
> *Und daraus ersprießen*
> *Die rote Republik.*
> *Ja, dreiunddreißig Jahre*

Währt die Knechtschaft schon.
Nieder mit den Hunden
Von der Reaktion!
(...)
An den Darm der Pfaffen
Hängt den Edelmann.
Lasst ihn dran erschlaffen,
Hängt ihn drauf und dran.
Ja, dreiunddreißig Jahre
Währt die Knechtschaft schon.
Nieder mit den Hunden
Von der Reaktion!
Strophen aus dem »Heckerlied« von 1848, Verfasser unbekannt.

Peter wurde übel. Wer dachte sich derartige Texte aus? Wer legte sie den aufständischen Massen in den Mund? Es musste die Reaktion selbst sein, die Gegner der Revolution, die dem kleinen Bürger, dem Bildungsbürger, sogar den Bauern demonstrieren wollte: *Hört hin, was die Demokraten und Kommunisten wollen. Hütet euch vor ihnen. Sie wollen keine Tyrannei abschaffen, sie wollen eine neue, weit üblere erschaffen.*

Er fasste Christina entschlossen am Arm.

»Aua, du tust mir weh!« Sie wehrte ihn ab, boxte ihn in die Seite.

»Hörst du nicht, was die singen?«

»Ist doch nur ein Lied. Ist nicht so bös' gemeint.«

Die Walküre schwang ihren Regenschirm. Ihre Stimme röhrte wie aus einem Kellerloch: »Ha, die beiden Spitzbuben sind zu Pferd getürmt. Die wollen zu ihrer Unterkunft beim Kunstgärtner Schmidt. Ich kenn den Weg, folgt mir!«

Peter wich zurück. Diese Frau war eine Fanatikerin, und Fanatiker aller Art galt es zu meiden. »Wir müssen leider in eine ganz andere Richtung«, sagte er so höflich, wie es ihm möglich war. »Komm jetzt bitte, Christina.«

Christinas Brauen zogen sich ärgerlich zusammen. »Ich gehe mit Henriette. Der Lichnowsky hat sie nämlich beleidigt. Vor dem gesamten Parlament. Ich war dabei. Der aufgeblasene Kerl verdient einen Denkzettel. So ein bisschen Katzenmusik muss er aushalten.« Sie wartete Peters Antwort nicht einmal ab, hakte sich bei Henriette ein, warf ihm einen Blick über die Schulter hinweg zu. »Kannst uns ja begleiten, wenn du dich traust.«

»Komm, Karl«, rief die Walküre und meinte ihren Mann, einen schmächtigen Brillenträger, der bislang ebenso ratlos dabeigestanden hatte wie Peter. Der Arme wusste sich offenbar keinen anderen Rat, als hinterherzutrotten.

Gut zwei Dutzend Menschen schlossen sich an. »Hoch die Republik! Tod der Reaktion!«

Peter folgte schweren Herzens. Nichts gegen Revolten, nichts gegen Kampfgetümmel. Doch nun hatte er exakt die Aufgabe erhalten, die er bei dieser Reise von Anfang an hatte vermeiden wollen. Er musste eine Frau beschützen. Nicht irgendeine, sondern seine ihm anvertraute Begleiterin, in die er sich endgültig verliebt hatte. Obwohl er wütend auf sie war, so entsetzlich wütend, dass er sie am liebsten geohrfeigt hätte. Aber das ging nicht. Weil – nach Ansicht von Luise Büchner – Männer, die Frauen prügelten, bei der Polizei angezeigt gehörten. Christina könnte ähnlich denken. Was also anderes tun, als ihr zu folgen, sie abzulenken, Süßholz zu raspeln, sie zu küssen ... und beiläufig aus der Gefahrenzone zu ziehen? Vielleicht gelang es ja.

Die Furie

Beim Friedberger Tor war kein Durchkommen. Lichnowsky und Auerswald steckten fest, ihre lärmenden Verfolger holten sie ein. Eine halb fertige Barrikade hatte einen Erntewagen zum Umsturz gebracht. Der Bauer kniete zwischen den herabgefallenen Strohbündeln und fluchte.

Er hätte besser um göttlichen Beistand bitten sollen, denn die Männer, die mit den Stapeln von Bierfässern und Schrankteilen befasst waren, griffen beherzt zu, stopften die Lücken unsinnigerweise mit Stroh.

Zwei von ihnen, Halbwüchsige, postierten sich vor ihrer Barrikade, dabei hielten sie selbstgebastelte Lanzen in beiden Händen. Sie hatten rote Tücher um die Löwenmähnen gebunden, wie Piraten in den Abbildungen einschlägiger Journale.

»Freund oder Feind?«, rief einer und deutete mit dem Finger auf die adligen Abgeordneten, die sich anschickten, ihre Pferde vorsichtig durch eine Lücke links der Barrikade zu lenken.

»Feinde, Feinde«, grölte die Menge. »Das sind Spitzbuben, die zu Unrecht im Parlament sitzen«, rief Henriette. »Menschenschinder sind das.« Daraufhin kreuzten die selbst ernannten Wächter ihre Lanzen und versperrten den Weg.

Lichnowsky und Auerswald ließen sich nicht beeindrucken. Sie lachten höhnisch, schossen mit ihren Pistolen in die Luft, gaben ihren Pferden die Sporen, worauf die Buben beiseite sprangen und die Bahn freimachten.

Ein faustdicker Stein flog den Fliehenden hinterher, traf Auerswalds Pferd, das sich aufbäumte, bockte und nach einem verwirrten alten Mann trat, der auf dem Trottoir stand und sang.

Der Mann verstummte, stöhnte auf, sackte hin und blieb liegen. Christina drängelte sich zu ihm durch, Peter ebenso. Eine Traube Aufständischer umringte den Alten ratlos. Er rührte sich nicht, auf seinem leinenen Wams hatte sich ein braunroter Fleck ausgebreitet. Peter kniete sich hin, schälte ihm den Hemdärmel vom Handgelenk, fühlte den Puls. Nichts. Er nahm seine Mütze ab.

Christina kauerte neben ihm. »Die haben einen harmlosen alten Mann erschossen«, presste sie heraus.

»Haben sie nicht. Es war so, dass ...«

»Mörder, Mörder!«, schrie die Menge. »Auf sie!«

Auerswald, der erschrocken angehalten und abgewartet hatte, schoss ein weiteres Mal in die Luft, dann stob er davon, dem schon davongerittenen Lichnowsky hinterher.

»Christina, bitte, komm endlich mit mir!«, sagte Peter. »Du siehst doch, was passieren kann ...«

Sie hörte ihn nicht, ergriff zwei der mitgebrachten Blechteller aus ihrem Korb und schlug sie inbrünstig gegeneinander.

»Mord! Mord!«, schrie Henriette zu den Fenstern der umliegenden Häuser hinauf, wo sie Neugierige hinter den geschlossenen Läden vermutete. Allein die Schüsse musste jeder im Umkreis gehört haben. »Die haben einen alten Mann getötet! Nun wollen sie zum Kunstgärtner Schmidt! Folgt mir, ich kenn den Weg. Los, folgt mir alle!«

Tatsächlich erschienen gut drei Dutzend Menschen und schlossen sich der Meute an, die zornbrüllend die Straße weiter hinunterzog. Christina geriet zwischen sie, sah nicht zurück, sah sich nicht einmal nach Peter um.

Er lief von einem vernünftig aussehenden Mann zum anderen, versuchte zu erklären, dass der Alte nicht durch eine Kugel gestorben war, sondern durch den Tritt eines Pferdes, das wiederum von einem Stein ... Es half nichts, kaum jemand hörte ihm zu. Stattdessen erntete er Hiebe und Kopfnüsse. »Scher dich, Fürstendiener!«

Das Haus der Schmidts umgab ein Stück Land, annähernd so groß wie ein Park, angelegt mit Asternbeeten, Rosen- und Rhododendronhecken, mit Orangenbäumchen und einem kleinen Teich. Ein mäßig hoher Steinwall, als Windschutz gedacht, war leicht zu überklettern.

Ohne Zögern stürmten an die hundert Menschen das Anwesen, zertraten die Blumenbeete, zertrampelten den Rasen. »Heraus mit den Mördern, heraus mit den Mördern!«, skandierten sie.

Da die Tür sich nicht auftat, traten sie sie ein und verschwanden im Haus. Unter Siegesgejohle wurde Auerswald an den Haaren herausgezerrt, beschimpft und ins Gesicht geschlagen. Sein Auge schwoll an, ein Blutfaden rann aus seinem Mundwinkel.

»Das ist ein preußischer General, ein Erzreaktionär und Menschenschinder«, schrie die Zobel. »Erschießt ihn!« Sie holte mit ihrem Stockschirm aus, drosch mit dem Knauf auf Auerswalds Stirn ein, wieder und wieder. »Erschießt ihn! Dem gehört eine Kugel in den Kopf.«

Hinter ihr stand Christina, sichtlich erschrocken, kalkweiß im Gesicht. Sie fasste die Furie am Arm, sprach auf sie ein, ohne Erfolg. Schließlich wandte sie sich an die Männer, die Auerswald im Schwitzkasten hielten, und wurde so brüsk weggeschubst, dass sie auf dem Kiesweg aufschlug.

Peter spürte den Schmerz einer von Steinchen aufgeschürften Haut, als wäre er selbst gefallen, und biss die Zähne zusammen. Er musste Christina da rausholen. Bevor die Stadtpolizei kam. Die würden nicht erkennen, dass sie mildernd eingreifen wollte, und würden sie als gewalttätige Aufwieglerin festnehmen. Sich bis zu ihr vorzuarbeiten, erschien Peter unmöglich, zwischen ihnen tobte nicht nur die dichte Traube wütender Menschen, da war auch der Teich, da war auch eine drei Ellen hohe Rosenhecke.

Aber, er fühlte es deutlich in der Leiste, da war auch die Pistole, die er sich in den Hosenbund gesteckt hatte, verborgen unter der Blouse. Er war ein guter Schütze, hatte beim Militär Gelegenheit gehabt zu üben. Auf die verrückte Zobel wollte er schießen, auf ihre Beine. Damit sie stürzte, von Auerswald abließ. Ihn den Männern überließ, die ihn verprügeln, aber offenbar nicht umbringen wollten. Die verletzte Zobel könnte sich anschließend als unglücklich Geschädigte stilisieren, Christina erschiene so wie eine Unbeteiligte. Und alles wäre gut.

Er zog die Pistole hervor, entsicherte sie, suchte Deckung bei der Rosenhecke. – Und wollte aufgeben. Wie ordentlich zielen und treffen bei dem hin und her wabernden Haufen von schimpfenden, spuckenden, prügelnden Menschen?

Zupass kam ihm Lichnowsky, der mit gefesselten Händen von zwei Aufständischen aus dem Haus der Schmidts geschleppt und zu Boden geworfen wurde. Fast alle Angreifer ließen von Auerswald ab, befassten sich mit dem zweiten Opfer. Nicht die Zobel. Die harrte vor dem sich taumelnd erhebenden Auerswald aus, schwang erneut ihren Schirm, schlug ihm den Knauf auf den Kopf, die zitternde und weinende Christina stand nun ein Stück weit abseits.

Peter hatte freies Schussfeld. Er setzte die Pistole an, nahm den ausladenden Rock der Zobel ins Visier ... Dumm, dass seine Hände zitterten, das war der verdammte Alkohol oder die Aufregung ... Egal, nur Mut ... Peter schoss.

Nicht die Zobel brach zusammen, sondern Auerswald. Er kippte zur Seite, blieb mit dem Gesicht im Gras liegen und rührte sich nicht mehr. War der Mann doch just in dem Moment auf die Knie gesunken, als Peter abgedrückt hatte. Verdammt! Vielleicht hatte Auerswald um Gnade flehen wollen, vielleicht war er zu schwach gewesen, um sich aufrecht zu halten. Oder hatte Peter ihn schwer verletzt? Getötet? Und wo war Christina? – Weg, einfach weg.

Die Meute hatte den Knall gehört, Auerswald hinsinken sehen, sie johlte und jubelte.

»Ja, erschießt sie«, schrie die Zobel. »Erschießt sie beide!«

Niemand schoss mehr. Wer auch? Die Zobel steckte ihren Schirm mit der Spitze in den Erdboden, ergriff einen Backstein, der zuvor einer Ummauerung gedient haben musste, hielt ihn mit heroischer Geste hoch in die Luft … und schleuderte ihn Auerswald auf den Kopf.

Dann klopfte sie sich die Hände sauber, ergriff ihren Schirm und wandte sich zu Lichnowsky um, den der Mob an einen Baum gebunden hatte. Mit der Spitze stach sie ihm damit in den Rücken, Lichnowsky ächzte, brüllte …

Preußen rückten an. Zu Pferde, mit Gewehren. Hatte Peter sie zuvor gefürchtet, war er nun erleichtert. Die Aufständischen stoben auseinander, wer das Anwesen kannte, versuchte, über eine rückseitige Pforte zu entkommen. Eine Hetzjagd war zu Ende. Eine andere begann. Die Polizisten prügelten auf jeden Aufständischen ein, den sie erwischten. Peter warf die Pistole ins Gebüsch, suchte den Garten nach Christina ab.

Sie hockte, an eine Hausmauer gelehnt, auf dem Rasen, die Beine lang von sich gestreckt, ihre Hände zitterten, ihre Schultern hoben sich, senkten sich. Die Polizisten ignorierten sie, hielten sie vielleicht für ein Mitglied der Familie Schmidt. Peter sprang hin, half ihr auf. »Christina, bitte, bitte, komm jetzt mit mir.«

Sie klammerte sich an ihn. »Der Auerswald ist tot. Henriette hat …«

»Bestimmt ist er nur verletzt. Gleich schicken die Schmidts einen Boten zum Spital. Komm, Chris…« Er spürte einen Luftzug über seiner Schulter, einen grellen Schmerz im Kopf, hörte Christinas Aufschrei. Dann wurde es schwarz um ihn.

> *Hast du noch Lebensodem,*
> *O Erde grün und schön,*
> *Um die aus schwarzem Brodem*
> *Nur finstre Nebel weh'n,*
> *Auf der blutwilde Horden*
> *Brand Mord und Zeter schrei'n*
> *Und frech in Meuchelmorden*
> *Der Freiheit Glanz entweih'n?*
> *(…)*
> *Sind dies der Freiheit Gaben?*
> *Ist dies der Freiheit Klang,*
> *Von schwarzen Galgenraben*
> *Der Mitternachtgesang?*
> *Nein! nein! von Freiheitstötern*
> *Des Blindschleichs Schlangenlist,*
> *Wo unter grausen Zetern*
> *Kein Laut der Freiheit ist.*
> *(…)*
> *Mein Deutschland, Land der Treue!*
> *Mein Deutschland, Land des Muts!*
> *Wann löschet lange Reue*

Die Flecken solches Bluts?
Den Mord, womit der Feige
Den Unbewehrten trifft?
O deutschen Ruhmes Neige!
O deutscher Ehre Gift!
(...)
O wehe, dreimal wehe!
Weh dieser düstern Tat!
Nein, meine Seele, gehe
Nie mit in solchen Rat!
Der Ruhm, den Mörder haschen,
Der werde nie mein Ruhm!
Ach! nimmer wegzuwaschen
Vom deutschen Heldentum!
Aus Ernst Moritz Arndts Gedicht »Klage um
Auerswald und Lichnowsky«, verfasst 1848.

Im Gefängnis

Am schlimmsten war der Gestank. Er schien in den Ritzen des Fliesenbodens festzusitzen. Erbrochenes, Urin, Kot. Angstschweiß.

Am zweitschlimmsten war die Enge. Die nebelgrau verputzten Wände der Zelle drohten auf Christina zu kippen, sie unter sich zu begraben. Dann wäre sie unsichtbar in dem Trümmerhaufen. Die Kleidung, die man ihr zur Verfügung gestellt hatte, war noch farbloser als der Wandputz.

Rohe Holzmöbel. Ein Bett mit Filzdecke, ein Nachttisch mit Bibel, ein Hocker ohne Kissen. Mehr gab es nicht in dieser Zelle der Preußischen Hauptwache zu Mainz. Und alles war so schlicht und falb, dass es wehtat. Rein gar nichts zum Betrachten. Die einzige Farbe in diesem Raum waren Christinas Haare. Sie löste eine Strähne aus ihrem Zopf und besah sie sich. Honigblond hatte Paul sie genannt. Ein hübscher Vergleich. Doch er stimmte nicht. Senfblond waren Christinas Haare. Nicht wie Honig, sondern wie Senf, und ohne Glanz.

Gefängnisinsassen wurden manchmal die Haare geschoren, so hatte sie gehört. Auch bei Johann hatten sie das gemacht. Eine Vorsichtsmaßnahme gegen die Verbreitung von Läusen. Wenn man Christina den Kopf rasierte, wäre keine einzige Farbe in dieser Zelle mehr übrig. Nicht einmal ein Senfgelb.

Oder doch! Da war heute ein Fetzen Himmel, den sie hinter dem vergitterten Viereck hoch oben an der Wand entdeckte. Ein wunderschönes Blau mit feinen weißen Schlieren. Es musste ein sonniger Tag sein.

Ob man vom Fenster aus in den Gefängnishof schauen konnte? Christina schob einen Hocker darunter und stieg darauf, ignorierte das Gewackel, das dem unebenen Fliesenboden geschuldet war, und reckte sich.

Da stand eine Ulme, drei bis vier Jahrzehnte mochte sie alt sein. Saftig grün war sie, zeigte keine Spur vom drohenden Herbst. Quer über den Hof erkannte Christina eine Schmalwand des Hauptflügels. Lauter kleine vergitterte Fenster in einer Reihe, waagrecht, lotrecht, schmucklos wie das ganze Inventar hier. Vielleicht war das der Männertrakt, in dem Paul einsaß.

Und vielleicht hatte sich Paul just in diesem Moment in seiner Zelle auf seinen Hocker gestellt und schaute hinaus, zum Frauentrakt herüber. Dann würden ihre Blicke sich kreuzen, also irgendwie begegnen. Ob sie das spüren würden? Ganz bestimmt spürte man so etwas, wenn man sich nur stark genug darauf konzentrierte.

Christina besann sich fest auf Paul. Schloss die Augen. Sah den Knüppel auf seine Schläfe niedergehen, seine lange Gestalt auf den Kiesweg aufschlagen, einen preußischen Soldaten seine Wange tätscheln … Sah seine große Stupsnase vor sich, die sonst kein Mensch hatte – mit Ausnahme von Fritzchen, seinem Neffen. Die großen, ein wenig zu dicht beieinanderstehenden Kulleraugen. Groß war alles an ihm, seine Hände, seine Füße … sein Glied. Sie kicherte, sie seufzte, sie empfand wieder diesen süßen Schmerz in ihrem Schoß. Paul war so anders als Johann, sanfter, zärtlicher.

Sie erschrak über ihre aufwallende Erregung, riss die Augen auf, stieg vom Hocker, setzte sich aufrecht hin wie in der Kirche. Das auf dem Hochsitz hätte nicht passieren dürfen. Es war eine Sünde gewesen. Weil sie mit Johann verlobt war. Längst mit ihm verheiratet wäre, wenn die Görlitzens es ihm gestattet hätten. Nein, wenn Johann die Görlitzens überhaupt gefragt hätte …

Warum hatte er nicht? Hatte sie stattdessen verleugnet. Unterschwellig quälte sie die Frage, seit sie davon erfahren hatte. Immer wieder musste sie an die Köchin der Görlitzens denken, die es ihr verraten hatte. Die Wachtel, wie Johann sie spöttisch genannt hatte. »Alle hier im Haus kennen das Bild«, hatte sie gekeift. »Die arglose Gräfin soll völlig ergriffen gewesen sein von seiner Treue zu einer Toten.«

Christina hatte ihm verziehen. Er sei während der ersten Jahre seiner Anstellung in Sorge gewesen, die Görlitzens würden ihn wegen eines unehelichen Kindes entlassen, so hatte er erklärt.

Doch dann war die Hure aufgetaucht, die ein Haus geerbt hatte. Bestimmt hatte sie schon länger davon gewusst. Bestimmt hatte sie davon gesprochen. Und Johann hatte Christina hinhalten wollen, bis es so weit war. Man kann keinem Menschen hinter die Stirn gucken, hat die Großmutter immer gesagt. Johann hat sehr viel Stirn, hoch und fliehend.

Es war müßig, darüber nachzudenken. Nun saßen alle drei im Gefängnis, in einem tristen Loch: Johann, Paul und sie selbst. Johann schon fast ein Jahr. Als Mörder verdächtigt und den Tod auf dem Schafott in Aussicht. Falls sich der Todesfall der Gräfin nicht doch als Unfall oder Selbstmord erwies. Oder die Revolution siegte. Christina ließ sich auf den stinkenden Fliesenboden sinken und faltete die Hände: Eins von beiden muss eintreffen, lieber Gott, hilf! Und verzeih mir meine Eifersucht. Und dass ich mit Paul ...

Die Wärterin schloss die Zellentür auf und trat ein, brachte Brot und Butter, eine Scheibe Speck, eine Birne. Dann stellte sie eine Waschschüssel und eine Karaffe mit Wasser auf den Tisch. »Morgen ist Verhör, Schätzchen«, sagte sie. »Wasch dich in der Früh.« Sie legte ein Stück Seife und ein Handtuch neben die Schüssel.

»Verhör?« Christinas Magen zog sich schmerzhaft zusammen.

»Eine Anhörung halt. Sag, dass du unschuldig bist. Beharr drauf. Und zeig dich demütig, dann lassen sie dich gehen. Die Preußen sind auch nur Menschen.«

Nur Menschen? Im Garten der Schmidts, das waren auch *nur* Menschen gewesen. *Der Mensch ist dem Men-*

schen ein Wolf, soll einmal ein Gelehrter gesagt haben. Ein Schauder erfasste Christina, und sie mochte ihr Nachtessen nicht anrühren.

Das Verhör

»Nun sei nicht so verstockt, Kind!«, sagte der Untersuchungsrichter in der preußischen Uniform und rieb sich die übermüdeten Augen. Seine Stimme klang streng, sein Blick erschien milder. »Ähm, ich wollte sagen: Seien Sie doch nicht so verstockt, junge Frau.«

Meinte er es gut mit ihr? Oder war seine Freundlichkeit eine Falle? Christina stiegen Tränen in die Augen. Nein, sie war nicht verstockt, sie konnte nur nicht sprechen, weil ihr die Kehle so eng war. Auerswald war im Garten der Schmidts gestorben, Lichnowsky Tage später im Spital. Das hatte sie vor ein paar Minuten erfahren. Und Henriette wurde – zusammen mit anderen – des Mordes beschuldigt.

»Sie waren am frühen Nachmittag des 18. September mit anwesend«, sagte der Preuße. »Was wollten Sie da?«

Christina versuchte, klar zu sprechen: »Katzenmusik.«

»Katzenmusik machen? Charivari?«

Sie nickte.

»Sie wollten die beiden Abgeordneten der Adelsfraktion, die dort Zuflucht gesucht hatten, ärgern, schmähen, in Angst versetzen? Warum?«

»Wegen ... wegen der Toten ... von Berlin.«

»Sie hielten Auerswald und Lichnowsky für schuldig an den Berliner Ereignissen des 18. und 19. März?«

Christina nickte wieder.

»Hat Ihre Freundin Henriette das behauptet?«

»Ich ... ich hab sie so verstanden.«

»Ich bin auch ein preußischer Offizier. Bin ich in Ihren Augen ebenfalls schuldig?«

Christina wollte verneinen, brachte aber nur eine zweifelnde Kopfbewegung zustande.

Er atmete tief, wischte sich mit der Hand übers Gesicht. »Zurück zum Garten der Schmidts. Von der Katzenmusik, wie Sie es nennen, können Auerswald und Lichnowsky nicht gestorben sein. Sie wurden totgeprügelt. Wer war das?«

Christina schwieg.

»Wer! War! Das!«

»Viele. Ganz viele. Ein paar haben erst Auerswald in den Schwitzkasten genommen, dann Lichnowsky. Andere haben auf sie eingeprügelt.«

»Sie auch.«

»Nein! Nein! Das hätte ich nie und nimmer ...«

»Aber Ihre Freundin hat zugeschlagen. Mit dem Knauf eines Regenschirms auf Auerswalds Kopf eingedroschen. Mehrmals. Mit voller Wucht.«

Christina presste die Lippen zusammen.

»Die Beweislage gegen Frau Zobel ist erdrückend. Wir haben nicht nur ihren Schirm sichergestellt, wir haben mehr als zwanzig Zeugenaussagen. Versuchen Sie besser nicht,

Ihre Freundin zu schützen.« Der Preuße reichte Christina ein Taschentuch.

Sie schnäuzte sich, schüttelte den Kopf. Sie hatte nicht vor, Henriette in Schutz zu nehmen. Nicht nach dem, was geschehen war.

»Auerswald wurde obendrein durch einen Schuss verletzt. Wer hat auf ihn geschossen?«

»Das weiß ich nicht, das weiß ich wirklich nicht … Henriette hatte kein Gewehr oder so was bei sich. Nur den Schirm.«

»Das wissen wir. Wir wissen auch, dass Henriette Zobel die Aufständischen fortwährend angestachelt hat.« Er blätterte in einer Akte. »›Erschießt ihn, erschießt ihn.‹ Und ›Dem gehört eine Kugel in den Kopf‹.«

Christina seufzte, knetete das Taschentuch.

»Als Auerswald am Boden lag, vielleicht erschossen, vielleicht nur bewusstlos, da hat Ihre Freundin einen massigen Stein erhoben und auf seinen Kopf fallen lassen. Das haben mehrere Zeugen ausgesagt. Haben Sie das auch gesehen?«

Christina blickte ihm in die Augen. Der Mann versuchte nicht, sie zu täuschen. Die Zeugen waren nicht erfunden, die Zeugen hatten beschrieben, was sie selbst beobachtet hatte. »Ja«, sagte Christina leise.

»Eine Frau mit weißer Riegelhaube stand in der Nähe. Waren Sie das?«

»Ja.«

»Warum haben Sie Ihre Freundin nicht zurückgehalten?«

»Sie hat nicht auf mich gehört. Sie war außer sich. Sie ist sonst ganz anders. Ein lieber Mensch.«

Er lächelte bitter. »Seit wann kennen Sie sie?«

»Hab sie im Mai das erste Mal getroffen. Am 18. September zum zweiten Mal.«

»Dann kennen Sie sie überhaupt nicht.«

»Nicht sehr gut.«

»Wie können Sie dann sagen, dass sie Ihre Freundin ist?«

»Weil ich dachte, sie wäre ein lieber Mensch.«

Er lehnte sich in seinem Sessel zurück und atmete schwer. »Ich fasse zusammen: Sie sind mit einer Horde Aufständischer zum Haus der Schmidts gezogen. Sie waren dabei, als Auerswald und Lichnowsky misshandelt wurden. Sie haben tatenlos mitangesehen, wie Ihre Freundin Henriette Zobel Auerswald traktierte, ihm zuletzt einen Stein auf den Kopf schleuderte. Sie kennen den alten Spruch: Mitgegangen, mitgefangen, mitgehangen? Es tut mir sehr leid für Sie.«

Christina sank in sich zusammen. Ohnmacht, wo bleibst du? Komm, gnädige Ohnmacht!

»Das war's«, sagte der Untersuchungsrichter und gab der Wärterin einen Wink. »Bringen Sie Frau Born zurück in ihre Zelle. Das Taschentuch kann sie behalten.« Er stand auf, drehte ihr den Rücken zu und trat ans Fenster.

Christina erhob sich, ließ sich durch die falbfarbenen Flure ins falbfarbene Loch führen. Erst als die Wärterin ihr zum Abschied mitleidig die Wange tätschelte, brach sie zusammen.

Peter und Paul

Es mochten zwei Wochen sein. Oder drei. Christina war das Zeitgefühl abhandengekommen. Ihre Gedanken, die sich lange im Kreis gedreht hatten, gaben endlich Ruhe. Sie dachte nicht mehr über Johann oder Paul nach, nicht über Henriette. Nicht über sich selbst. Sie dachte nur noch an Dorothee. Deren Eltern nun beide im Gefängnis einsaßen. Wie sollte ein Kind da glücklich aufwachsen? Noch dazu in Fränkisch-Crumbach, wo jeder jeden kannte. Nun war ihr kleiner Liebling nicht nur ein Bangert, wie man im Odenwald die unehelichen Kinder nannte, sondern auch noch ein Verbrecherkind, ein Mörderkind.

Christinas Mutter war recht rüstig. Warum sollte sie nicht allein mit dem Dorchen nach Amerika auswandern? Das angesparte Geld reichte nicht für die Überfahrt, aber es gab staatliche Auswandererhilfen für Menschen, die dem Staat ohnehin zur Last fielen. Zum Beispiel Alte, zum Beispiel verwaiste Kinder. Christinas Brüder, Hafenarbeiter in Boston, würden ihnen unter die Arme greifen. Und Johanns Schwester, die mit ihrer Familie auf einer Farm in Pennsylvanien lebte, würde das Dorchen und die Mutter gern aufnehmen. Sie hatte so oft geschrieben, dass man auf einer großen Farm jede Hand brauchte.

Christina musste ihnen allen Briefe schicken, mitteilen, was passiert war, ihre Lage erklären. Erst der Mutter, dann den Brüdern, danach Johanns Schwester ... Sie ließ sich Papier, Feder und Tinte bringen und schrieb und schrieb.

Die Wärterin schloss auf, ohne anzuklopfen. »Schnell, Kind, du darfst gehen.« Sie legte Christinas frisch gewaschenes und gebügeltes Sonntagskleid aufs Bett, die Riegelhaube daneben. Den Korb mit dem Geldbeutel, dem Blechgeschirr und einem großen rotbackigen Apfel, den jemand dazugelegt haben musste.

Christina verstand nicht. »Wieso darf ich …?«

»Irgendeiner scheint es gut mit dir zu meinen.«

»So wie Sie.«

»So wie ich. Mach schnell, zieh dich um, bevor die es sich anders überlegen. In dem Korb findest du einen Fahrschein für die Eisenbahn. Von Mainz über Frankfurt nach Darmstadt. In einer Stunde ist Abfahrt. Ich komm in zehn Minuten wieder und bring dich raus.«

Frische Luft, etwas Sonne im Gesicht … Christina stand vor dem Gefängnistor und fürchtete zu träumen. »Mach schnell, bevor die es sich anders überlegen«, hatte die Wärterin gesagt. Christina zögerte. Eines musste sie noch wissen. Sie ging zielstrebig, wie eine Besucherin, zum Haupteingang. »Bitte, ist Herr Mink hier … äh … untergebracht? Paul Mink?«

Der Pförtner blickte preußisch kühl drein und sprach ausgesucht höflich: »Ich sehe nach.« Er nahm sich eine Kladde mit Buchstabenregister vor, legte den Daumen auf die Mulde mit dem fettgedruckten M und schlug auf. Studierte eine handgeschriebene Liste, murmelte Mink, Mink … »Bedaure, nein.«

»Vielen Dank für Ihre Mühe«, sagte Christina und wandte sich enttäuscht ab. Hatten sie Paul woanders hingebracht? Wie sollte sie herausfinden, wohin?

Sie war schon ein paar Minuten in Richtung Bahnhof gegangen, als ihr ein Gedanke kam, ein absurder Gedanke, ein schlimmer Gedanke, dem sie trotzdem nachgehen musste. Sie eilte zurück zum Preußengefängnis, zum Hauptportal, zum Pförtner. »Ach bitte, ist vielleicht ein Herr Emig hier inhaftiert? Peter Emig?«

Der Beamte zog kommentarlos erneut seine Kladde vor, blätterte. »E ... wie Emil. Em-ig ... Emig, Peter. Ja, der war da. Ist seit zwei Wochen auf freiem Fuß. – Sie sind etwas blass, junge Frau. Wollen Sie sich setzen?«

Gegenrichtung

Er hatte es geschafft: Christina war draußen. Da ging sie im Schatten des Bahnhofsgebäudes mit ihrem Korb in der Hand auf und ab, gedankenversunken wie meistens. Wartete auf die Eisenbahn, die sie nach Darmstadt bringen würde. Peter wollte hinter einer Reihe von Holunderbüschen bei den Gleisen ausharren, bis sie eingestiegen und der Zug abgefahren war. Er durfte nicht zu ihr, sosehr es ihn auch quälte, sie allein zu lassen. Es hätte sie in Gefahr gebracht.

Schmal war sie wieder geworden, so zart, als könnte eine Windbö sie umpusten. Der Gefängnisfraß war ihr nicht bekommen. Doch sie hielt trotzig den Kopf erhoben und stapfte mit energischen Schritten, vom Stellwerk zum Prellbock und zurück, keinen Blick für die anderen Reisenden, die sich nach und nach auf dem Bahnsteig einfanden.

Für Peter ging es heute in die Gegenrichtung, nach Köln mit der Postkutsche. Er sollte helfen, den »kommunistischen Sumpf« rund um Karl Marx und Friedrich Engels auszutrocknen. »Nichts leichter als das«, hatte er ihnen gesagt.

Die neuen Schergen waren fast wie die alten: ideologisch verbohrt, rigoros, grausam. Nur dümmer. Und offenbar ahnungslos. Sie hielten ihn für einen zwar wenig erfolgreichen, aber treuen Konfidenten. Dreizehn Jahre im Dienst von du Thil und immer noch am Leben – »Donnerwetter«, hatte einer von ihnen bei seiner Befragung gesagt. Anscheinend war Peters Akte verloren gegangen.

Dafür wussten sie von den Karikaturen. Er sollte weiter so ähnliche zeichnen. Allerdings härtere, kriegerische, welche, die zu Mord und Totschlag auffordern. Damit sie die Redakteure drankriegten. Insbesondere diesen Karl Marx mit seiner »Neuen Rheinischen Zeitung«. Der Mann sei gefährlich, ein Radikaler, an den nicht ranzukommen war, weil er nicht kämpfte, nur Sachen schrieb und publizierte, die nach neuen Gesetzen hinzunehmen waren. Bei diesem Marx sollte Peter sich einschleimen, sich um Arbeit als Setzer bemühen, Artikel an Land ziehen, die offen den bewaffneten Freiheitskampf proklamierten. Karikaturen anfertigen und sie Marx unterschieben.

Peter hatte Mühe, ernst zu bleiben. Sie unterschätzten den Mann vollkommen. Und sie überschätzten Peter. Das taten sie ohnehin. Die am Friedberger Tor ausgegebene Parole, Auerswald hätte einen wehrlosen alten Mann erschossen, schrieben sie ausgerechnet ihm zu. Vielleicht weil er neben dem Sterbenden gekniet hatte? Scheinbar pathetisch die Mütze abgenommen hatte? – Warum auch immer, die beiden einfältigen Piraten, die wahren Erfinder des Gerüchts, hatten im Barrikadenkampf auf dem Frankfurter Roßmarkt ihr Leben gelassen. Sie waren zwei der mehr als vierzig Toten, die der »Frankfurter Septemberaufstand« gefordert hatte. Nebst unzähligen Verletzten.

Es sei »geschickt« von Peter gewesen, sich an die Fersen von Auerswald und Lichnowsky zu heften, befanden die neuen Schergen. Dass beide nun tot waren, nun ja, bedauerlich. Ein gewaltiges Opfer, aber ein lohnendes.

Kein Wunder, dass sie so dachten. Lynchmorde sorgte in ganz Deutschland für Vorbehalte gegenüber den Demokraten und Kommunisten. Man wähnte sich knapp vor einer Art Jakobinerherrschaft in Deutschland. Selbst der erklärte Demokrat und berühmte Schriftsteller Ernst Moritz Arndt hatte sich öffentlich empört.

Man verlangte den Rauswurf der Linksfraktion aus dem Paulskirchenparlament, weil man sie ernstlich für die Tat verantwortlich machte. Und nicht nur das: Die preußische Armee war nun in fast allen deutschen Ländern willkommen. Sie sollte helfen, für Ordnung zu sorgen, Auswüchse sowie die Anarchie zu verhindern … Gut gemacht, Herr Emig.

Natürlich hatten sie mitbekommen, dass da eine Weibsperson in seiner Nähe war, und wollten wissen, ob sie als Konfidentin tauge. Sie hatten damit begonnen, dem ein oder anderen Wühler bezahlte Konkubinen ins Bett zu legen.

Lasst die Finger von ihr, hätte Peter um ein Haar geschrien. Besann sich aber rechtzeitig. Er rümpfte die Nase. Sagte, das Mädel sei viel zu mager. Obendrein berührungsscheu, religiös, einfältig und falle bei jeder Gelegenheit in Ohnmacht.

Im Gegenteil, man solle sie rasch freilassen. Dieses Mädchen und er hätten in Darmstadt leider ein gemeinsames persönliches Umfeld. Und das Verschwinden der jungen Frau könne die Aufmerksamkeit ungünstig auf ihn lenken. Wenn man sie nach Darmstadt hingegen entließe, würde sie erzählen, dass er von den Preußen gefangen genommen und gewiss eingesperrt sei. – Es war nicht zu fassen, wie rasch sie ihm geglaubt hatten.

Es war zum Heulen. Kein Metternich mehr, kein du Thil mehr. Und doch waren die Schergen wieder da, aus der zweiten Reihe erwachsen. Wenigstens schwächelte der Apparat, bewegte sich dilettantisch. Peter würde funktionieren, wie er immer funktionierte. Die Klugen und Besonnenen galt es voranzubringen, zu unterstützen und zu schützen. Die Fanatiker, die Besessenen, die Moralinbesoffenen, die in der Revolution eine Art Religionsersatz fanden, die sollten ruhig in den Gefängnissen zappeln, ehe sie Schaden anrichteten.

Dass er seinen Sohn nicht besuchen konnte, dass er Christina nicht sehen konnte – das schmerzte. Beides saß ihm in der Brust wie ein Stachel. Geduld musste er haben. Und eine List musste ihm einfallen. Vielleicht, ja, vielleicht konnte er diesen neuen Schergen entkommen.

Zorn

Der Zorn hielt Christina aufrecht. Die ganze Eisenbahn-fahrt von Mainz bis Darmstadt in der billigen vierten Klasse. Es dauerte nur zwei Stunden, fühlte sich aber an wie die Hölle. Das dumpfe Stampfen, das ohrenbetäubende Pfei-fen und Quietschen, der Gestank nach heißem Teer, nicht zuletzt das unsanfte Geruckel auf den harten Bänken. Ihre bislang seltenen Fahrten hatte Christina als Aben-teuer genossen, immer im Bewusstsein, an einem großen, einem enormen Fortschritt teilzuhaben, einem Zeitsprung in der Menschheitsgeschichte. Heute nicht. Heute erschien ihr jede Meile, die sie zurück nach Darmstadt fuhr, wie ein Rückschritt in ihrem Leben. Zu viel war in diesem Septem-ber passiert. Und sie wusste nicht, auf was oder wen sie am zornigsten war. Auf Paul oder Peter oder wie immer er wirklich hieß? Oder auf Henriette? Oder sich selbst? Weil sie ihr Herz an die falschen Leute gehängt hatte?

Immerhin hatte Paul oder Peter sie vor Henriette schüt-zen wollen, hatte sie vor der Gewalt schützen wollen. Immer wieder hatte er sie am Arm gepackt, mal flehend, mal drohend. *Komm schnell ... komm endlich ... lass uns hier entlanggehen ...* Und hatte sie zuletzt vor den Preu-ßen schützen wollen, dabei selbst einen Schlag gegen den Kopf bekommen, war an ihrer statt in Ohnmacht gesun-ken ...

Wer war der Mann? Jedenfalls ein Lügner. Sie würde mehr herausfinden.

Roswitha warf die Arme hoch, als Christina am späten Nachmittag ins Haus trat. »Da bist du ja, wir haben uns schon solche Sor…«

Christina ignorierte die Geste, stellte den Korb mit dem Geschirr auf den Boden. »Da. Danke fürs Ausleihen.«

»Was ist los? Hast du eine Nachricht von Paul erhalten?«

»Du meinst Peter. Tja, keine Ahnung. Ist seit vierzehn Tagen wie vom Erdboden verschluckt. Vielleicht hockt er gerade beim Preußenkönig im Vorzimmer.«

Roswitha kniff die Lippen zusammen. In ihren Lidrändern sammelten sich Tränen.

»Ja, ich möchte auch weinen«, sagte Christina. »Aber vor Wut.«

Die Kinder kamen angerannt, umarmten und knuddelten ihre Tante Tine. Alice sprang auf ihren Schoß. »Du sollst nie wieder so lang weggehen.«

»Ich fürchte, ich muss bald noch mal verreisen«, flüsterte Christina ihr ins Ohr. »Aber dann bring ich dir was mit.«

Als die Kinder im Bett waren, flüchtete Christina in ihre Kammer und starrte auf die Tapete mit den bunten Streifen, auf den Plüschsessel neben dem Bett. Dies war Pauls Kammer. Pauls Haus. Was jetzt? Wohin? Hier mochte sie nicht bleiben.

Vielleicht zu Wilhelm Büchner nach Pfungstadt. Das war naheliegend, denn er hatte sein Angebot Anfang September erneuert. Ab Oktober sei eine Stelle frei, hatte er durch Luise ausrichten lassen. Arbeit in Wilhelm Büchners Blaufabrik – mit Unterkunft in einer Werkswohnung. Sie hätte jeden Sonntag frei, könnte ihr Kind besuchen. Pfungstadt lag sogar ein bisschen näher bei Fränkisch-Crumbach als Darmstadt. Sie hatte gezögert. Nun nicht mehr.

Es klopfte.

Christina schwieg.

Roswitha trat trotzdem ein.

»Und?«, fragte Christina.

»Du hast recht, es gibt keinen Cousin, der ihm ähnlich sieht und nach Amerika ausgewandert ist. Paul heißt in Wahrheit Peter und hat für den Geheimdienst gearbeitet. Er wollte das nicht, er wurde gezwungen. Aber jetzt ist er ja frei. Alles kann gut werden. Er hat geschrieben, dass er einen Freund in Köln besuchen muss, anschließend aber ... Weißt du, ich glaub, er hat dich gern.«

»Und was hat er angerichtet? Spielt den Revoluzzer, den Wühler, den entschlossenen Demokraten, Kommunisten gar und liefert hinterrücks seine Freunde ans Messer? Frag mal die Büchners. Die wissen Bescheid, die wollten mich vor ihm warnen. Und da habe ich ihnen euer Märchen vom bösen Zwillingscousin weitererzählt. Mein Gott, wie ich mich schäme!«

Roswitha schwieg lange. Sagte schließlich: »Ich versteh dich. Aber tu ihm den Gefallen, nein, tu *mir* den Gefallen, tu vor allem den Kindern den Gefallen und schweig dazu. Auch den Büchners gegenüber. Er kann sich sonst nie wieder in Darmstadt blicken lassen.«

Christina schnaubte. »In Ordnung.«

Als Roswitha gegangen war, packte sie ihre Sachen. Ein paar Kleider, ein bisschen Wäsche, ihre Haube, ihren Schirm, ein Drama von Georg Büchner, das Luise ihr geschenkt hatte: eins über die Französische Revolution. Das kam ja gerade richtig.

Und Pfungstadt war nicht weit, nicht mal sechs Meilen. Das konnte sie laufen.

Kapitel 5
1850

Plausch mit einem Schergen

Was nutzte die beste Strategie, wenn man von Idioten umgeben war? Nichts! Peter hatte, wie er sollte, Karl Marx bei der täglichen Arbeit an dessen Neuer Rheinischen Zeitung unterstützt. Und zwar nach bewährtem Muster. Er hatte aufrührerische Appelle und Proklamationen verfasst, sie anschließend in verfremdeter Handschrift so redigiert, dass Marx sie problemlos drucken lassen konnte. Er hatte hitzige Karikaturen des Preußenkönigs entworfen, die Vorlagen mit dem Stempel »abgelehnt« versehen und lauwarme neue gezeichnet. All seine verschmähten Zeichnungen hatte er ordentlich abgeheftet, und Marx konnte jederzeit beweisen, dass sich die Redaktion seiner Zeitung im Rahmen der Gesetze bewegte.

Parallel dazu bekam Marx die Gelegenheit, seine Vision einer klassenlosen Gesellschaft und Wirtschaftsordnung gefahrlos zu entwerfen und als philosophische Werke zu veröffentlichen. Denn bloße Philosophien, mochten sie noch so kühn sein, musste ein deutsches Staatswesen ertragen, nicht erst seit der Märzrevolution.

So kamen die Schergen nicht weiter, mochten sie sich auch die Zähne ausbeißen. Peter, der nun offiziell wieder Peter Emig hieß, würde zum wiederholten Mal zum Versager gestempelt werden, immerhin zum auffallend fleißigen Versager. Und Karl Marx, der Kommunist und Demagoge par excellence, blieb frei und konnte weiter wirken.

Doch dann hatte eine Handvoll fanatischer Dummköpfe nichts Besseres zu tun, als Marx' Visionen zu Revolutionsaufrufen umzudeuten und unters Volk zu jubeln. Sie nannten sich »Marxisten« und benahmen sich, als stünde der Sieg der »Arbeiterklasse«, eines in Deutschland bislang kaum bekannten Phänomens, unmittelbar bevor. Und um ihre eigenen plumpen Proklamationen zu weihen, gaben sie auch noch vor, Marx hätte sie verfasst. Armselige Feiglinge!

Da brauchte es nicht einmal den preußischen Geheimdienst, da schlug die Stadt Köln eigenhändig zu. Es half Marx wenig zu erklären, dass er gar kein »Marxist« sei. Es gab einen Prozess gegen ihn als Verleger, in dem er der »Aufreizung zur Rebellion« angeklagt war und Teile der Redaktion gleich mit. Auch Peter saß wochenlang ein, wenngleich bei vergleichsweise komfortablen Haftbedingungen.

Natürlich wurden alle freigesprochen, was denn sonst? Der Neuen Rheinischen Zeitung war nach Überprüfung der Archive nichts vorzuwerfen, Peter hatte ganze Arbeit geleistet. Und doch musste Marx Deutschland verlassen. Unter dem Vorwand, er wäre staatenlos, wurde er mitsamt seiner Familie ausgewiesen. Dass er gebürtiger Jude war und allzu lange in Frankreich gelebt hatte, erwies sich urplötzlich als Verhängnis.

Dass die selbsternannten »Marxisten« nun mit schweren Anschuldigungen in Haft saßen, war deren Unvorsichtigkeit und nicht etwa Peters Initiative zu verdanken. Und doch hatte er vom preußischen Geheimdienst eine Belobigung und eine finanzielle Anerkennung erhalten: 200 Gulden in bar.

Ein Kölner Verbindungsmann hatte ihn heute auf einen »Plausch«, wie er es nannte, ins Wirtshaus Heez bestellt, um das »weitere Vorgehen« zu besprechen.

Peter war mulmig zumute. Einladungen dieser Art waren ihm neu, es konnte sich um eine Finte handeln. Hatten sie sein Spiel durchschaut? Würden sie ihn wieder drangsalieren? Foltern? Die Unterredung sollte zwar in einem

Gasthaus und damit in der Öffentlichkeit stattfinden, doch womöglich hatte das Heez ein Hinterzimmer.

Der Verbindungsmann, er stellte sich mit dem Decknamen Ludor vor, bestellte Tafelspitz mit Meerrettich und Dampfkartoffeln für zwei Personen. Er vertilgte gut zwei Drittel davon, tupfte sich den Mund mit seinem Tuch ab und rieb sich den prallen Bauch. »Wie gesagt, das war ein großer Coup«, sagte er. »Dass der Marx nun in England statt im Knast sitzt, war nicht zu verhindern, aber seine treue Gefolgschaft haben wir geschnappt. Großartig, Emig! Leute wie Sie …«

»Leute wie Sie …« Peter kannte die Formulierung aus anderen Zusammenhängen. Sie verhießen nichts Gutes. Er stellte seine Ohren auf Fangfragen ein.

Sie blieben aus. Ludor war ein Gemütsmensch. Er hatte eine Flasche Riesling von der Nahe bestellt, trank ordentlich und goss Peter ungebeten nach. »Ich bedaure«, sagte er, »dass wir Sie vorläufig nicht in Berlin beschäftigen können. Dort treten wir uns gerade gegenseitig auf die Füße. Doch nach Hessen-Darmstadt oder Frankfurt sollten Sie auch nicht zurück, Emig, da sind Sie inzwischen allzu bekannt.«

»So ist es«, sagte Peter. »Wenn ich einen Vorschlag machen darf: Baden.«

»Warum Baden? Dort ist es derzeit friedlich. Der Hecker ist ins Ausland entwischt, seine Bande ist aufgelöst, die Männer tot oder in Haft. Oder beides, haha …«

»Da ist noch ein Bodensatz. Und der gärt vor sich hin«, sagte Peter, obwohl er keine Ahnung hatte. »Und außerdem schätze ich Wein mehr als Bier.«

Ludor lachte laut auf, klopfte ihm auf die Schulter. »Sie gefallen mir, Emig.« Er bestellte eine zweite Flasche Riesling.

Peter atmete auf, trank, gab sich gesellig. Dieser Ludor

hatte offenbar die Landkarte nicht im Kopf, wusste nicht, dass es von Baden aus ein Katzensprung nach Darmstadt war. Wusste nicht, dass Peter dort Verwandte hatte, einen Sohn hatte. Nicht mal auf die Idee kam der. An diesem Abend fiel es ihm wie Schuppen von den Augen: Der preußische Apparat kannte nur ein paar äußere Daten von ihm, seinen Namen, sein Aussehen, seine langjährige vermeintliche Treue, seine vermeintlichen Erfolge. Und sie hatten ihm am Schlafittchen wie ihre Vorgänger. Doch die Akte mit den Einzelheiten, die ihn erpressbar machten, schlummerte als Geheimsache aus der Thil-Ära bei Großherzog Ludwig III. in den Archiven. Im Keller des Alten Schlosses in Darmstadt. Dort setzten sie vorläufig Staub an.

Ha! Peter konnte handeln.

Die Blaufabrik

Die schwarz-rot-goldenen Fahnen wehten seltener. Von öffentlichen Straßen und Plätzen waren sie vollständig verschwunden. Christina scherte es wenig, ihre neue Lieblingsfarbe war Blau. Genauer gesagt: Ultramarinblau, auch Lapislazuliblau oder Berliner Blau genannt.

Luise und Mathilde hatten ihr zum Arbeitsantritt in Wilhelm Büchners Fabrik einen herzförmigen kleinen Lapislazuli geschenkt, wenn auch keinen echten, den sie seither an einem Silberkettchen um den Hals trug und an manchen Abenden, wenn sie ihn abnahm, um zu Bett zu gehen, voll Dankbarkeit betrachtete.

Die Arbeit in Büchners Fabrik war durchaus anstrengend für sie. Von morgens bis abends die pudrige blaue Substanz mit Wasser und einem Bindestoff vermischen, einen Teig kneten und münzengroße Plätzchen ausstanzen, wer freute sich da nicht auf den einzigen freien Tag in der Woche, den Sonntag! Die blauen Plätzchen kamen in den Waschküchen des ganzen Großherzogtums zum Einsatz. – Zwecks Schönfärberei, wie die kritischen Zeitungen unkten. Denn egal ob vergilbte Laken, Bettbezüge und Handtücher oder Sonntagskleider und Spitzentaschentüchlein: Durch Zugeben von Ultramarinblau zur Waschlauge ließ sich der hässliche Gilb überdecken, und das frühere Weiß leuchtete wie neu.

Die Arbeit im Haushalt vornehmer Herrschaften war abwechslungsreicher gewesen und hatte ab und an Müßiggang zugelassen. Dafür gab es für Christina kein elendes Fischausnehmen, Hühnerrupfen, Hasenhäuten mehr, kein lästiges Zwiebelhacken, Linsenverlesen, Fußbodenschrubben, Ofenputzen und – wie herrlich – kein Pisspottleeren.

Dass ihre Fingernagelränder blau blieben, auch wenn sie sie mit Bürste und Seife bearbeitete, störte sie nicht. Und wie die Pfungstädter Bürger nahm sie es gelassen hin, dass der Wind bisweilen das blaue Pulver auf Straßen, Äckern und Wiesen verteilte. Wilhelm Büchners Blaufabrik war für den kleinen Ort mit seinen nicht einmal viertausend Einwohnern ein Segen, gab vielen Menschen Arbeit und sorgte für gute sowie regelmäßige Steuereinnahmen für den Bürgermeister.

Christinas Kolleginnen in der Produktionshalle und im Schlafsaal waren überwiegend umgänglich. Keine nahm

Anstoß daran, dass sie ein uneheliches Kind hatte, denn das hatte manch andere auch. Die wenigen männlichen Arbeiter, die vor allem mit dem Betrieb der Maschinen, dem Befeuern der Öfen, dem Zu- und Abfließen von Wasser beschäftigt waren, beachteten Christina nicht. So jemand wie der Schämbs, der Christina nachgestellt hatte, wäre hier niemals geduldet. Nach einigen Monaten Unterkunft in einer Werkswohnung hatte sie nun sogar ein eigenes kleines Zimmer in einem Dorf dicht bei Pfungstadt gefunden, wo sie mit dem Dorchen und der Mutter leben konnte.

Dass der landauf, landab bekannte Unglücksrabe, der wegen Mordes an der Gräfin Görlitz seit mehr als zwei Jahren im Gefängnis saß, Christinas Verlobter und der Vater ihres Kindes war, verschwieg sie. Wenn man sie fragte, behauptete sie, Dorothees Papa sei ins Rheinland geflohen und kämpfte dort für den Sieg der Revolution. Das machte Eindruck, besonders auf die Männer. Nur Wilhelm Büchner und seine Frau wussten Bescheid und schwiegen eisern.

Vielleicht wäre jemandem etwas aufgefallen, wenn Christina Johann regelmäßig besucht hätte. Doch eine Visite kam vorläufig nicht infrage. Er war in verschärfter Haft, weil er eine Prostituierte namens Isolde Hahn in seiner Zelle empfangen hatte. Die Wärter waren von der Frau bestochen worden. Jetzt wurde Johann mit reduzierter Kost bestraft. Und mit Besuchsverbot.

Ob es sich bei dieser Prostituierten um jene Frau handelte, die Christina schon zweimal brüskiert hatte? Es war wahrscheinlich, und der Verdacht nagte an ihr, doch sie hatte beschlossen, sich ihren Kummer nicht anmerken zu lassen. Zu allem Überfluss hatte sich herausgestellt – die Zeitungen verkündeten es mit Eifer –, dass Johann Schulden in Höhe von sage und schreibe 44 Gulden angehäuft hatte. Das war fast dreimal so viel, wie sein Monatslohn früher betragen hatte. Und halb so viel wie eine Schiffspassage nach Amerika pro Person kostete. Insbesondere bei einem Maßschneider und einem Uhrmacher stand Johann, dieser eitle Gockel, hoch in der Kreide.

Alles in allem hatte Christina genug von Männern. So wie Luise, Mathilde und Lukretia wollte sie es halten, nicht heiraten, selbst Geld verdienen und auswandern – zusammen mit dem Dorchen und der Mutter. Dafür sparte sie weiter. Sparte sich jedoch nichts mehr vom Mund ab. Regelmäßig zu essen war wichtig, um bei Kräften zu bleiben, das hatte Ludwig Büchner ihr erklärt. Und es stimmte, bislang war Christina nicht wieder in Ohnmacht gefallen.

Nur selten dachte sie an Johann, so wie man an einen alten Freund denkt, der in Not ist und dem man gern helfen würde – wenn man es könnte. Etwas öfter kam ihr Paul – oder vielmehr Peter – in den Sinn. Und immer, wenn sie einen Wuschelkopf erblickte, der zwischen anderen Köpfen hervorragte, und eine Sekunde lang glaubte, er wäre es, spürte sie einen Stich im Herzen und wollte weinen. Noch schlimmer war es, wenn sie ein Pärchen wahrnahm, das auf einer Decke im Gras saß, dabei mitgebrachte Brote verzehrte und aus einer Schraubkanne trank, oder wenn sie gar beim Spazierengehen einen Jägerhochsitz erblickte. Doch sie rief sich rasch zur Ordnung und versuchte, sich jeden weiteren Gedanken an den falschen Kerl zu verbieten. Zum Glück hielt sie die Arbeit in der Fabrik vom vielen Nachdenken ab.

Denn Wilhelm Büchner war ein strenger Vorgesetzter. Er duldete kein Zuspätkommen, kein vorzeitiges Heimgehen, kein müßiges Geplauder während der Arbeitszeit. Auch sonst gab es in seiner »Hausordnung« einige peinlich genaue Ge- und Verbote betreffend Reinlichkeit der Kleidung, Betragen gegenüber Kollegen, Verhalten bei Krankheit und Unfällen. Die Regeln forderten bei Neuankömmlingen und Gästen gelegentlich Spott heraus, waren aber auch in anderen Fabriken üblich.

Auf einer Bank an der Modau

Es passierte an einem Samstag Anfang Februar, dass Christina unfreiwillige Zeugin einer Unterhaltung zwischen Wilhelm Büchner und seinem Schreiber Jean Gall wurde. Sie standen beieinander im Kontor, die Tür war offen, und Christina wollte melden, dass einer der Aufseher auf nassen Fliesen ausgerutscht war und sich offenbar einen Arm gebrochen hatte.

»Ach, Oscar, du ahnst ja nicht …«, sagte Wilhelm Büchner und brach ab, als er Christina bemerkte.

Christina stellte sich taub. Sagte, was sie zu sagen hatte, und ging. Sie hatte wahrhaftig keine Ahnung davon, was Oscar nicht »nicht ahnte«, und war doch irritiert. Schon das »Du« war ungewöhnlich. Der Fabrikherr hielt es sonst grundsätzlich mit dem Siezen. Und der Vorname erst: Oscar. Ein ziemlich altmodischer und seltener Vorname war das. Und just den hatte sie vor etlichen Monaten aus dem Mund von Luise gehört. Oscar, das war doch der verwegene Bursche, der mit dem Dienstmädchen Anna getürmt war. Und zwar weil ihn Peter Emig, also Paul, an den Geheimdienst verpfiffen hatte.

Hatte nicht nur Peter, sondern auch Oscar einen falschen Namen angenommen? Und diese reizende Marianne Gall, mit der sie oft sonntags in einer kleinen Grünanlage an der Modau zusammentraf, wenn die Kinder dort miteinander tobten, ja, Frau Gall, war das also diese Anna? Das erklärte die Herzlichkeit, mit der Luise sie bei ihren Besuchen in Pfungstadt überschüttete, sodass Christina ab und an die Eifersucht plagte.

Wer war Paul Mink? Was hatte er unter dem Namen Peter Emig angerichtet? Vielleicht konnte Christina es erfahren, wenn sie es geschickt anstellte.

Am darauffolgenden Sonntag, es hatte heftig geschneit, ging sie mit dem Dorchen zu einem Rodelhang nahe der Modau und traf prompt auf Frau Gall und ihre Kinderschar. Sie setzten sich auf eine Holzbank und kamen wie immer schnell ins Gespräch, während die Kleinen im Schnee spielten.

»Woher kennen Sie die Büchners so gut?«

»Ich war fast drei Jahre lang ihr Dienst- und Kindermädchen. Mein Mann und ich mussten Darmstadt leider verlassen, als Luise fünfzehn Jahre alt war.«

»Und warum?«

»Der Geheimdienst war hinter Jean her.«

Christina erschrak. Auch über Frau Galls Offenherzigkeit. Also war es wahr.

»Peng, peng, peng, du bist tot«, rief Frau Galls Ältester und richtete seinen Zeigefinger auf einen fremden Buben, der mit einem Stock Löcher in eine vereiste Pfütze piekte. Eine Gesprächspause entstand, die Christina nutzte, um zu überlegen. »Man wollte Ihren Mann einsperren? Weil er Demokrat war?«

»Schlimmer: Er war unpolitisch. Man wollte ihn als Spitzel gewinnen.«

»Als Spitzel ge…« Es dauerte eine Weile, ehe Christina sich traute nachzuhaken: »Und da konnte er sich nicht einfach entziehen?«

Frau Gall lachte bitter. »Natürlich gab es welche, die freiwillig für du Thil gearbeitet haben. Doch die hätten bei Weitem nicht ausgereicht, um seinen Apparat am Laufen zu halten. Du Thils Leute umwarben Männer jeden Alters, drohten ihnen mit Strafen für erfundene Vergehen, folterten sie, wenn sie nicht parierten. Jean konnte fliehen, und ich ging mit.«

Zum Glück kam das Dorchen in diesem Moment angelaufen. Die Kleine hatte ein Schneeball im Gesicht erwischt, sie brauchte ein »Heile, heile Gänschen« und hinderte Christina daran zu fragen, ob Frau Gall ein gewisser Peter Emig bekannt sei. Eine viel zu direkte Frage, eine die dem Gespräch eine ungünstige Wendung hätte geben können. So aber lachte Frau Gall, als das Dorchen sich wieder getrollt hatte, und diesmal klang es entspannter. »Wissen Sie, Frau Born, wir hatten Glück. Und nun haben wir noch mehr Glück, dass wir bei Wilhelm Büchner in Sicherheit sind. Er ist nicht nur ein wichtiger Unternehmer für die Region, er ist auch Landtagsabgeordneter.« Sie zwinkerte mit einem Auge. »An den kommt keiner ran. Selbst wenn es mit der Revolution nun etwas langsamer vorangeht.«

»Das … das freut mich außerordentlich für Sie«, sagte Christina und schluckte schwer an einer aufkeimenden Erkenntnis.

Fritz muss mit

Christina lief am frühen Morgen los, brach unterwegs einige Schlehenzweige von Sträuchern am Straßenrand ab und kaufte beim Spirituosenhändler eine Flasche Kirschlikör. Das letzte Stück des Wegs ließ sie sich von einem Bauern auf dem Kutschbock mitnehmen. Kurz vor 11 Uhr war es, als sie vor dem Haus der Henschels in der Mauerstraße in Darmstadt ankam, allen Mut zusammennahm und den Klopfer betätigte. Sie wollte Roswitha um Entschuldigung bitten. Und Paul ... nein, Peter ... sprechen, falls er da war.

Die Tür öffnete sich einen Spalt weit, Fritz' dunkel umschattete Augen guckten heraus. »Keiner da.« Erst als er Christina erkannte, lächelte er, umarmte sie und ließ sie ein.

»Mama ist krank«, sagte er.

»Ach. Immer noch?«

»Es wird immer schlimmer«, sagte Bernadette, die dazukam und hilflos den Kopf wiegte. »Die Weißblutkrankheit«, flüsterte sie.

»Mama, Tante Tine ist da«, rief Fritz die Treppe hinauf. Seine Stimme kiekste. Vielleicht weil er geweint hatte, vielleicht weil er im Stimmbruch war.

»Christina!« Ein leises Jubeln drang aus dem Schlafzimmer. »Wie schön, dass du gekommen bist.«

»Geh ruhig rauf«, sagte Bernadette. »Es ist ja nicht ansteckend.«

Weißblutkrankheit – nein, ansteckend war die nicht. Aber tödlich. Christina schämte sich vor sich selbst. Warum bloß hatte sie sich so lange von der Familie zurückgezogen? Sie übergab Fritz Schlehenzweige und Likör, ging langsam die Treppe hinauf, versuchte sich zu wappnen und sich die Betroffenheit nicht anmerken zu lassen.

Roswitha lag lang ausgestreckt und mit blassen, eingefallenen Wangen im Bett, von einem dicken Federbett bis zum Hals zugedeckt. Eisblumen zierten die Fensterscheiben der Gaube, ein Kohleofen wärmte wenigstens ein wenig. Es roch nach Lavendel. Bernadette hatte die Kammer damit beduftet.

Roswitha schob eine Hand aus den Kissen, streckte sie Christina entgegen. Sie fühlte sich an wie trockenes Laub.

»Ich hab dir Kirschlikör mitgebracht, der wird dir guttun.«

»Setz dich zu mir. Ich bin so froh, dass du gekommen bist.« Ihre Stimme war leise und brüchig. »Ich ... ich habe einen Wunsch.«

Christina nahm gehorsam auf dem Stuhl Platz, der neben dem Bett stand, beugte sich über die kranke Freundin, um sie besser zu verstehen. »Welchen Wunsch? Wenn ich ihn dir irgendwie erfüllen kann, tu ich es gerne. Es tut mir so leid, dass ich ...«

Roswithas Augen schimmerten trüb wie Seide. »Du wirst auswandern, nicht wahr? Mit deinem Kind und deinem Verlobten. Ich bitte dich herzlich: Nimm Fritz mit.«

Christina zuckte zurück. Glaubte, nicht richtig zu hören. Der Kohleofen bollerte leise.

»Das Geld für die Überfahrt ist da«, sagte Roswitha flehend. »Und noch mehr. 120 Gulden. Peter hat sie auf ein Konto eingezahlt. Ich hab die Vollmacht und kann sie dir übertragen. Fritz braucht nur jemanden, der mit ihm reist. Er ist ja erst vierzehn. Bitte!«

»Willst du mir nicht wenigstens sagen ... warum?«

»Fritz ist Peters Sohn. Sieht man ja.« Roswitha lächelte schwach. »Ich war so allein damals, als Gernot zum Militär musste. Und Peter, der hatte Charme, sag ich dir. – Gernot ahnt es schon lange, nun weiß er es. Und behandelt Fritz schlechter denn je.«

Christina war zu verblüfft, um etwas zu sagen, sie wiegte zustimmend den Kopf. Gernot war seinem ältesten Sohn gegenüber – seinem scheinbar ältesten Sohn – manchmal seltsam grob gewesen.

»Fritz beginnt, sich zu wehren. Er haut zurück. Er ist in diesem Alter. – Was soll werden, wenn ich sterbe?«

Du stirbst doch nicht, wollte Christina sagen, so inbrünstig, wie man einen Todgeweihten anlügt, um die eigene feige Angst zu überspielen. Stattdessen fragte sie leise: »Weiß Fritz es auch?«

»Gernot hat es ihm vorige Woche an den Kopf geworfen. Nun will Fritz zu seinem richtigen Papa. Aber das geht ja nicht.«

»Wo ist Peter jetzt?«

»Irgendwo in Baden. Sie haben ihn sich wieder geschnappt. Er hat mir einen Brief geschrieben. Mit Andeutungen. Sie überprüfen seine Post.« Roswitha ächzte, machte eine Pause, weinte. »Peter fragt nach dir, weiß noch gar nicht, dass du inzwischen in Pfungstadt lebst. Er lässt dich grüßen, und er drückt deinem Stauf die Daumen für den Prozess, schreibt er.«

In Christinas Kopf tosten die Fragen, wirbelten durcheinander wie die Strudel der Modau. Warum hatte Peter Fritz plötzlich so viel Geld überwiesen? Wollte er selbst erreichen, dass sein Sohn mit Christina auswanderte? Hatten Roswitha und er schon länger diesen Plan? Warum kam er nicht nach Darmstadt, wenn sie im Sterben lag? Und wenn sein Sohn nun wusste, was er all die Jahre nicht hatte wissen dürfen … Was mochte in dem armen Jungen vorgehen?

»Roswitha, darf ich kurze Zeit hier wohnen?«, fragte sie sachlich. »In der Dachkammer oben? Wilhelm Büchner wird mich ohnehin für ein paar Prozesstage freistellen, damit ich hingehen kann. So habe ich es nicht weit. Ich helfe Bernadette, dich zu pflegen, kümmere mich um die Kinder. Besonders um Fritz, denn wenn wir bald zusammen nach Amerika auswandern …«

»Du nimmst ihn mit, ja? Du nimmst ihn wirklich mit?«

»Wenn du es willst und er es will, dann verspreche ich es. Ehrenwort. Johann werde ich nicht fragen. Wir reisen schließlich von *meinem* Ersparten.«

Roswitha schluchzte auf. Christina umarmte sie, drückte sie fest an sich, spürte, dass es keine Kummertränen waren, die ihr auf den Hals tropften, sondern Tränen der Erleichterung.

Der Prozess beginnt

Das Schwurgericht wird allwegen von der über-
wiegenden Mehrzahl des Volkes als eine der kost-
barsten Errungenschaften der Neuzeit gepriesen.
Wir wollen es ebenso betrachten und verehren
schon um deswillen, weil das Gesetz uns diese
Einrichtung gewährt hat.

*Vergessen wir dabei nicht, meine Herren, dass das
Schwurgericht, mit anderen Worten: die unmittelbare Teilnahme der Auserwählten des Volkes
an der Strafrechtspflege, wo die höchsten Güter
des Menschen: Freiheit, Ehre, Eigentum und
Sicherheit, in Frage kommen, zu den Grundrechten gehört, worauf das allgemeine Wohl beruht,
wodurch die bürgerliche Freiheit geschützt werden soll; – vergessen wir nicht, dass von allem in
der Welt nichts den Missbrauch weniger verträgt
als die Volksfreiheit. Der Missbrauch, äußere er
sich in kecker Anmaßung oder in fahrlässiger
Bequemlichkeit, ist der Todeskeim alles Edlen
und Schönen, am allermeisten der Freiheit.
Mögen diese Worte, entquollen aus der tiefsten
Überzeugung, hervorgerufen durch das redliche
Bestreben, unsere neue noch sehr junge Anstalt
rein zu erhalten von gehässigen Vorwürfen und
ihr Gedeihen nach meinen geringen Kräften zu
befördern, eine gute, freundlich geneigte Aufnahme bei Ihnen finden!*

*Auszug aus der Eröffnungsrede zum Prozess Stauf/
von Görlitz, zitiert nach dem Prozessbericht.*

Entquollen waren diese Worte den fleischigen Lippen des
Herrn Gerichtspräsidenten. Das Publikum wusste nicht
recht, ob – wie beim Theater – Applaus angeraten war oder –
wie bei der Predigt eines Pfarrers – feierliches Schweigen.
Und entschied sich teils, teils.

Ludwig stöhnte leise. »Was für ein Schaumschläger.«

Alexander grinste in sich hinein. Da missbrauchte der
alte Schwätzer erst mal die hehren Vokabeln: Grundrechte,

Volksfreiheit, Freiheit. Dann packte er aus, worum es ihm in Wahrheit ging: Ehre, Eigentum, Sicherheit? Ha! Von wem denn?

Klar, auch für Ehre, Eigentum und Sicherheit hatte Alexander monatelang gefochten, mit Worten und mit Waffen. Hatte sein Leben riskiert, zuletzt bei Ober-Laudenbach, um den Durchmarsch der preußischen Reaktion nach Baden zu stoppen. Vergeblich. Es hatte vierzehn Tote gegeben, mehr als zwanzig Verletzte, mehr als hundert Aufständische waren festgenommen worden. Alexander hatte Glück, war mit mehreren Wochen Gefängnis davongekommen, die freilich immer noch seelisch an ihm nagten. Ja, auch Ehre, Eigentum und Sicherheit hatte sie bringen sollen, die deutsche Revolution. Aber für *alle* Menschen. Nicht nur für die wenigen, die sie zuvor schon gehabt hatten.

Keine zwei Jahre waren die Märzforderungen alt, da erkrankten sie bereits an der Schwindsucht. Die bleierne Zeit der Dreißigerjahre war zurück. Die Fürsten hielten Hof, die Bauern hungerten, die Zeitungen beschönigten, die braven Bürgersleute, die Handwerker, Händler und Amtspersonen gingen ihrer Arbeit nach und zogen sich zum Schimpfen in ihre vier Wände zurück. Wer das Leben in Deutschland nicht länger ertrug, der wanderte aus, nach Frankreich, in die Schweiz, nach Amerika. Und es gab mehr Auswanderer als je zuvor.

In der Residenzstadt hatte die Restauration besonders leichtes Spiel. Der vermeintlich reformfreudige Ludwig III., dessen Inthronisierung zwei Jahre zuvor mit Jubel und Freudentränen gefeiert worden war, rief ausgerechnet den Erzreaktionär Reinhard von Dalwigk an seine Seite, einen Kumpanen des alten Inquisitors Karl du Thil. Und der aufrechte Liberale Heinrich von Gagern? – Wurde entlassen.

Nach Dalwigks Ansichten waren sogar die Forderungen der liberalen Kräfte inakzeptabel. Das »demokratische Prinzip«, so hatte er verlauten lassen, sei staatsgefährdend, da es zwingend zum Sozialismus führe.

Wenigstens war es Dalwigk verwehrt, die Gerichtsbarkeit in die alte Ordnung zurückzubiegen. Das war vor allem den Bürgern Rheinhessens zu verdanken, die während der französischen Besatzung Napoleons Code civil kennen und schätzen gelernt und bei dessen Aufhebung mit Separation gedroht hatten. Öffentliche Gerichtsverhandlungen sollte es geben statt Gemauschel in irgendwelchen »Kammern« und ein Urteil gestützt von Geschworenen aus der Bürgerschaft. Das war das Mindeste.

Und so saßen sie heute hier, Alexander und sein Bruder Ludwig, konnten den Schwurgerichtsprozess zu einem spektakulären Kriminalfall miterleben. Wenn auch nur von einer der hintersten Bänke des vollbesetzten Gerichtssaals aus, genauer gesagt des Ballsaals vom »Darmstädter Hof«, wohin das hohe Schwurgericht heute hatte ausweichen müssen. In den üblichen Amtsstuben hätte der Platz nicht gereicht.

Wobei er auch jetzt nicht reichte. Es waren Einlasskarten ausgegeben worden. Die Presse in der Stadt und auf dem Land hatte eifrig getrommelt, und Hunderte Bürger wollten die Verhandlung mitverfolgen. Alexander hatte ein Vorrecht, weil er derzeit Akzessist am Landgericht in Langen war und deshalb der Verhandlung »zu Schulungszwecken« mit Begleitpersonen beiwohnen durfte. Sogar für Luise und Mathilde hatte er Platzkarten bekommen, die beiden flankierten ihre unglückliche Freundin, Staufs Verlobte Christina Born, in einer der vorderen Reihen und hielten ihr das Händchen.

Keine Frage: Es war eine wichtige Errungenschaft, dass Gerichtsverhandlungen neuerdings öffentlich, zumindest aber unter Beteiligung der Presse stattfinden mussten. Die Kehrseite der Medaille war, dass die Akteure auf diese Weise eine Bühne für ihre Eitelkeit gewonnen hatten. Und sie weidlich nutzten.

Allein wie der Herr Gerichtspräsident mit Perücke und gerecktem Hals herumstolzierte, umwabert von einer schwarzen Seidenrobe mit samtenem Revers, aus dem ein blütenweißes Beffchen herausblitzte. Ein Wesen zwischen Pastor und Pinguin, das sich mit sonorem Ton und feierlichem Habitus an die Geschworenen richtete, jeden einzeln vereidigte.

Die Zeremonie zog sich in die Länge, das Publikum lauschte ergriffen, die wenigsten Zuhörer schienen sich annähernd so zu langweilen wie Alexander. Weitere schwarze Flattermänner schwebten herein, Anwälte, Schreiber, mit gespreizten Gesten, hoheitsvollen Mienen, zuletzt die Herren Richter, wie an ihren ominösen Perücken zu erkennen war. Zu ihrer Begrüßung hatten sich alle Anwesenden zu erheben. Auch das noch!

Alexander stieg vor Fremdscham die Hitze in den Kopf, und er fragte sich einmal mehr, ob die Juristerei wirklich sein Fach war. Ein Vergnügen war schon das Studium nicht gewesen. Er hatte es sich der Eltern wegen auferlegt, die Wert auf einen angesehenen und einträglichen Beruf legten. Nun war seine Ausbildung fast zu Ende, aber die Aussichten wenig verlockend. Sich selbst einen Talar und eine Perücke überzustülpen, die politische Reaktion mit salbungsvollen Sprüchen zu garnieren, immer wieder Sujets auszufechten, von denen er selten überzeugt war, ja, die ihn nicht einmal interessierten ...

Eine seltene Melancholie erfasste ihn, eine wie Ludwig, das Sensibelchen der Familie, sie wohl öfter empfand. Er gab ihm einen sanften Stoß in die Seite: »*Puppen sind wir, von unbekannten Gewalten am Draht gezogen.* – Von wem ist das? Goethe oder Schiller?«

»Das ist von Georg, du Dussel.«

Köpfe

»Das ist ja … ein anderer Kopf!«

Der Ausruf weckte Ludwig aus dem Schlummer. Er sah sich ungläubig um. Ach so, er befand sich in diesem Ballsaal, der zum Gerichtssaal umgestaltet worden war. Heute war der dritte Verhandlungtag, und Ludwig hatte seinen Vater begleiten dürfen, der wie drei weitere Darmstädter Mediziner zur These der Selbstentzündung menschlicher Körper im Allgemeinen und Besonderen sowie zur Sektion der im vorvorigen Sommer exhumierten gräflichen Leiche befragt werden sollte. Neben ihm hockte Alexander. Sein Bruder musste ebenfalls geschlafen haben, denn er rieb sich unwillig die Augen.

Der rätselhafte Ausruf stammte von Medizinalrat Dr. von Siebold, der vom Kreuz an senkrecht im Zeugenstand saß, vor sich ein schwarz-bräunliches Gebilde aus Knochen- und

Muskelfaserresten, vorgeblich den Schädel der Gräfin von Görlitz beziehungsweise das, was davon übrig war. Käsebleich war von Siebold im Gesicht, der Mund stand ihm offen. Seine laut geäußerte Verwirrung hatte alle aufgeschreckt. Publikum, Zeugen, Geschworene, Richter, Anwälte. Im Saal war es so leise, dass man draußen eine Katze maunzen hörte. Fünf Sekunden, sechs Sekunden, dann setzte Tumult ein.

Der Zustand des Schädels war keineswegs unerheblich. Es galt die Frage zu klären, ob die Gräfin, bevor sie verbrannt war, verletzt worden war, zum Beispiel durch einen Schlag auf den Schädel. Ja, ob sie durch einen solchen Schlag zuvor schon tot gewesen war und somit keinen Feuertod durchlitten hatte. – Nun aber sollte das Objekt der Untersuchung vertauscht worden sein?

Ein Raunen, Kichern, Feixen ging durch die Stuhlreihen. Einige sprangen auf und machten ihrer Empörung durch Gebrüll Luft. Sogar die Angeklagten – Johann, Heinrich und Jakob Stauf – blickten triumphierend in die Runde und lachten.

Was natürlich nicht sein durfte. Der vorsitzende Richter schwang sein Hämmerchen, klopfte mehrmals auf den Wirtshaustisch vor sich, rügte die Herren Stauf wegen ungebührlichen Benehmens und drohte dem Publikum, er werde den Saal räumen lassen, falls nicht augenblicklich Ruhe einkehre.

Das wirkte. Wer aufgesprungen war, setzte sich wieder, hielt den Mund, nur vereinzeltes Glucksen war zu hören.

Von Seibolds Wangen wechselten die Farbe von Weiß zu Rosarot, hektische Flecken überzogen sein Doppelkinn. Auf die Frage des Gerichtspräsidenten, ob er denn glaube, das Medizinalkollegium habe einen falschen Schädel vorgelegt, ruderte er zurück. »Nein, nein, gewiss nicht. Ich gebe gerne zu, dass ich mich irren kann, aber dieser Schädel ist anders als der, den ich bei der Exhumierung gesehen habe. Ich ... äh ... vermisse zum Beispiel eine Menge kleiner Risse im Rest des Unterkiefers.«

Nun wurden die drei anderen Medizinalräte befragt, die der Sektion beigewohnt hatten, was erneute Unruhe auszulösen drohte und mehrere Hammerschläge auf den Richtertisch bewirkte. Es war keine wirkliche Überraschung, dass alle, einschließlich Ludwigs Vater, angaben, dass es sich um denselben Schädel handeln müsse, auch wenn dieser sich seither, nun ja, trotz der Konservierung in den anderthalb Jahren verändert habe.

Einer der vier Richter, Hoffmann mit Namen, versuchte die Wogen zu glätten. »Unmöglich kann man bestätigen, dass es sich um den richtigen Schädel handelt, da er jetzt anders aussieht als damals. Aber ich vertraue unbedingt dem Physikatsarzt, der als Hilfsperson genauso wie wir Richter der Wahrheit verpflichtet ist.«

Alexander schnaubte vor Empörung. »Was ist denn das für eine Beweisführung«, sagte er mäßig laut, erhielt dennoch einen Verweis durch den Präsidenten.

Man einigte sich auf eine Erklärung: Der Schädel der Gräfin war nach der Exhumierung nicht nur entstaubt und gewaschen worden, er war zudem von einem Gerichtsdiener über eine Woche hinweg von einem Sachverständigen zum anderen per Kutsche transportiert worden. Habe über Nacht und über den Sonntag seines üblen Geruchs wegen teils an offenen Fenstern beziehungsweise auf Fensterbänken gelegen ... Nun war das Publikum erst recht entsetzt, und Teile der Presse nannten anderntags derlei Umgang mit dem Haupt der Gräfin von Görlitz »pietätlos«.

Wenigstens konnte die Befragung zum Zustand des übrigen Körpers der Gräfin weitergehen, und Ludwig nickte beinahe wieder ein. Er hatte bis spät in die Nacht an einem naturphilosophischen Traktat gearbeitet, das er später als Buch zu veröffentlichen gedachte, und war an den Auseinandersetzungen über die Wahrscheinlichkeit einer »Selbstentzündung« des Leibes nicht interessiert. Ebenso wenig wie sein Vater, der dennoch so aufrecht auf der Zeugenbank saß, als hätte er zu viel Mokka getrunken.

Ludwigs ehemalige Professoren in Gießen, Dr. Justus Liebig und Dr. Theodor Bischoff, hatten in aufwendigen anatomischen Experimenten an toten Hunden und Hammeln die Unmöglichkeit einer solchen Todesart nachgewiesen, was sie detailreich erläuterten: Sie hatten hochprozentigen Alkohol in die Schlagadern der Kadaver spritzen lassen. Dennoch hatten nicht einmal glühende Kohlen genügt, um sie in Flammen aufgehen zu lassen.

Dagegen verwies Medizinalrat Dr. Graff auf eigene Versuche mit einem toten Frauenkörper. Er hatte die Leiche so auf einem Seziertisch platziert, dass der Kopf vornüberhing. Darunter hatte er eine Schale mit Weingeist und Öl gestellt und den Inhalt entzündet. Nach etwa einer Stunde habe der Kopf der Versuchsperson ähnlich ausgesehen wie seinerzeit der der Gräfin von Görlitz. Daraus folgerte Graff, dass es Selbstentzündungen im Zusammenhang mit brennenden Kerzen und Alkoholgenuss durchaus geben könne, wenn auch im Fall der Gräfin eine andere Todesart wohl wahrscheinlicher sei …

Ludwig hörte nicht mehr hin. Das Verhalten Johann Staufs erregte sein Interesse. Anders als beim ersten Vernehmungstag konnte er heute die drei Mitglieder der Familie Stauf nicht nur von der letzten Reihe aus sehen und damit bloß deren Hinterköpfe. Diesmal hatte er, obwohl die Zuschauer nicht minder zahlreich hereingeströmt waren, einen Platz weit vorn am Rand des Saals erwischt, sodass er die Angeklagten überwiegend im Halbprofil beobachten konnte. Da Johann Stauf sich öfter seinen Verteidigern zudrehte, gelang es Ludwig sogar, ihm ab und an frontal ins Gesicht zu blicken.

Dem Mann war nicht anzumerken, was er erlitten hatte: mehr als zwei Jahre im Untersuchungstrakt, davon elf Monate in Isolationshaft bei Wasser und Brot, wie sich herumgesprochen hatte. Wie hält jemand das durch, ohne seelisch zum Krüppel zu werden? Stauf, der bäuerlicher Abstammung war, legte offenkundig Wert auf eine gepflegte Erscheinung. Er durfte beim Prozess eigene Kleidung tragen, hatte sich für einen schwarzen Rock mit Revers und eine gemusterte Halsbinde entschieden. Das schlecht gestutzte Haar – im Gefängnis gab es vermutlich keine geschickten Friseure – war ordentlich nach hinten, an der linken Schläfe zu einer Tolle gekämmt, Kinn und Hals waren sauber rasiert.

Was eine lange und harte Haft aus Menschen machen konnte, war hingegen seinen Mitangeklagten anzusehen, die wegen Hehlerei und Mitwisserschaft ebenfalls seit Dezember 1847 einsaßen. Der Vater, Heinrich Stauf, war Gerüchten zufolge zum Teil angekettet gefangen gehalten worden. Nun saß er in einer Bauernjoppe da, stoppelbärtig und zusammengesunken, stierte vor sich hin, putzte sich gelegentlich mit einem Tuch die Nase. Jakob Stauf, der kaum eine Familienähnlichkeit mit seinem Bruder aufwies, trug – warum auch immer – seine Soldatenuniform, verfolgte die Verhandlung geduckt und mit starrer, trauriger Miene. Gelegentlich zitterte er, als wäre ihm kalt.

Es war unglaublich: Zwei Jahre und drei Monate waren die Staufs nun schon inhaftiert, ehe es zu der Gerichtsverhandlung gekommen war. Was für eine träge Kaste hatte sich da trotz Revolution etabliert. Kein Wunder, dass Alexander nur noch Hohn und Spott für seine künftigen Kollegen übrighatte. Man stelle sich vor, die Ärzte würden sich derart viel Zeit lassen.

Johann Stauf, der Beau, blickte lebhaft um sich, lächelte sogar. Ab und an bat er die Richter höflich ums Wort, trug daraufhin klar und gewandt seine Anmerkungen vor. Fast konnte man glauben, dieser Prozess beträfe nicht ihn, sondern einen abwesenden guten Freund, für den er sich ins Zeug legte. Wenn der Mann tatsächlich schuldig war, war ein großartiger Schauspieler an ihm verloren gegangen.

Die Frage blieb, wie die Geschworenen seine mangelnde Demut beurteilten. Auf deren Urteil war Ludwig gespannt, doch wie es aussah, würde sich die Verhandlung über Wochen hinziehen: denn es waren, warum auch immer, mehr als hundert Zeugen geladen.

Gift

Es war Tag neun der Gerichtsverhandlung, nachmittags gegen drei. Alexander hockte zusammen mit Ludwig auf einer der hintersten Bänke – diesmal hellwach und vom Kreuz an senkrecht, um den Zeugenstand im Blick zu behalten. Denn heute ging es um den kuriosen »Mordversuch«. Hatte Johann Stauf tatsächlich eine Sauce, die Graf von Görlitz zu einer Portion Rindfleisch hatte gereicht werden sollen, mit Grünspan versetzt? Fast sechzehn Gran hatte der Stadtapotheker Merck später in der Flüssigkeit gemessen, vier Gran hätten als tödliche Dosis gereicht.

Der Vorwurf war der eigentliche Anlass für die Festnahme Staufs gewesen, weil bis dahin der Tod der Gräfin ja offiziell als Unfall galt und das Stadtgericht keine Handhabe hatte, gegen jemanden als Mörder vorzugehen. Erst als auswärtige Zeitungen, angestoßen von Alexander, einige Merkwürdigkeiten vom Tatort verkündeten und offen über einen Gattenmord spekulierten, kam der Stein ins Rollen, sogar das Hofgericht erwog neue Untersuchungen. Da aber geriet statt Graf von Görlitz urplötzlich dessen Diener ins Visier. Denn wer den Grafen umbringen wollte, der konnte auch die Gräfin auf dem Gewissen haben. So viel lag nahe.

Doch warum hätte Stauf seinen Dienstherrn vergiften sollen? Mit einem leicht nachweisbaren Gift in extremer Dosis!

»Zeugin Nummer vierundvierzig, Margarete Eyrich, Dienstmädchen«, rief der Gerichtsdiener durch den Saal. Eine dralle junge Frau mit einfältigen Gesichtszügen erhob sich in der vordersten Bankreihe und stapfte zur Tribüne. Es schien sich um die seinerzeit frisch eingestellte gräfliche Köchin zu handeln, die den Mordversuch beobachtet haben wollte. Sie rümpfte ihre knollige Nase, wrang die Hände vor der Brust. Die Stimme klang kindlich und schrill zugleich. Alexander lauschte amüsiert.

Zeugin: Den 2. November 1847, mittags um 3 Uhr, kam Stauf zu mir in die Küche, forderte mich auf, Feuer anzumachen, und blieb eine Viertelstunde hinter mir stehen, weil ich nicht

weggehen wollte und sonst beschäftigt war.
Nachher sagte er, er müsse den Tisch des Gra-
fen decken, und gab mir einen Suppenteller, den
ich spülen sollte. Ich sagte ihm, er solle unterdes-
sen an der Sauce rühren, was auch der Stauf tat.
Während dem ging ich an den Gossenstein* und
von da an das Bratöfchen; da sah ich, wie Stauf
ein Gläschen in der Hand hatte und es über die
Sauce hielt. Ich fragte ihn, was er da mit dem
Gläschen mache. Er antwortete, er habe kein
Gläschen und wärme seine böse Hand. Gleich
darauf ging Stauf aus der Küche; ich versuchte
die Sauce, fand sie übel schmeckend und spie sie
aus. Der Kutscher Schämbs kam in die Küche,
und ich erzählte ihm alles, dann auch die Haus-
hälterin, der ich es auch erzählte. (…)
Präsident: Wie hat's denn geschmeckt?
Zeugin: Bitter und garstig, es zog den Mund
zusammen.
Präsident: Herr Medizinalrat Merck, welchen
Geschmack hat Grünspan?
Medizinalrat Merck: Einen zusammenziehenden,
sogenannten metallischen Geschmack.
Medizinalrat Rieger: Der Geschmack ist beson-
ders ekelerregend und verursacht Übelkeiten.
Aus dem Vernehmungsprotokoll zum Prozess
Stauf/von Görlitz, zitiert nach Prozessbericht.
* Spülstein, Spülbecken

Übelkeiten! Damit schien die Zeugin Eyrich ein treffli-
ches Stichwort bekommen zu haben. Sie klagte anhaltend
über den Geschmack der Sauce und darüber, dass sie sich

am Abend einen Tee habe brauen müssen, weil ihr immer noch ganz schlecht gewesen sei …

Staufs Verteidiger Emmerich erhob sich, merkte an, dass hier eine Ungereimtheit vorliege. Wenn die Zeugin die Sauce nur probiert und gleich wieder ausgespien habe, könne dies kaum stimmen.

Der Saal lachte, selbst die ansonsten stoischen Geschworenen grinsten und wiegten die Köpfe. Die Eyrich gab sich unbeeindruckt, schwieg jedoch endlich.

Alexander drehte sich zum Bruder. »Sag mal, Louis, schmeckt Grünspan wirklich so schrecklich?«

Ludwig nickte, flüsterte: »Und ob. Vor allem in der festgestellten Konzentration.«

»Der Graf hätte also beim ersten Bissen gemerkt, dass da was nicht stimmt?«

»Er hätte den Bissen instinktiv ausgespuckt. Keine Frage. Und das Essen zurückgehen lassen. Er hätte womöglich selbst an Gift gedacht.«

»Unvorstellbar, dass dem doch recht gescheiten Stauf solch ein Lapsus unterläuft.«

»Du sagst es.«

»Wer hat dann den Grünspan in die Sauce gerührt?«

»Ich dachte, du willst kein Advokat werden?«

»Ruhe im Saal!« Gerichtspräsident Weiß betätigte sein Hämmerchen.

Verteidiger Emmerich fuhr fort, erzählte von weiteren Widersprüchen in den Aussagen des Fräuleins aus früheren Vernehmungsprotokollen. Etwa bei der Behauptung, ein Gläschen in Staufs linker Hand versteckt gesehen zu haben, obwohl sie erstens links von ihm und zweitens gut acht Ellen entfernt gestanden haben musste. Somit habe sie lediglich den Handrücken im Blickfeld gehabt. Etwa bei der Angabe, Klümpchen aus grünem Pulver hätten auf der Sauce geschwommen, obwohl Stauf doch angeblich eifrig umgerührt habe … »Schon die Protokollanten der Voruntersuchung haben notiert«, versetzte Emmerich, »dass diese Zeugin, so wörtlich: geistig etwas beschränkt zu sein scheint.«

Der Präsident hob abwehrend die Hände. »Die Gaben der Natur sind nicht überall gleich verteilt. Die Herren Geschworenen werden ermessen können, ob die Zeugin genug Beobachtungsvermögen hat.«

Das hohe Gericht ging zur Tagesordnung über, befragte weitere gräfliche Bedienstete. Alexander langweilte sich, Ludwig gähnte unverhohlen. Doch dann sollte Johann Stauf zu dem Vorgang in der Küche Stellung nehmen. Er erhob sich, rang sichtlich um Atem.

Präsident: Wie ist es am 2. November gewesen, was haben Sie in der Hand gehabt?
Stauf: Gar nichts; ich kam in die Küche und wollte die Teller holen, und wie ich den Suppenteller in die Hand nahm, so war der Teller an dem inneren Rand schmutzig, und wie ich der Margaretha auftrug, sie möge den Teller putzen, da sagte sie, sie müsse die Sauce rühren, wenn ich den Teller aber gleich haben wolle, so solle ich solange rühren; dabei gab sie mir den Löffel, und ich rührte die Sauce.
Präsident: Haben Sie dabei etwas in der Hand gehabt?
Stauf: Nein, ich hatte nichts in der Hand.
Präsident: Sie hatten doch an jenem Tag Grünspan?

Stauf: Ich habe meinem Bruder aufgetragen, er
solle mir an jenem Tag für 3 Kreuzer kohlen-
saures Natron, für 3 Kreuzer Scheidewasser und
für 3 Kreuzer Grünspan holen, was er jedoch
gebracht hat, weiß ich nicht.
Präsident: Was wollten Sie mit dem Grünspan?
Stauf: Ich wollte meine gelbe Livreeweste färben.
(…)

Der Staatsanwalt wurde nervös, verlangte Einsicht in ein
Konfrontationsprotokoll vom November 1847. Gerichtspräsident Weiß blätterte in viel Papier, Gerichtsdiener
schleppten weiteres herbei. Der Saal geriet in Unruhe,
schwarzseidene Roben wehten hin und her, bis Weiß ent-
nervt seine Perücke richtete und die Suche aufgab.

Präsident: Es wird das später verlesen werden;
die Akten sind augenblicklich nicht vorhanden.
Es steht allerdings darin, dass Stauf das Mädchen
im Beisein des Kriminalrichters eine »Lügnerin«
geheißen. Ist das nicht so?
Stauf: Ja, ich habe gesagt, dass ein hoher Grad
an Unverschämtheit dazugehöre, mir eine solche
Lüge ins Gesicht zu sagen, und ich kann heute
nur wiederholen, dass ich den Gott, bei dem sie
schwört, zum Zeugen anrufe, dass sie einen fal-
schen Eid geschworen.
Der Staatsanwalt bittet den Präsidenten, die
Zeugin vor solchen Ausfällen zu schützen.
Präsident (zu dem Staatsanwalt): Die öffent-
liche Meinung wird die Zeugin schützen. (Zu
dem Angeklagten Johann Stauf): Angeklagter,

ich muss Ihnen bemerken, dass, wenn Sie sich
noch einmal derartige freche Angriffe gegen
einen Zeugen erlauben, ich Sie abführen und
die Verhandlung in Ihrer Abwesenheit fortset-
zen lassen werde.

Johann Stauf: Herr Präsident, ich habe zwei
und ein halbes Jahr im Kerker geschmachtet und
nichts sagen dürfen und hoffe wohl, dass jetzt
die Zeit gekommen sein wird, dass ich vor dem
öffentlichen Gericht sprechen darf.

Präsident: Sie haben in der Voruntersuchung
schon 500 Folienseiten gesprochen. Setzen Sie
sich!

Aus dem Vernehmungsprotokoll zum Prozess
Stauf/von Görlitz, zitiert nach dem Prozessbe-
richt.

»Tsss …« Alexander schnappte nach Luft. Es war nicht
das erste Mal, dass Weiß dem Angeklagten derart über
den Mund fuhr, ihm wegen einer Lappalie den Ausschluss
androhte. Doch für gewöhnlich stellt man keine Fragen,
wenn man die Antwort scheut. Sollte Stauf auf diese Weise
gedemütigt werden?

Alexander drehte sich zum Bruder, flüsterte: »Louis, mir
reicht's für heute.«

»Mir auch. Lass uns gehen.«

»Ein Gläschen Punsch im Lesekabinett?«

Sie erhoben sich leise und drängten zum Ausgang. Sie
waren nicht die Einzigen.

Zeugin Numero hundertzwei

Die kleine grüne Pappkarte in Christinas Händen wies aufgeweichte Ränder und ein Eselsohr auf. Luise, die neben ihr saß, hätte ihr das Ding am liebsten weggenommen und in ihrer Rocktasche verstaut. Es trug die Nummer hundertzwei, und gerade war Zeuge siebenundneunzig an der Reihe. Es konnte noch Stunden dauern, bis der Gerichtsdiener Christina aufrief. Und nur wenn sie Glück hatte, war heute Abend alles überstanden. – Nein, nicht alles, wirkliche Erleichterung war erst nach Johanns Freispruch zu erwarten. Aber Christina würde endlich aufhören, diese dumme Karte zu kneten und ein Stück weit ruhiger werden. Wenigstens das.

Heute war der fünfzehnte Sitzungstag, der Prozess hatte sich unerwartet weit ausgedehnt. Christina, ursprünglich als Zeugin Nummer siebenundfünfzig eingeteilt, fieberte seit vielen Tagen ihrer Vernehmung entgegen, war blasser und zittriger denn je. »Was wird der Richter mich fragen? Wird dieser grässliche Staatsanwalt mich zwiebeln, wie er die Zeugen der Verteidigung zwiebelt?« Die Fragen hatte sie in der Verhandlungspause an Alexander gerichtet, doch er hatte sie nicht beantworten können. Wie auch? »Sei ganz ruhig und bleib bei der Wahrheit. Zeig den Richtern und den Geschworenen, dass du keinen Zweifel an Johanns Unschuld hast. Antworte nur auf das, was du gefragt wirst«, hatte Alexander geraten.

»Aber *was* werden die mich fragen?« Christina war den Tränen nah gewesen. Jeder Beschwichtigungsversuch von Alexander und Luise schien vergeblich.

Luise wickelte das Butterbrot aus, das sie für den eigenen Hunger mitgebracht hatte, und hielt es Christina hin. Das Mädel hatte garantiert wieder zu wenig gegessen, drohte umzukippen. Das Schlimmste, was ihr passieren konnte. Eine Ohnmacht würde ihr womöglich als schlechtes Gewissen ausgelegt werden, als Mitwisserschaft an Johanns vorgeblichen Verbrechen.

Es war nur eine kleine Stulle, von der Brotkante abgeschnitten, die man sich unauffällig zwischen die Zähne schieben und kauen konnte. Aber sie war aus vollem Roggen und hatte viel Butter drauf, Nervennahrung, wie Luise glaubte. Also genau das, was Christina brauchte.

Doch Christina schob Luises Hand beiseite, schüttelte stumm den Kopf. Sprechen, auch nur flüstern, war dem Publikum wie den Zeugen während der Verhandlung neuerdings streng verboten.

Luise insistierte mit einem Knuff in Christinas Seite und einem strengen Blick. Sie setzte sich aufrecht hin und reckte das Kinn, versuchte Johann nachzuahmen, wie er stolz und selbstsicher die vielen Bemerkungen zu seiner Person ertrug, sogar die Demütigungen durch den Staatsanwalt.

Und Christina verstand, biss hinter vorgehaltener Hand ein Stückchen ab, kaute und setzte sich ebenfalls aufrecht hin, lächelte sogar ein bisschen. Zum ersten Mal an diesem Tag lächelte sie. Und steckte das grüne Kärtchen weg.

War es das Brot? Die Butter? Oder war es die Erkenntnis, dass vor allem Mut und Zuversicht ihr in dieser Lage helfen konnten? Wie vor allem Mut und Zuversicht Frauen in jeder misslichen Lage helfen konnten. Und kein Mann. Nicht mal ein Engel.

Jedenfalls erhob sich Christina, als endlich die Nummer hundertzwei aufgerufen wurde, ohne Zaudern. Begab sich mit festem Schritt und erhobenem Kopf in den Zeugenstand und sah dem Gerichtspräsidenten ins Auge.

> *Präsident: Wir wissen bereits, in welchem Verhältnis sie mit dem Joh. Stauf steht. Wenn sie auch nicht in allen Stücken sie Wahrheit sagen will, so hoffen wir doch wenigstens, dass sie uns nicht geradezu belügen wird. Wann hat sie die Bekanntschaft mit Joh. Stauf gemacht?*
> *Zeugin: Es war im Jahr 1844, wo ich im Reichelsheimer Hof diente, er war damals Soldat.*
> *Präsident: Hat er denn später auch für das Kind gesorgt?*
> *Zeugin: Oh ja, er hat ihm auch etwas gegeben, so viel er gerade konnte; ich verlangte nicht viel von ihm.*
> *Präsident: Hat sie ihm nicht auch Geld gegeben?*
> *Zeugin: Das gerade nicht, aber wie er nach Hause kam, ehe er in den Dienst des Grafen trat, habe ich ihm Hemden gemacht und auch Geld gegeben, wie man das wohl natürlich tut, wenn ein armer Soldat aus dem Dienst kommt.*

Das waren gemütliche Fragen, so befand Luise, und lehnte sich zurück. Grotesk nur, dass der alte Gerichtspräsident Zeugen niederen Standes, so auch Christina, nicht siezte, nicht einmal ihrzte, sondern in der dritten Person Singular anredete. Eine altmodische Attitüde, die selbst in konservativen Kreisen verpönt war. Wusste er es nicht besser?

Präsident: Hatte sie mit dem Johann Stauf öfter Streit?

Zeugin: Nein, wir haben sehr einig und gut miteinander gelebt, bis dahin, wo ich die Bekanntschaft des Schämbs machte; von der Zeit an, da hat es manchmal Zank gegeben, aber es war jedes Mal der Schämbs schuld daran. Er kam öfter zu mir und verklagte den Johann, bald wegen diesem, bald wegen jenem, und wenn ich mich dann überzeugte, so fand ich immer, dass mich der Schämbs belogen hatte.

Bald hielte es der Johann mit der Köchin, bald mit der Frau Schiller, es war aber nichts als Lüge. Ich habe oft die bittersten Tränen geweint, und das Leben war mir verbittert, und schon damals forderte ich ihn (Johann) auf, dass er dort aus dem Dienste gehen sollte ...

Oha, der Schämbs! Luise erinnerte sich, dass Christina einmal von dem Kutscher erzählt hatte, der bei Graf Görlitz im Dienst stand, einem unangenehmen, plumpen Menschen. Er hatte Christina nachgestellt, und als sie ihn abgewiesen hatte, ihren Verlobten mehrmals verleumdet. Aber dass es so schlimm gewesen war!

Staatsanwalt: Haben Sie sich nicht auch geäußert, dass Sie an dem Stauf etwas auszusetzen hätten?

Zeugin: Ja, dass er zu eitel sei, er trug immer so feine Hosen, dass ich ihm sagte, er könnte sie wohl auch von gröberem Tuche tragen, worauf er mir aber sagte, dass er immer zu großen Herrschaften käme und da könne er nicht anders kommen.

Staatsanwalt: War er nicht auch sehr fromm?
Zeugin: Oh ja, wenn ich einmal in der Küche so
einen leichten Fluch tat, so sagte er gleich: »Ach
Gott, lass das doch, mein Kind, das bringt kein
Glück und keinen Segen«; auch ist er fleißig in
die Kirche gegangen.

Luise lächelte in sich hinein. So viel Angst hatte Christina
eben noch vor dem Staatsanwalt! Nun erwies sich der Gift-
zwerg als freundlicher Stichwortgeber. Sie konnte geradezu
um Sympathie für Johann werben.

Verteidiger Metz: Ich bitte, die Zeugin zu fra-
gen, ob sie sich nicht einer Äußerung des Schämbs
erinnert, die er ihr vor dem 2. November machte.
Zeugin: Ja, es war ein paar Wochen, bevor die
Vergiftung geschehen sein soll, als ich mit meinem
Kind dem Schämbs begegnete, der mich anredete
und sagte, der Stauf sei ein schöner Mensch, er
habe seinen besten Freund beim Grafen verklei-
nert. Als ich den Stauf zur Rede stellte, wusste
der von nichts, und wie ich später dem Schämbs
wiederbegegnete, fuhr er mich hart an und sagte:
»Sie haben dem Stauf das wiedergesagt, warten
Sie nur, in 14 Tagen wird etwas passieren oder
herauskommen.«
Die Textauszüge in diesem Kapitel sind dem
Vernehmungsprotokoll des Prozessberichts ent-
nommen.

Wie bitte? Was für ein *bester Freund*? War das nicht der Gas-
senausdruck fürs männliche Glied? Und wieder wollte der

Schämbs ein Gerücht in die Welt setzen! Oder war da etwas dran? Homosexuelle Beziehungen wurden mit Haft im Correctionshaus bestraft. Vielleicht hatte Christina deshalb bislang niemandem von dieser Behauptung erzählt. Allein das Gerücht hätte Stauf in Not gebracht. Erst recht den Grafen, der als der Ältere und Höhergestellte sofort in Verdacht gestanden hätte, sich den Liebesdienst erkauft zu haben. – Wie war das mit dem Schmuck, den man bei Johanns Vater, Heinrich Stauf, gefunden hatte? Angeblich ein Geschenk des Grafen, was dieser negiert hatte. Da stimmte was nicht.

Besonders seltsam: Nach Christinas Aussage über den »besten Freund« brach die Aufmerksamkeit von Richter und Staatsanwalt abrupt ab, Zeuge hundertdrei wurde aufgerufen. Christina konnte gerade noch ungefragt versichern, dass sie ihren Johann sehr lieb habe und ihm vollkommen vertraue, was das Publikum rührte und die Presse eifrig mitkritzeln ließ. Im Protokoll allerdings war diese Äußerung, wie sich später herausstellte, nicht existent.

Schuldig

Schuldig ... schuldig ... schuldig ... Das Wort hallte in Christinas Ohren nach wie ein mehrfaches Echo aus dichtem Nebel. Ebenso dumpf klang der Tumult, der im

Gerichtssaal einsetzte. Und nicht abebbte, mochte der vorsitzende Richter noch so oft aufs Pult hämmern.

Auch Johanns Vater, sein Bruder ... schuldig-schuldig-schuldig. Ein Großteil des Publikums war aufgesprungen, vor allem die einfach Gekleideten, die mit den Schlapphüten, den Batschkappen, den Hauben. Sie riefen: »Schiebung!«, und: »Verrat!«. Währenddessen nickten die Herren mit den Zylindern und die Damen mit den Schutenhüten gewichtig, als hätten sie es immer gewusst. Und mühten sich ansonsten, den Ausgang zu erreichen, bevor womöglich eine Prügelei begann.

Ihre Sorge war unnötig, denn der Gerichtspräsident ließ den Saal räumen. Die nicht eben wenigen Saaldiener griffen zu, drohten mit den Knüppeln.

Die Szene verschwamm vor Christinas Augen, sie versuchte zu begreifen und begriff dennoch nicht. Schuldig – so hatten die Geschworenen entschieden. Einstimmig. Dabei hatte es doch bei ihrer Vernehmung noch gut ausgesehen für Johann. Ihr Blick flog zu seiner nach wie vor drahtigen und aufrechten Gestalt. Er drehte sich halb zu ihr um, bleich wie ein Toter, der Mund stand ihm offen, als wolle er schreien. Er schrie nicht, legte sich stattdessen beide Hände vors Gesicht. Lange.

Johann wusste, was jeder im Saal wusste: Das Urteil der Geschworenen war unumkehrbar. Es gab keine Revision, kein erneutes Aufrollen des Prozesses, es sei denn, gänzlich neue Anhaltspunkte tauchten auf. Aber woher sollten die kommen? Nun konnte Johann nur auf ein mildes Strafmaß hoffen, denn darüber entschieden wie ehedem die Richter. Es war allerdings wenig wahrscheinlich, dass sie sich nicht für »lebenslänglich« entschieden, so unduldsam wie insbesondere der vorsitzende Richter sich von Anfang an gezeigt hatte.

Johann ergab sich stumm den Gerichtsdienern, die ihm Handschellen anlegten und ihn – geleitet von Polizisten in voller Montur – zum Ausgang führten.

Sicher hätte alle Welt es verstanden, wenn Christina jetzt in Ohnmacht fiele. Manche, die Kandels und deren Freunde, die eigenen Kolleginnen von früher – waren die hier? –, erwarteten es womöglich. Den Gefallen tat sie ihnen nicht. Also: stark sein, wenigstens stark erscheinen.

Gut, dass sie nicht alleine war heute. Luise bot ihr den linken Arm zum Einhängen an, Mathilde den rechten.

»Wie war das noch? Kopf hoch, auch wenn der Hals dreckig ist«, sagte Christina.

Mathilde lächelte. »Das hast du dir gut gemerkt.«

Ludwig und Alexander gingen voran, brachen eine Gasse durch den Ballsaal des Darmstädter Hofs, der bis eben ein Gerichtssaal gewesen war, dann durch die Menschenmenge vor dem Portal. Doch Christina war nicht die Hauptperson des allgemeinen Interesses. Die war Johann, der in einer blickdichten Polizeikutsche davongefahren wurde. Ein grölender Mob lief hinterher. Ihr blieben die Gaffer, die miteinander tuschelten, sie schadenfroh angrinsten. Sie reckte das Kinn und hielt die Augen auf einen blühenden Kirschbaum auf der gegenüberliegenden Straßenseite gerichtet. Ausgerechnet da ging die ihr bekannte Hure den Bürgersteig entlang, drehte dabei ihr Sonnenschirmchen, tat unbeteiligt, als habe ein Spaziergang sie zufällig hier vorbeigeführt, und verschwand um die nächste Hausecke.

Mit einem Mal wurde Christina unendlich müde. Die Geschwister Büchner überredeten sie mit vereinter Anstrengung, bei ihnen in der Grafenstraße zu übernachten, denn es war spät geworden. Dort bereitete Mutter Caroline im Damensalon ein Bett für sie. Und der Herr Medizinalrat mischte ihr einen Schlummertrunk aus Baldrian-, Hopfen- und Passionsblumenextrakten. Was wäre sie bloß ohne diese wunderbare Familie?

Den besten Freund verkleinern

Das Darmstädter Lesekabinett hatte zu. »Wegen Bereitstellung staatsgefährdender Schriften geschlossen«, verkündete ein Türschild in fetten Lettern und garniert mit dem großherzoglichen Wappen. Alexander zückte einen Bleistift, setzte den beiden hessischen Löwen je eine Kasperlemütze auf.

Das machte Spaß, löste jedoch nicht das Problem. Denn er hatte sich heute Abend mit einem Gerichtsschreiber namens Wallbaum verabredet, um ihn zum Prozess zu befragen. Oscar hatte Wallbaum empfohlen: »Ein Aufrechter, der hat mir völlig uneigennützig bei meiner Flucht geholfen.« Da wollten Ludwig und Luise auch dabei sein.

Wohin also? Zu Hause in der Grafenstraße war keine Option. Da schlief Christina, und sie sollte unbedingt Ruhe haben. Nach Pfungstadt zu Wilhelm war es zu weit. Blieb nur eine Gaststube.

»Zum Beispiel der Goldene Hirsch am Jägertor«, schlug Wallbaum vor.

»Gute Idee«, sagte Alexander und wandte sich an Luise: »Schade, dass du dann nicht mitkommen kannst, Schwesterchen. Wir bringen dich rasch heim.«

»Wieso kann ich nicht mitkommen?«

»Na ja, Frauen in Gasthäusern, wo geraucht und Bier getrunken wird ... Das schickt sich nicht.«

»Seit wann kümmert es dich, was sich schickt?«

Wallbaum lächelte diskret, Ludwig lachte laut auf, und Alexander wurde klar, dass es sinnlos war, die Diskussion fortzusetzen. Also zogen sie zu viert los, kehrten in den Hirschen ein, Luise bei Ludwig untergehakt, als wären sie ein Ehepaar.

»Tja«, begann Wallbaum, nachdem sie an einem stillen runden Tisch Platz genommen und Getränke bestellt hatten, »noch am sechzehnten Verhandlungstag hatte ich den Eindruck, dass Stauf nichts nachzuweisen war. Seinem Vater und seinem Bruder wegen des angeblich gestohlenen gräflichen Schmucks ebenso wenig. Doch da wendete sich das Blatt. Ein Indiz wurde ans andere gereiht, sodass ein bestimmter Tathergang logisch, alle anderen abwegig erschienen. Dabei waren manche dieser Indizien mehr als fraglich.«

»Zum Beispiel der Unsinn mit dem Qualm aus dem Personaltrakt«, sagte Alexander und erinnerte sich: »Ein Nachbar der Görlitzens wollte am Nachmittag des 16. Juni eine Rauchsäule aus dem nördlichen Schornstein bemerkt haben – dem Schornstein, der zum Bedienstetenflügel gehört. Daraus schlussfolgerte der Staatsanwalt, dass Stauf die von ihm erwürgte Gräfin in einen anderen Gebäudeteil geschleppt hätte, um sie dort zu verbrennen und sie später – in verkohltem Zustand – zurück in ihre Gemächer zu bugsieren. Dabei wäre obendrein eine Treppe zu überwinden gewesen. Das Publikum hörte es mit Grausen.«

Die Geschwister kicherten so anhaltend, dass die Leute von den Nachbartischen herübersahen.

Wallbaum sprach weiter. »Immerhin haben die Indizien zum angeblichen Vergiftungsversuch des Grafen nicht ausgereicht, und von der Behauptung der Köchin allein haben sich die Geschworenen nicht beeindrucken lassen. Damit war wenigstens der Teil der Anklage vom Tisch.«

Alexander gab sich nicht zufrieden. »Da stellt sich doch die Frage, wie diese Unmenge an Grünspan in die Sauce gekommen ist. Ein Komplott zwischen Graf Görlitz und seiner neuen Bediensteten? Geht das Gericht dieser Sache überhaupt nach?«

Wallbaum wiegte den Kopf. »Wenn niemand Anzeige erstattet, kaum.«

»Stauf bekam jedenfalls keine Chance«, sagte Luise. »Das Gericht hatte über hundert Zeugen der Anklage bestellt und nur zwölf Zeugen der Verteidigung. Was für ein Missverhältnis!«

»Apropos Zeugen der Anklage«, sagte Alexander. »Dieser Staatsanwalt war sich nicht zu fein, Personen zu laden, die Stauf lediglich aus früher Kindheit kannten. Zum Beispiel den Lehrer, der erzählte, schon der kleine Johann hätte überzeugend täuschen und lügen können. Immerhin wollte er nicht bestätigen, dass Stauf zu Gewalttätigkeit neigte. Das wollte keiner der Zeugen. Auch auf Nachhaken nicht.«

Luise tippte sich an die Stirn. »Wenn ein Kind, das gekonnt lügt, um einem Tadel, womöglich dem Rohrstock zu entgehen, als Erwachsener zwangsläufig straffällig wird – tja, ich fürchte, dann wäre ich heute selbst eine Verbrecherin.«

»Alexander wäre ein mehrfacher Mörder«, sagte Ludwig und erhielt einen Knuff.

Der Kellner brachte vier Gespritzte.

»Prost«, sagte Ludwig, »ich zahle.«

Wallbaum blätterte in seinen Unterlagen. Er hatte mitprotokolliert, wie der Staatsanwalt die komplette Stauf-Sippe ins schlechte Licht rückte. »Das war ein starkes Stück«, sagte er und las vor.

Werfen wir nun einen aufmerksamen prüfenden Blick auf die Familie Stauf. (…) Heinrich Stauf soll schon in früher Jugend von seinem Vater nicht wohl angesehen worden sein, und zwar wegen eines Fehlers, der sich redlich unter seinen Nachkommen fortgepflanzt zu haben scheint. Der Angeklagte Heinrich Stauf hat zwei Söhne und zwei Töchter. Eine der Letzteren ist an einen ordentlichen Mann verheiratet und mit diesem im Sommer 1847 nach Amerika ausgewandert. Die andere noch ledige Tochter hat ein uneheliches Kind, die Söhne Johann und Jakob haben jeder auch ein uneheliches Kind. Ich erkläre offen, meine Herren, dass ich nach meinen vielleicht zu streng oder gar veralteten Grundsätzen über dergleichen Fehltritte nicht leichtsinnig hinwegsehen kann. In der Regel deuten sie auf eine tief verwurzelte Unsittlichkeit hin, welche die gesellschaftliche Ordnung stört und gefährdet. (…) Das Auftreten der Christina Born, welche hier in öffentlicher Sitzung leichtfertig, nichts weniger als schamhaft, über ihr Verhältnis zu Johann Stauf und dessen Folgen gesprochen, hätte in frü-

heren Zeiten erst Kirchenbuße tun müssen, um
wieder zu Ehren zu kommen. (…) Johannes
Stauf und die Christina Born bedienen sich der
Worte ›Schwiegervater‹ und ›Schwiegermutter‹,
als wenn ihr unsittliches Verhältnis dem heiligen
Band der Ehe ohne Weiteres gleich zu achten
wäre. Sie werden, meine Herren Geschworenen,
darüber mit mir einverstanden sein, dass solche
unverschämte Anmaßung eine Rüge verdient.
Aus der Rede des Staatsanwalts, dem Prozessbe-
richt entnommen.

Luise fasste sich an den Kopf. »Der Mann kann leicht so daherreden, wer hätte *dem* denn die Heiratserlaubnis verweigert? – Und im Fall einer ungewollten Schwangerschaft hätte seine Familie jederzeit eine Engelmacherin bezahlt.«

»Der Gerichtspräsident war auch alles andere als unparteiisch«, sagte Alexander. »Er hat die zwölf Geschworenen ausgewählt. Fast ausschließlich ältere Männer höheren Stands, die selbst Personal beschäftigen und damit Parteigänger des Grafen sind. Neid werden die empfunden haben auf den schönen jungen Mann, der trotz seiner niederen Herkunft mit Klugheit und Wortgewandtheit brillieren konnte.«

»Ich finde den Stauf selbst nicht sympathisch, ich geb's zu«, sagte Ludwig.

Luise atmete auf. »Geht mir genauso. Hab's die ganze Zeit für mich behalten. Christina zuliebe. Heißt ja auch nicht, dass er ein Mörder ist.«

Und noch etwas hatte Luise auf dem Herzen: »Da wurde ein Geheimnis erwähnt, das partout nicht Gegenstand des Prozesses werden sollte. Etwas, das Stauf ausgesagt haben soll, als man den gräflichen Schmuck im Haus seines Vaters fand. Im November 1847 muss das gewesen sein.«

Wallbaum war wahrhaftig gut informiert. »Stauf hat einen Fehler begangen. Er hat zunächst behauptet, der Graf hätte ihm den Schmuck für treue Dienste geschenkt. Doch der hat es bestritten. Erst daraufhin hat Stauf ausgepackt. Der Schmuck sei Schweigegeld gewesen. – Für was? Ja, das ist die große Frage. Wartet mal ... Hier sind meine Notizen dazu.«

Das (...) Geheimnis, meine Herren Geschworenen, worauf angespielt wird, vermag ich kaum auszusprechen; die Worte bleiben mir fast im Gaumen hängen. Der Angeklagte Johann Stauf hat nämlich in einem seiner ersten Verhöre (9. November 1847) vor dem Untersuchungsrichter, wie vom Zaun abgebrochen, nicht bloß den Grafen von Görlitz, sondern auch noch andere Personen eines Lasters, eines Verbrechens bezichtigt, wegen dessen vor mehreren Jahren ein bekannter, sonst geachteter Professor in Gießen zu sieben Jahren Zuchthausstrafe verurteilt worden ist. Die Schamhaftigkeit verbietet mir, dieses Verbrechen vor dem Publikum zu nennen. (...) Meine Herren Geschworenen, das Gesetz verpflichtet den Assisenpräsidenten* ausdrücklich, auf Ehre und Gewissen alles aufzubieten, um die Ermittlung der Wahrheit zu befördern. Was das heißt, brauche ich Ihnen nicht zu erklären, denn Sie alle sind Männer von Ehre und Gewissen. Ich darf hoffen, dass Sie mir dasselbe zutrauen. Mit ängstlicher Gewissenhaftigkeit habe ich geprüft, ob die

Erörterung jener Angabe Staufs die Ermittlung der Wahrheit in gegenwärtiger Sache irgendwie zu befördern vermöge. Ich konnte aber keinen Anhaltspunkt dafür, namentlich nicht das Geringste entdecken. (…)

Bemerkung des Gerichtspräsidenten zu den Geschworenen, dem Prozessbericht entnommen.

*Der Ausdruck »Assisengericht« ist gleichbedeutend mit Geschworenengericht. Der »Assisenpräsident« ist dementsprechend der vorsitzende Richter eines Geschworenengerichts.

Auf Luises Stirn zeichnete sich eine zarte Querfalte ab. »Erinnerst du dich an Christinas Aussage über den Kutscher Schämbs? Der habe Stauf bezichtigt, beim Grafen ›seinen besten Freund verkleinert‹ zu haben. Da muss man nur eins und eins zusammenzählen.«

»Das hab ich schon«, sagte Wallbaum.

»Du meinst also …?« Ludwig blieb der Mund offen stehen. Alexander ebenso.

»Genau das meine ich. Dass der alte Graf sich gelegentlich Zärtlichkeiten erkaufte, wussten alle. Sogar die Gräfin. Nur *von wem* er sie sich erkaufte, das musste unbedingt unter Verschluss bleiben. Mag sein von jungen Männern, womöglich von Stauf.«

»Ha, die Gräfin hätte sich ob dieser Entdeckung sicher scheiden lassen«, sagte Alexander. »Sie hätte all ihre Mitgift zurückfordern können. Und der Graf … Tja … Zärtlichkeiten unter Männern sind derart tabu, dass man allenfalls hinter vorgehaltener Hand darüber sprechen darf. Beziehungen unter Männern werden mit Monaten im Correctionshaus bestraft. Ein käuflicher Umgang mit Männern oder gar Knaben bringt jeden für Jahre ins Zuchthaus. Selbst einen hochdekorierten Menschen wie den Görlitz. So eine Konstellation legt glatt einen Auftragsmord nahe.«

»Ein Auftragsmord – begangen von wem auch immer – wurde in diesem Prozess nicht mal in Erwägung gezogen. Fragt mich nicht warum«, sagte Wallbaum und klappte seine Aufzeichnungen zu. »Prost, ihr Lieben.«

In fünfzehn Jahren vielleicht

Roswitha starb in der Nacht zum 17. April, allein und ohne dass ihr jemand die Hand hielt. Sie fanden sie am nächsten Morgen auf dem Rücken liegend, mit geschlossenen Augen und geöffneten Lippen. Als ob sie hätte schreien wollen, sagte Gernot. Als ob sie beim Sterben glücklich gewesen wäre, dachte Christina.

Fritz saß zusammengesunken an ihrem Totenbett und schluchzte. Sie nahm ihn in den Arm, küsste ihn auf die Stirn. »Wir wissen beide Bescheid, nicht wahr? Amerika hat einen großen Schoß und wartet auf uns.«

Er nickte stumm.

Die Beerdigung fand bei strahlendem Sonnenschein statt. Wohl deshalb kamen an die fünfzig Menschen. Christina, die in den Augen der Darmstädter nunmehr gerichtlich bestätigt als »Mörderliebchen« geschmäht werden durfte, blieb im Haus, um die Familie nicht in Misskredit zu bringen.

Auch Peter fehlte, obwohl alle Zeitungen der Region die Todesanzeige veröffentlicht hatten. Sie haben ihn sich wieder geschnappt, hatte Roswitha gesagt. Christina befürchtete das Schlimmste und trauerte heimlich um ihn.

Sie blieb noch einige Tage bei den Kindern, erzählte ihnen vom Himmel, wo die Mama jetzt war. Weit über der Sonne und den Sternen, aber nahe genug, um als guter Geist bei ihnen zu sein. Von Gott sprach sie nicht, sie wäre sonst in Tränen ausgebrochen über einen Schöpfer, der diese schreckliche Welt geschaffen hatte.

Ein Trost für die Henschels war, dass Bernadette von nun an ganz bei ihnen arbeitete und eine Art Mutterersatz für die Kinder war. Außer für Fritz, der sich abkapselte, vorzugsweise in der Dachkammer aufhielt und dort mit Fleiß Englisch lernte.

Christina zog zurück nach Pfungstadt, mischte und knetete wieder die Wäscheblauplätzchen in Wilhelm Büchners Fabrik und bereitete die Ausreise für Dorothee, Mutter, Fritz und sich selbst vor: Reisepapiere, Geld, Proviant, Kleidung. Sorgsam hütete sie Roswithas Bankvollmacht und eine Erklärung von Gernot, dass sein Sohn Friedrich Henschel mit seiner Tante Christina Born jederzeit ausreisen dürfe, versehen mit dem Stempel des Großherzogtums Hessen-Darmstadt. Die Reedereien fragten nicht lang, hießen jeden gesunden jungen Mann ab dem Stimmbruch für die Arbeit an Bord willkommen, so erzählte man sich. Doch Christina wollte sichergehen.

Am 18. Mai, so der Plan, würden sie zu viert in Gernsheim einschiffen und sich einer Auswanderergruppe von acht weiteren Familien anschließen, um mit ihnen per Raddampfer den Rhein hinunter nach Rotterdam zu reisen. Am Ende der vorsorglichen Quarantänezeit von zwei Wochen sollte es mit einem Segelschiff nach Boston gehen, wo Christinas Brüder wohnten. Sie würden ihnen helfen, sich einzuleben. Dorothea hieß das Schiff. Fast wie mein Töchterchen, dachte Christina. Ein gutes Omen.

Vor ihrer Abreise war ein schwerer Gang nötig: ins Arresthaus, um sich von Johann zu verabschieden. Für immer. Ob er verstand, dass sie nicht in Hessen-Darmstadt ausharren konnte für den unwahrscheinlichen Fall einer Begnadigung durch den Großherzog? Ob es ihn endgültig zermürbte, wenn sie mit dem gemeinsamen Kind ausreiste?

Wieder der Grau in Grau verputzte Gefängnisbau, der schmucklose Innenhof, die einschüchternde Eingangshalle, die eklige Leibesinspektion. Und wieder Johann hinter der Glasscheibe, bewacht von einem stoischen Wärter und einer teilnahmslosen alten Frau in Ordenstracht.

Johanns wie stets aufrechte Haltung schien Zuversicht auszustrahlen, ebenso seine nach oben gezurrten Mundwinkel, die andere für ein Lächeln halten konnten. Er war in den wenigen Wochen seit dem Prozess sichtlich gealtert, seine Wangen hohl, sein Blick sterbenstraurig. Sie hatte die richtige Entscheidung getroffen, Dorothee bei der Mutter zu lassen. Das Kind hätte seinen Papa nicht wiedererkannt. Sich womöglich vor ihm gefürchtet.

Johann gab sich tapfer. »Ich soll ins Zuchthaus Marienschloss«, sagte er. »Im Juni schon. Klingt nett, Marienschloss, oder? War mal ein Kloster.«

Christina erschrak. »Das ist ja am Ende der Welt.«

»Nicht ganz, bei Rockenberg in der Wetterau.«

»So weit! Da könnte ich dich nicht mal besuchen.«

»Och, das ist gleich hinter Butzbach …« Seine Mundwinkel zuckten, sanken ab. »Könn-te? Du willst ans andere Ende der Welt, nicht wahr? Schon bald?«

Sie nickte. Kämpfte mit den Tränen, kam sich mit ihren kühnen Plänen mit einem Mal schäbig vor. Wie selbstsüchtig von ihr, ihn in seinem Unglück allein zu lassen!

Er beherrschte sich, streichelte die Glasscheibe, dort, wo er ihre linke Wange sehen musste.

Der Wärter merkte auf, die Alte in der Ordenstracht ebenso, doch sie nahmen es hin, dass Christina ebenfalls die Glasscheibe sanft berührte.

»Du hast recht«, sagte Johann knapp und lehnte sich zurück in seinem Stuhl. »Wandere aus. Dorothee soll frei und glücklich aufwachsen. Was wird mit deiner Mutter?«

»Sie kommt mit.«

Er atmete schwer. Es musste ihm klar sein, dass die Mutter mit dem ersparten Geld reiste, das für ihn gedacht war.

»Lebenslänglich heißt nicht unbedingt lebenslänglich«, sagte er. »Nach fünfzehn Jahren kann ich mit einer Begnadigung rechnen. Da fang ich von vorn an.«

»Ja«, sagte Christina ernst. Sie musste an die Hure denken, Isolde Hahn mit Namen. Ob er die meinte? Ob die auf seine Freilassung wartete? Warum sollte er auf diese Frau herabsehen? Wenn Johann, wie der Schämbs behauptet hatte, beim Grafen Görlitz tatsächlich »seinen besten Freund verkleinert« hatte gegen Geld, war er ja selbst eine Prostituierte, eine männliche Prostituierte eben. Die Hahn konnte ihr ererbtes Haus verkaufen, mit Johann in eine andere Gegend ziehen … Christina atmete durch. Sie gönnte Johann alles Glück, das die Welt ihm noch zu bieten hatte. Vielleicht, in fünfzehn Jahren. Ihre Eifersucht war verflogen, ihr schlechtes Gewissen allerdings auch. »Ja, natürlich kannst du das«, sagte sie.

»Und warum nicht in Amerika neu anfangen?«, fuhr er fort. »Was hält mich in Deutschland – außer all den Gittern hier?«

Hatte Christina ihn falsch verstanden, dachte er an eine gemeinsame Zukunft mit *ihr*? Und mit der zu dem Zeitpunkt fast erwachsenen Dorothee? Wollte Christina eine gemeinsame Zukunft mit *ihm*? »Wir werden uns Briefe schreiben«, versprach sie, um irgendetwas zu sagen.

»Allerdings muss ich mich dazu im Zuchthaus demütig und fleißig zeigen«, sagte Johann und lachte bitter. »Na ja, ich hoffe, dass ich das schaffe. – Und ich werde bald ein Geständnis ablegen.«

»Ein Geständnis? Aber ... dazu musst du ja lügen.«

»Mein Anwalt hat mir dazu geraten. Nur wer gesteht, zeigt Reue. Reue ist die Voraussetzung für eine Begnadigung. Und zuvor für eine weniger strenge Haft. Alle in Marienschloss gestehen irgendwann. Je früher, desto besser.«

Christina war geschockt. »So ist das?«

Er seufzte. »Ja, so ist das in diesem Land.«

Die Besuchszeit war zu Ende. Sie legten noch einmal die Fingerkuppen an die Scheibe, die sie trennte. »Lebwohl, Christina.«

»Lebwohl, Johann.«

Seine Augen glitzerten, als er aufstand, ihr ein letztes Mal winkte.

Christina beherrschte sich, presste die Lippen zusammen, bis sie das Gefängnisgebäude verlassen, den Hof durchschritten hatte. Erst hinter dem Tor angekommen, lehnte sie sich an die Abmauerung, heulte Rotz und Wasser. Und hätte niemandem erklären können, warum.

Schuhwichse

Es war ein Maitag wie selten. Ein kalter Wirbelwind zerrte an Christinas Kleid, ihrem Schal, ihrem Hut. Nicht minder heftig als an den Ästen der frisch ergrünten Bäume am Rand der Chaussee. Graue Wolken jagten über den Himmel. Wo die Sonne durchbrach, warf sie blendende Irrlichter auf Christinas Weg. Was mochte so ein Sturm auf dem Ozean anrichten? Wie rasch konnte der Viermaster, den sie mit Dorothee, Fritz und der Mutter besteigen wollte, in Seenot geraten? Und was erst, wenn eine Flaute ihr Schiff am Weitersegeln hinderte, sie tage- oder gar wochenlang mitten auf dem Meer feststeckten?

Beim langen Marsch vom Darmstädter Meldeamt zu Wilhelm Büchners Blaufabrik in Pfungstadt ging Christina, wie oft in den letzten Tagen, eine quälende Frage nach der anderen durch den Kopf. Selbst dann, wenn sie spätabends mit dem Dorchen und der Mutter in der lauschigen Kammer hockte und nähte. Oder gerade in diesen Augenblicken überkamen sie Zweifel, ob sie das Richtige tat.

Jahrelang gespart, wochenlang die Reise vorbereitet – und jetzt lamentierte eine dumme innere Stimme über all die Nachteile, über die sie bislang nicht nachgedacht hatte.

Sie ließ Johann im Stich. Fünfzehn Jahre Zuchthaus! Brauchte er da nicht wenigstens einen Menschen, der auf ihn wartete? Sie nahm Dorothee und der Mutter das neue Zuhause, beide hatten sich in Pfungstadt wunderbar eingelebt. Sie nahm Fritz die Geschwister. Sicher hing er an ihnen. Und sie an ihm.

Und sie brachte obendrein sich und ihre Mitreisenden in Lebensgefahr. Die Überfahrt dauerte sechs Wochen – wenn alles glattging. Und wenn nicht?

Unsinn, völliger Unsinn, schimpfte die andere Stimme, die ihr Mut zuflüsterte. Christina konnte Johann ohnedies nicht helfen, die Wetterau war schlicht zu weit entfernt. Schreiben konnte sie ihm genauso gut aus Amerika.

Und von wegen Zuhause: Pfungstadt wäre auf Dauer keines. Für Dorothee nicht, für sie selbst und für Mutter ebenso wenig. Früher oder später würde es sich herumsprechen, was sie mit dem Zuchthäusler Johann Stauf verband, der inzwischen als gerichtlich bestätigter Mörder galt. Warum sollten die Menschen in Pfungstadt duldsamer sein als anderswo?

Und Fritz? Er würde es auf Dauer nicht aushalten, wie Gernot ihn behandelte, würde sein Bündel packen und abhauen, um allein durch die Welt zu ziehen. Wenn sie ihn mitnahm, bekam er eine neue kleine Familie. Die ihn lieb hatte, das war gewiss.

Und was die Überfahrt anging, so war sie längst nicht mehr so gefährlich wie vor Jahren. Zumal Amerika die Auswanderer aus Europa schätzte und stets nach Schiffbrüchigen Ausschau hielt.

Überhaupt standen sämtliche Zeichen auf Zuversicht: Fritz war Feuer und Flamme fürs Auswandern, Mutter freute sich auf ihre Söhne, die in Boston warteten. Und das Dorchen, bald war sein vierter Geburtstag, plapperte jetzt schon die englischen Sätze nach, die Christina von Zeit zu Zeit vor sich hin murmelte, um sie sich einzuprägen. Dorchens Lieblingssatz war: »Hau-du-ju-du?« – Hatte sie das gerade laut in den Wind gesprochen?

»Hau-du-ju-du?«, klang es jedenfalls munter vom Kutschbock eines Einspänners herunter. »Darf ich Sie ein Stück mitnehmen, junge Frau? Sie sind sicher erschöpft.« Der Mann trug einen Schlapphut, den er tief in die Stirn gezogen hatte, ein mächtiger schwarzer Schnauzbart zog sich quer über sein Gesicht. Er mochte ein Höker aus dem Ausland sein, wenn er Englisch sprach. Wollte der Kerl ihr frech kommen?

Sie hob abwehrend die Hand. »Ich bin hellwach, guter Mann. Ich geh gerne zu Fuß und hab's nicht mehr weit.«

Aus den Augenwinkeln erkannte sie, dass keinen Steinwurf weit entfernt ein Bauernfuhrwerk von hinten heranfuhr. Dahinter näherte sich ein zweispänniger Brougham, der sie bald einholen würde. Der Bursche konnte ihr nichts tun, auch wenn er lästig war und im Schritttempo neben ihr herfuhr. »Bis zu Wilhelm Büchners Blaufabrik sind es noch gut zwei Meilen, schöne Frau.«

Woher wusste er, wohin sie wollte? Hatte er sie schon länger im Auge? Empört hob sie den Kopf, sah ihm scharf ins Gesicht, erkannte über dem Schnauzbart eine Stupsnase ... Eine große, markante Stupsnase ... »Paul?«

»Brrr«, kommandierte er, das Pferd blieb stehen, er zog den Hut vom Kopf und deutete einen Diener an. Seine Haare waren, wie der Schnauzbart, schwarz gefärbt und schimmerten ölig. »Mei nääm is Pieter. Hau-du-ju-du?« Er sprang vom Wagen und vollführte einen ungelenken Kratzfuß.

Cristina warf sich in seine Arme. »Du lebst!«

Eine wilde Fahrt begann, über die Feldwege und tief in den Forst hinein, so wild, dass Christina vor lauter Fahrtwind den Hut verlor, der befreit in den Himmel stieg. »Hau-du-ju-duuu«, jubelte sie ihm hinterher.

Bald begann es zu regnen, wieder einmal zu regnen, und sie krochen unter die Wachsplane, die auf der Ladefläche bereitlag, um ein paar Peter als Alibi dienende Getreidesäcke zu schützen. Zwischen Roggen und Hafer war es weit gemütlicher als auf dem Jägerhochsitz damals, während der Regen auf die Plane prasselte. Auch wenn die schwarze Schuhwichse seines Barts und seiner Haare auf ihren Hals und ihre Brust abfärbte. Sie blieben glücklich in ihrem Versteck, bis es zu dämmern begann.

»Ich muss jetzt heim. Meine Mutter macht sich sonst Sorgen. – Wir wandern nämlich aus. Schon morgen. Adieu, Peter, ich bin so froh, dich noch einmal getroffen zu haben«, sagte sie. Und begann haltlos zu weinen. »Ein Bootsmann ... weißt du ... holt uns ab ... Wir fahren den Rhein hinunter ...«

»Ja, ich weiß.«

»Ich nehme deinen Sohn mit. Hab es Roswitha versprochen.«

»Ich weiß«, sagte er wieder.

»Bist du nicht traurig?«

»Nein.«

»Nein? Hast du ihn nicht lieb?«

»Am liebsten auf der Welt.«

»Magst du mich nicht?«

»Hab dich am zweitliebsten.«

»Dann musst du doch traurig sein. Ein bisschen wenigstens.«

»Na ja ... ich dachte, du nimmst auch mich mit.«

»Wie, dich?«

»Tja, ich will selbst nach Amerika. Da wollen doch alle hin.«

»Aber ... Roswitha hat angedeutet, dass du nicht wegkannst. Du wirst erpresst.«

»Die Schweine haben mir mit dem Tod meines Sohns gedroht für den Fall, dass ich abhaue.«

Christina fasste es nicht. »Da hast du die ganzen Jahre ...«

»Mich um Fritz gesorgt. Ich wusste von Fällen, in denen sie ernst gemacht haben. Ich hätte es nie riskiert.«

Christina warf den Kopf in den Nacken und schrie es in den Himmel: »Das hab ich doch nicht geahnt, du!«

»Nun haben die Preußen in fast allen Ländern den Geheimdienst übernommen«, sagte Peter. »Und sie blicken nicht durch. Noch nicht. Übermorgen ist Fritz in Rotterdam. Hach, was freu ich mich! Und ich danke dir unendlich, dass du ihn mitnimmst. Ist ja nicht selbstverständlich.«

»Ist es doch«, sagte sie leise. »Und du willst nachkommen?«

»Ich komm nicht *nach*, ich komm *mit*.«

Sie schlang ihre Arme um ihn. »Wie willst du das anstellen?«

»Lass dich überraschen.«

Auf Wiedersehen!

Auf dem Rathausplatz in Pfungstadt spielten sich herzzerreißende Szenen ab. Vierzehn Auswanderer, die von Dutzenden Angehörigen und Freunden Abschied nahmen. Schulterklopfen, Händedrücken, Umarmungen, Wangenküsse und immer wieder das Versprechen, gleich einen Brief zu schreiben, wenn man angekommen war. Überhaupt ganz viel zu schreiben, zu erzählen. Irgendwann einmal zu Besuch zu kommen, man sei ja immer willkommen, man sei ja nicht aus der Welt, nur weit entfernt, sehr weit ... Lautes Schluchzen, rotgeweinte Augen, tropfende Nasen, nasse Taschentücher.

Alexander war geneigt, sich von der sentimentalen Stimmung nicht anstecken zu lassen, obwohl seinen Schwestern und ihrem Häkelkränzchen schon jetzt die Tränchen in den Augen schwammen. Dabei war Christina bislang nicht erschienen. Dafür hatte sich die halbe Belegschaft der Blaufabrik eingefunden, um ihr einen »großen Bahnhof« zu bereiten. Auch Wilhelm war da mit seiner Frau Elisabeth und einem Wonneproppen im Arm. Ihr drittes Kind war ein Junge, augenscheinlich gesund und munter.

Die Rathausturmuhr zeigte zehn Minuten vor acht, da hetzte Christina mit Tochter und Mutter heran. Sie entschuldigte sich wortreich, die kleine Dorothee habe noch einmal austreten müssen, die Mutter habe in all der Aufregung ihren Witwenschmuck verlegt. Aber nun seien sie ja da, gerade rechtzeitig ... Christina setzte einen voluminösen Reisekoffer ab, ihre Mutter ließ eine Kiepe mit Pardauz vom Rücken gleiten, das Dorchen behielt seinen Rucksack geschultert, aus dem der Kopf einer Stoffpuppe herausragte.

Neben ihr ging ein Bursche, vierzehn oder fünfzehn Jahre alt, der – wie Alexander zunächst glaubte – als Lastenträger einbestellt war. Er trug einen Reisekoffer in der rechten Hand, eine Korbkiste von den Ausmaßen einer Wäschetruhe auf der linken Schulter und sah konstant auf seine Schuhspitzen.

Niemand nahm weiter von ihm Notiz, bis Wilhelm auf ihn zutrat. »Das ist doch ...«

»Ach, entschuldigt, dass ich euch nicht bekannt gemacht habe«, sagte Christina. »Dies ist Fritz Henschel, Roswithas Sohn. Nun, da sie gestorben ist, will er mit mir nach Amerika.«

Der junge Mann stand alterstypisch verlegen da und hielt den Mund.

»Was ist mit seinem Onkel Paul?«, fragte Alexander wie beiläufig.

»Der ist irgendwo in Baden. Will weiter für die Revolution kämpfen. Im Untergrund«, sagte Christina rasch. »Ich schreibe euch, sobald wir angekommen sind. Versprochen. Dann erzähle ich euch alles.«

Dankbar nahm sie die vielen kleinen Geschenke entgegen, die man ihr mit auf die Reise gab: eine Duftseife von Mathilde, die neuste Ausgabe der Didaskalia von Luise, einen Fingerring mit einem kleinen, aber echten Lapislazulistein von Wilhelm. Ludwig und Alexander hatten eine Packung Zwieback dabei, die glücklicherweise gerade noch in die Korbkiste passte. »Immer schön essen«, sagte Ludwig, »damit du nicht von Bord kippst.«

Die Turmuhr schlug acht, da rumpelte ein Leiterwagen, gezogen von zwei Kaltblütern, übers Pflaster und hielt vor dem Rathaus an. Ein Mann in blauer Bootsmannskluft und mit einem unpassend breitkrempigen Hut auf dem Kopf sprang ab, winkte einladend herüber, worauf die Auswanderer ihren Lieben ein allerletztes Mal die Hände drückten und sich artig zu einer Warteschlange aufreihten.

Der Bootsmann stellte sich breitbeinig an der Rückseite des Wagens auf, ließ einen Fahrgast nach dem anderen aufsteigen, nachdem er deren Reisepapiere zügig geprüft hatte. Ein groß gewachsener Kerl war er, mit pechschwarzem Schnauzbart und ebensolchem Haupthaar, das in ungepflegten Strähnen unter dem Hut hervorschaute. Eine merkwürdige Erscheinung. – Und was war das? Auffallend zärtlich ergriff er Christinas Hand, um ihr auf den Leiterwagen zu helfen. Ein flüchtiges Innehalten von ihr. Der um eine Viertelsekunde zu lange Blick hinter ihrer Gestalt her. Und dann dieses Schmunzeln, mit dem er den jungen Burschen in Christinas Begleitung empfing. – Da stimmte etwas nicht. Alexander dachte angestrengt nach, bis eine Ahnung in ihm aufkeimte und er sich einmal mehr zu seiner Kombinationsgabe beglückwünschte. In einem anderen Land, zu einer anderen Zeit wäre er ein Vollblut-Jurist geworden. Aber so …

»Also, der Bub da, der hatte große Ähnlichkeit mit dem jungen Peter Emig. Ich glaub, ich sehe langsam Gespenster«, sagte Wilhelm, als das Gefährt mit den Auswanderern außer Sicht war.

Alexander tätschelte dem großen Bruder die Schulter. »Ist ja auch dessen Neffe, wenn ich die Familienverhältnisse richtig verstanden habe. Und da gab es doch diese Großväter, die Zwillinge waren.«

»Ach ja, klar«, sagte Wilhelm und wandte sich mit einem gefistelten »Eieiei« seinem Söhnchen zu.

Alexander grinste vor sich hin. *Wenn Freunde Abschied nehmen, sollen sie ihre Geheimnisse einschließen und den Schlüssel wegwerfen.* Das klang nach Goethe, stammte aber aus dem Talmud. Damit seine Schwestern und Brüder nicht wieder mit den Augen rollten, beschloss er, diesen vorzüglichen Sinnspruch ausnahmsweise für sich zu behalten. »Lasst uns heute Abend feiern«, sagte er stattdessen.

»Dass Christina fort ist?«, fragte Luise entrüstet.

»Dass ich nicht Advokat werde. Sondern Literat.«

Luise stutzte: »Literat?«

»Was ist das denn?« Wilhelm runzelte seine Stirnglatze.

»Das werdet ihr schon sehen, ihr Pfeifen.«

Nachwort

Darmstadt 1848 – war da was? Überspitzt gesagt: nein. Mochte es drum herum noch so brodeln, mochte es Massendemonstrationen, Barrikadenkämpfe, blutige Schlachten mit unzähligen Toten geben, das beschauliche, wahrhaft »biedermeierliche« Darmstadt hockte gewissermaßen im Auge des Hurrikans. Dort setzte sich von Anbeginn ein charismatischer Liberaler an die Spitze der Umsturzbewegung, überredete Großherzog Ludwig III., ihn zum Ministerpräsidenten zu machen und alle sozialen und demokratischen Forderungen schleunigst zu unterschreiben. Damit schickte er schließlich die Aufständischen nach Hause. Wer als Darmstädter unbedingt zur Waffe greifen wollte, musste reisen: nach Frankfurt, nach Hanau, nach Karlsruhe, nach Freiburg ...

Dennoch hatte die hessische Residenzstadt, wo ein Großteil der Einwohner direkt oder indirekt für den Unterhalt des Großherzogs arbeitete – sich also vom Bedarf seines Hofstaats ernährte –, zu dieser Zeit ihren ganz eigenen »Aufreger«. Der Fall Stauf/von Görlitz beschäftigte die Zeitungen und ihre Leserschaft mehrere Jahre lang, zumal sich hier kein beliebiges Verbrechen, sondern ein Konflikt Arm gegen Reich, ein Revolutionskonflikt schlechthin also, im Kleinformat abzuspielen schien.

Juristisch ist das Ereignis ausführlich dokumentiert – mit mehr als achthundert Prozessaktenseiten. Die Gerichtsverhandlung um den Feuertod der Gräfin Emilie von Görlitz war eine der ersten öffentlichen im deutschsprachigen Raum überhaupt. Dass sie gleichzeitig als einer der ersten »Indizienprozesse« gilt, scheint folgerichtig. Die etablierte Justiz wollte aller Welt vorführen, wie unbestechlich, ja vorurteilsfrei sie arbeitete. Die »blinde« Justitia, hier schien sie zu Hause zu sein. Anders als heute wurden sogar Assisen (damaliger Ausdruck für »Geschworene«) als »Vertreter des Volkes« zur Urteilsfindung geladen.

Wer die Gerichtsakten durchforstet, kommt allerdings nicht umhin, nachsichtig zu lächeln – oder sich zu empören, je nach Temperament. Die demokratische Rechtsprechung, noch in den Kinderschuhen, ließ sich von Adel und Großbürgertum gängeln und stolperte mehrfach über ihren eigenen Anspruch. Und sie hat bei diesem Prozess möglicherweise den Falschen für fünfzehn Jahre hinter Gitter geschickt.

Mein Roman umkreist den Kriminalfall, beschäftigt sich mit dem Opfer, dem vermeintlichen Täter und deren Umfeld, schildert die Ereignisse aber vor allem aus der Sicht einer Frau, von der – wie überhaupt von Frauen damals – wenig dokumentiert ist: der Verlobten des Hauptangeklagten. Man kennt ihren Namen, ihren Geburtsort und -tag, man weiß, dass sie Dienstmagd war, ein Kind mit dem Hauptangeklagten hatte, das bei der Großmutter im Odenwald aufwuchs. Ansonsten ist nur ihr kurzer Auftritt als Zeugin der Verteidigung im erwähnten Gerichtsprozess aktenkundig.

Dennoch erschien sie mir als die interessanteste Figur in dieser Szenerie. Was hat sie, ungeachtet, ob ihr Verlobter schuldig oder nicht schuldig war, in den zweieinhalb Jahren durchgestanden? Wie hat sie diese Zeit des politischen Umbruchs erlebt, die die Menschen niedrigen Standes anfangs hoffen ließ, später enttäuschte? Ich habe meine Fantasie walten lassen, um ihr eine Gestalt, einen Charakter, ein Stück Lebensweg zu geben.

Es mögen kühne Einfälle gewesen sein, sie mit der etwa gleichaltrigen Frauenrechtlerin Luise Büchner Bekanntschaft schließen zu lassen, sie in Wilhelm Büchners seinerzeit berühmter Ultramarinfabrik zu beschäftigen und sie als Begleiterin Henriette Zobels in die unglücklichen Auswüchse des Frankfurter Septemberaufstands zu verwickeln. Alles eher unwahrscheinlich? Das ja. Aber es wäre möglich gewesen. Und das Mögliche ist nun mal der Stoff, aus dem fiktive Literatur besteht. Ich hoffe, Sie hatten beim Lesen von Christinas Abenteuern das gleiche Vergnügen wie ich beim Schreiben.

Von den meisten anderen authentischen Figuren dieses Romans ist weit mehr bekannt, sodass ich meine Fantasie hier gern gezügelt habe.

Zum Beispiel bei Graf von Görlitz, seiner ermordeten Frau, seinen Bediensteten inklusive des Beschuldigten Johann Stauf (in allen Gerichtsakten und leider auch in großen Teilen der Sekundärliteratur irrtümlich mit zwei f geschrieben; laut Taufregister und weiteren Dokumenten schrieb sich die Familie von jeher mit einem f). Und obwohl die Überlieferung zu diesem Kriminalfall wie üblich verworren und widersprüchlich ist, sodass man sich auf viele Details einen eigenen Reim machen muss, gibt es auch großen Konsens durch die Zeugenaussagen und zeitgenössischen Berichte. Eine wahre Fundgrube war mir Dr. Aide Rehbaums interessante und spannend geschriebene Dokumentation »Flammentod im Grafenhaus« (siehe Quellenverzeichnis).

In Bezug auf die Familie Büchner verdanke ich die wichtigsten Einblicke der großartigen und erstaunlich umfassenden Website von Peter Brunner, dem langjährigen Leiter des Büchnerhauses in Riedstadt (www.geschwisterbuechner.de), sowie dem von ihm mit Heiner Boehnke und Hans Sarkowicz zusammen verfassten Buch »Die Büchners oder der Wunsch, die Welt zu verändern« (siehe Quellenverzeichnis). Von Peter Brunner habe ich außerdem viele wertvolle mündlich gegebene Hinweise über Familie Büchner bekommen.

Noch ein Wort zu Henriette Zobel. Es gibt moderne Narrative, die sie zur Revolutionsheldin stilisieren möchten. In Wahrheit träfe sie am Tod der Abgeordneten von Lichnowsky und von Auerswald keine individuelle Schuld, wird gern behauptet. Nur weil sie eine für damaliges Empfinden ungewöhnlich kämpferische Frau gewesen sei, hätten die Richter ein Exempel statuieren wollen. Habe ich also die Rolle der Zobel bei den Lynchmorden vom 18. September in Frankfurt übertrieben? Ich kann versichern: nein. Ich habe mich bei der Beschreibung der Ereignisse eng an die authentischen Zeugenaussagen gehalten (dokumentiert beim Appellationsgericht Frankfurt a. M., protokolliert von Philipp Rückert, veröffentlicht 1853).

Ganz aus der Reihe meiner Romanfiguren fällt Peter Emig beziehungsweise Paul Mink, der gebeutelte Doppelagent. Er ist – samt seiner Familie – einer der wenigen, die ich gänzlich frei erfunden habe. Erfinden musste. Denn so zahlreich die Spitzel in Metternichs Domäne auch waren, sie blieben selbst nach der Revolution unbekannt. Von Luise Büchner wissen wir, dass sogar die Namen der Verfolgten und Verdächtigten bis 1866 unter Verschluss gehalten wurden.

Historische Stoffe weisen mitunter zwar authentische, aber wenig glaubhafte Details auf. Eine Krux für uns Autoren, denn so erscheinen wir erfindungsreicher, als wir tatsächlich sind. Dazu finden sich in diesem Roman manche belegbaren Kuriositäten. Einige Beispiele:

Emilie von Görlitz' Leiche wurde tatsächlich erst ein Dreivierteljahr nach ihrem Tod exhumiert, um sie zu obduzieren. Ihr zum Teil verwester Schädel wurde »gewaschen«, was immer das heißen mochte, und machte per Kutschfahrt die Runde von Gutachter zu Gutachter.

Der politisch eher liberale Frankfurter Arzt und Kinderbuchautor Heinrich Hoffmann war wirklich eng mit dem badischen Revolutionsführer Friedrich Hecker befreundet und hat ihn kurzzeitig in seinem Haus beherbergt.

Luise Büchner hat schon in sehr jungen Jahren ein Damenkränzchen um sich geschart. Ob dort gehandarbeitet oder über Frauenemanzipation diskutiert wurde oder beides, ist allerdings nicht überliefert.

Unwahrscheinlich mag zudem der Charakter der indirekten Hauptfigur erscheinen: Johann Stauf. Glauben Sie mir, ich hätte ihn gern sympathischer dargestellt. Doch wie geht man mit einer Figur um, die nachweislich ihr engstes Umfeld an der Nase herumführte? Johann Stauf hat tatsächlich sein Kind verleugnet, tatsächlich seinem Dienstherrn gegenüber behauptet, seine Verlobte sei tot, tatsächlich ein geheimes Verhältnis mit einer Prostituierten unterhalten – sogar im Gefängnis. Und er hat, während sich seine Verlobte das Geld für die gemeinsame Auswanderung vom Mund absparte, Schulden in Höhe von drei Monatsgehältern angehäuft. Immerhin habe ich ihn nicht zum gefühlskalten Mörder gemacht, wie das Geschworenengericht es getan hat, sondern einige Zweifel an seiner Täterschaft belassen. Es war das Einzige, was ich für ihn – oder nennen wir es mal: seine posthume Reputation – erwirken konnte.

Zum Schluss noch eine Danksagung an die beste Familie der Welt. Fritz, Jennie und Tilla (in alphabetischer Reihenfolge) haben mich, wie bei all meinen Romanen und Erzählungen bisher, in jeder Weise unterstützt. Sie haben nicht nur mein Urskript aufmerksam und kritisch kontrollgelesen, sie haben mir auch bei der aufwendigen Recherche geholfen und mich bestärkt und getröstet, wenn es ab und an partout nicht weiterzugehen schien. Ohne euch wäre auch dieser Roman wohl niemals zustande gekommen.

Ein ganz besonderer Dank geht an Katja Ernst, die Lektorin meines ersten Romans im Gmeiner-Verlag, für ihre Sorgfalt und ihr Engagement, ebenso für ihre Geduld und Freundlichkeit.

Verzeichnis der Recherchequellen

Schriften

»Ausführlicher Bericht über die Verhandlungen der Assisen der Provinz Starkenburg zu Darmstadt in Anklagesachen gegen Johannes Stauff wegen Ermordung der Gräfin von Görlitz, Raubs, Brandstiftung, Diebstahls und Versuchs der Vergiftung des Grafen v. Görlitz, sowie gegen Heinrich und Jakob Stauff wegen Begünstigung der vorgenannten vier ersten Verbrechen«. Darmstadt: Verlag Carl Wilhelm Leske, 1850 (Zitate daraus jeweils unter dem Begriff »Prozessbericht«).

Boehnke, Heiner; Brunner, Peter; Sarkowicz Hans: Die Büchners oder der Wunsch, die Welt zu verändern. Frankfurt am Main: Societätsverlag, 2008.

Böhme, Klaus; Heidenreich, Bernd (Hrsg.): Einigkeit und Recht und Freiheit. Die Revolution von 1848/49 im Bundesland Hessen. Opladen/Wiesbaden: Westdeutscher Verlag, 1999.

Buchner, Karl: Das Grossherzogthum Hessen in seiner politischen und socialen Entwicklung vom Herbst 1847 bis zum Herbst 1850. Darmstadt: Verlag der Hofbuchhandlung von G. Jonghaus, 1850.

Buchner, Karl: Die Gräfin von Görlitz in Darmstadt – ihr Tod und der Angelegenheiten weiterer Verlauf. Frankfurt am Main: Verlag Gustav Oehler, 1847.

Büchner, Alexander: Das »tolle« Jahr. Vor, während und nach. Von einem, der nicht mehr toll ist. Erinnerungen. Gießen: Verlag Emil Roth, 1900.

Büchner, Luise: Deutsche Geschichte 1815-1870. Zwanzig Vorträge, gehalten am Alice-Lyceum zu Darmstadt. Leipzig: Verlag Theodor Thoman, 1875.

Büchner, Luise: Die Frauen und ihr Beruf. Frankfurt am Main: Verlag Meidinger, 1855. (Anonym verfasst.)

Herzog, G. H., u. a. (Hrsg.): Heinrich Hoffmann, Leben und Werk in Texten und Bildern. Frankfurt am Main: Insel Verlag, 1995.

Hoffmann, Heinrich: Handbüchlein für Wühler oder kurgefaßte Anleitung, in wenigen Tagen ein Volksmann zu werden (unter dem Pseudonym Peter Struwwel veröffentlicht). Leipzig: Verlag Gustav Maier, 1848.

Rehbaum, Aide: Flammentod im Grafenhaus. Ein Indizienprozess als kulturhistorische Quelle. Marburg: Jonas Verlag, 2011.

Wiest, Ekkehard: Darmstadt in Vormärz und Biedermeier (1815-1848). Neuauflage. Darmstadt: S. Toeche-Mittler Verlag, 2008.

*

Webseiten

www.darmstadt-stadtlexikon.de (bis zu den Updates Okt. 2023)

www.geschwisterbuechner.de (bis zu den Updates Okt. 2023)

Zitierte Originaltexte wurden sanft an moderne Rechtschreibung angepasst.

Frank Posiadly
Freud schweigt
Historischer Roman
348 Seiten, 12,5 x 20,5 cm,
Paperback
ISBN 978-3-8392-0594-5

Der junge Sigmund Freud ist in die Hansestadt gereist, um seine Verlobte Martha Bernays zu sehen.
Er hat Geldsorgen und ist froh, hier eine Patientin
behandeln zu können. Doch auf dem Weg zu der
jungen Frau macht er einen furchtbaren Fund: In
einem Fleet der Speicherstadt findet er die Leiche
eines Babys. Gibt es einen Zusammenhang zwischen
dem toten Kind und dem Schicksal seiner trauma-
tisierten Patientin? Auf der Suche nach Antworten
gerät Freud in ein Netz von Lügen und Intrigen, das
bis in die höchsten Kreise der Stadt reicht.

GMEINER SPANNUNG

WWW.GMEINER-VERLAG.DE
Wir machen's spannend